Durand (de Gros) Joseph- Pierr

ologie et psychologie physiolo

# ONTOLOGIE

### ET

## PSYCHOLOGIE PHYSIOLOGIQUE

### ÉTUDES CRITIQUES

PAR

## Le Dʳ J. P. DURAND (DE GROS)

MEMBRE DE LA SOCIÉTÉ MÉDICO-PSYCHOLOGIQUE DE PARIS,
AUTEUR DES *Essais de Physiologie philosophique*, ETC.

Toute vérité nouvelle est importante.

KANT.

## PARIS

### LIBRAIRIE GERMER BAILLIÈRE

17, RUE DE L'ÉCOLE-DE-MÉDECINE

—

MDCCCLXXI

# ONTOLOGIE

## ET

# PSYCHOLOGIE PHYSIOLOGIQUE

### ÉTUDES CRITIQUES

TRAVAUX DU MÊME AUTEUR

VIENT DE PARAÎTRE :

**Les Origines Animales de l'Homme**, éclairées par l'anatomie et la physiologie comparatives, in-8, ouvrage illustré de 42 figures sur bois intercalées dans le texte.

**Essais de Physiologie Philosophique.** 1 vol. in-8 de 620 pages, avec figures. Paris, 1866. Prix............. 8 fr.

**Électro-dynamisme vital**, in-8 de 400 pages. Paris, 1855 (sous le pseudonyme de *Philips*), *épuisé*. Prix.......... 7 fr.

**La Philosophie physiologique et médicale à l'Académie de Médecine.** 1 vol. in-8. Paris, 1868. Prix..... 3 fr.

**Cours théorique et pratique de Braidisme.** 1 vol. in-8. Paris, 1860 (sous le pseudonyme de *Philips*). Prix... 3 fr. 50

**De l'influence des Milieux sur les caractères de race chez l'Homme et les Animaux.** Paris, 1868, in-8. Prix. 1 fr.

**De l'Hérédité dans l'Épilepsie.** Paris, 1868. 1 feuille. Prix........................................ 50 c.

CORBEIL. — Typ. de CRÉTÉ fils.

# ONTOLOGIE

ET

# PSYCHOLOGIE PHYSIOLOGIQUE

## ÉTUDES CRITIQUES

PAR

## Le D<sup>r</sup> J. P. DURAND (DE Gros)

MEMBRE DE LA SOCIÉTÉ MÉDICO-PSYCHOLOGIQUE DE PARIS,

AUTEUR DES *Essais de Physiologie philosophique*, ETC.

Toute vérité nouvelle est importune.

KANT.

---

# PARIS

## LIBRAIRIE GERMER BAILLIÈRE

17, RUE DE L'ÉCOLE-DE-MÉDECINE

MDCCCLXXI

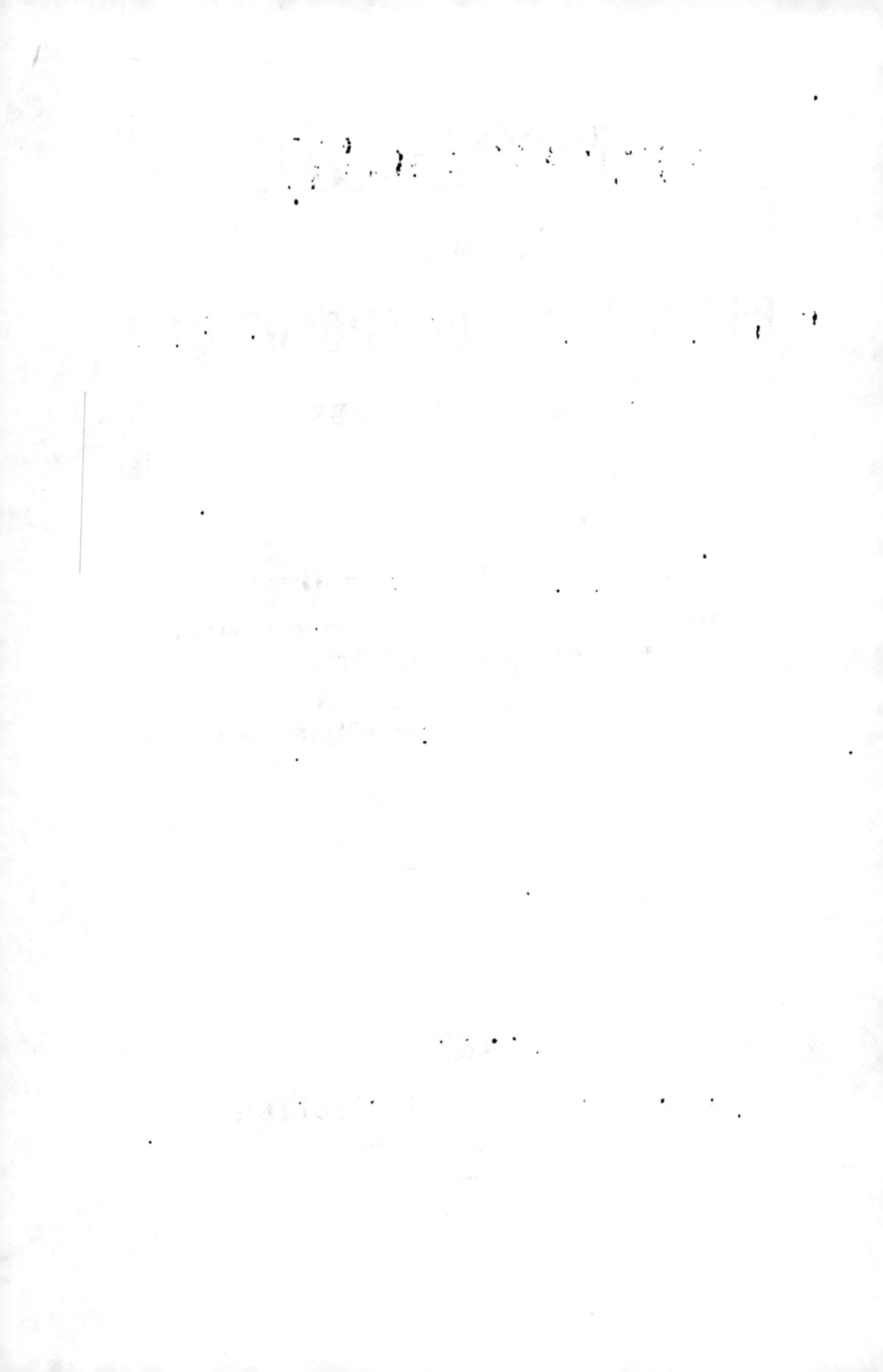

# AVERTISSEMENT

Le nouveau travail que nous venons offrir ici au public voit le jour dans des circonstances bien peu propices ; au milieu des angoisses qui étreignent notre nation, quels sont ceux de nous qui auront la force de s'arracher aux poignantes préoccupations du temps pour donner une heure aux intérêts abstraits de la philosophie ? Et pourtant, si nous cherchons à nous rendre compte des causes de notre ruine, nous voyons, d'une part, qu'elle a eu pour prélude l'abandon pendant vingt ans des hautes spéculations de l'esprit, en France ; et, d'autre part, nous observons que le champ de la pensée, délaissé par nous, recevait durant cette période la culture la plus laborieuse chez le peuple qui vient de briser en un instant notre dernière supériorité, celle des armes. Ah ! Français, revenons de notre dédain pour les soins austères et désintéressés de la

haute science ; consacrons-nous à elle à notre tour
avec zèle, avec un amour ardent, car en elle seule
est le pouvoir de nous racheter, car, seule, elle peut
encore nous restituer et notre grandeur morale et
notre grandeur matérielle.

L'auteur se décide donc à publier ces *Études*,
malgré l'apparente inopportunité de la circonstance ;
ces pages, d'ailleurs, étaient destinées à paraître depuis longtemps déjà. Elles allaient sortir des presses
de M. Crété, lorsque l'invasion prussienne atteignit
Corbeil... Après avoir lutté contre l'ennemi du dehors, retournons maintenant à la lutte contre notre
ennemi intérieur, le plus dangereux de tous, contre
cet ennemi intime, qui asservit nos âmes, c'est-
à-dire contre les ténèbres de l'esprit. Efforçons-nous
de faire la lumière : *La vérité nous rendra libres.*

Rodéz, 28 avril 1871.

# PRÉFACE

Ce préliminaire obligé qui figure en tête de tous les livres, la préface, est en même temps la page que l'auteur écrit la dernière. Il attend même, pour s'y mettre, d'avoir sous les yeux l'épreuve de la feuille qui termine le volume et qui porte cette mention pleine de soulagement : *fin*.

Cette échéance, après avoir été retardée de plusieurs mois par l'encombrement des presses de M. Crété, arrive pour nous maintenant; mais qu'elle tombe mal! Tout à nos foins (car il y a du foin à Gros cette année, et en abondance, en dépit de l'universelle sécheresse, grâce aux travaux d'irrigation exécutés par le grand agriculteur que nous avons l'honneur d'avoir eu pour père (1), notre tâche, à

(1) Si l'auteur se permet de formuler un tel jugement sur son père, ce n'est pas que chez lui l'amour filial s'en fasse accroire : ce titre

l'heure présente, c'est de travailler au soleil, et non
d'écrire. D'ailleurs, allourdie par l'usage de la fourche
et du râteau, la main tient difficilement une plume.

Donc, quelques mots seulement pour présenter
ces *Études* au lecteur bénévole, et sans que nous

de *grand agriculteur* a été décerné publiquement à feu J.-A. Durand par ses collègues de la Société impériale et centrale d'Agriculture de France ayant pour organe l'honorable et savant M. Magne,
à la parole duquel s'est associée celle du vénérable président,
M. Chevreul (Voir le *Bulletin des séances de la Société impériale et
centrale d'Agriculture de France, rédigé par M. Payen, secrétaire
perpétuel*, 3ᵉ série, t. IV, année 1860, p. 670.)

Pouvons-nous espérer que nos lecteurs trouveront dans leur cœur
quelques raisons pour nous faire grâce, si nous commettons ici une
infraction aux convenances littéraires? Sous le coup d'un deuil récent, d'une douleur amère, nous osons céder au désir de placer ici
un hommage à une mémoire vénérée et chérie. Les paroles suivantes,
prononcées sur une tombe encore fraîche, sont d'un avocat distingué
de Rodez, M. Louis Oustry, ancien directeur de l'*Aveyron Républi-
cain*, homme de mérite, qui a su gagner et l'estime et les sympathies
de ses adversaires politiques eux-mêmes (1):

« Au nom de la démocratie aveyronnaise, que représentent quelques amis groupés autour de cette fosse, permettez-moi de dire un
dernier adieu à celui que la mort nous enlève.

« Si l'agriculture de notre pays perd dans la personne de Durand un
de ses représentants les plus distingués, la démocratie pleure en lui
un de ses plus intrépides soldats.

« La plupart d'entre nous ne l'a connu qu'en 1848 ; mais bien longtemps avant cette époque, il s'était rangé sous le drapeau des ré-
formateurs. Son imagination infatigable, son esprit pénétrant et
prime-sautier, lui avaient fait accepter, pour ainsi dire d'enthousiasme,
les nouvelles doctrines. Plus tard, l'expérience et la raison l'affer-
mirent dans ce premier élan.

« Depuis longtemps, il avait quitté les sentiers battus et s'était
débarrassé des idées banales dont se contentaient presque tous ses
contemporains, lorsque éclata la révolution de 1848. Aussi, quoi-

(1) M. Oustry est aujourd'hui préfet de l'Aveyron.

ayons la fatuité de craindre que notre laconicité
nous puisse attirer de flatteurs reproches.


Jusqu'ici éparses et incohérentes, les diverses
sciences particulières tendent aujourd'hui à se
constituer ensemble en une synthèse, en une grande
et compacte unité du Savoir. Cependant, un tel

qu'il eût déjà fourni près des deux tiers de sa carrière, il se jeta dans
le mouvement politique avec toute l'ardeur de la jeunesse.

« Bien souvent, il apporta dans la lutte que nous soutenions alors,
le concours de sa vaillante plume, et c'était à nous, les jeunes, les
conscrits, à modérer l'impétuosité de ce rude jouteur. Il était maître
dans l'art d'écrire, et sa forte individualité se reflétait dans un style
vigoureux et original que tous admiraient.

« Il avait toute l'énergie et la fierté des hommes libres.

« Il n'est donc pas étonnant que lorsque, au deux décembre, la République fut attaquée, Durand se trouvât debout pour la défendre.
Nous l'avons vu dans ces jours d'épreuve qui suivirent la défaite,
mes amis, et vous vous souvenez comme moi de la sérénité de son
âme et de la solidité de ses convictions, de sa fermeté, et en même
temps de la gaieté de son caractère.

« Par un beau jour du printemps de 1852, un long convoi de charrettes escorté par des détachements de troupes et des escouades d'a-
gents de police, faisait son entrée dans la ville de Montpellier. Sur
ces charrettes, debout et le front découvert, se tenaient des hommes
enchaînés. Parmi eux, la foule, qui assistait à ce douloureux défilé,
se montrait avec tristesse un vieillard à la haute stature, au crâne
puissant. C'étaient les transportés de l'Aveyron, les vaincus du
coup d'État, que l'on acheminait vers l'Algérie ; et celui que la
foule se montrait ainsi était le riche propriétaire, l'agriculteur
éminent, le démocrate convaincu que, dans un langage affectueux,
nous appelions *le père Durand*.

« Ce n'était pas assez de nous avoir jetés sur la côte malsaine de
Bône, on nous y soumit encore à la captivité. Durand subit cette
nouvelle épreuve sans plaintes et sans défaillances. Né pour la lutte,
il résistait à la fièvre et lui opposait toutes les ressources de sa vi-

résultat, pour s'achever, attend qu'une dernière science spéciale, celle des généralités, celle des premiers principes, vienne former le couronnement de l'ouvrage. Jusque-là, la science humaine est comme une maison encore sans toiture, qui se trouve livrée à l'action ruineuse des intempéries, qui reste impropre à recevoir sa décoration intérieure et son ameublement, impropre à servir de demeure, impropre à son objet !

L'heure semble pourtant venue de poser ce faîte à l'édifice de nos connaissances... Mais on va peut-être

gourense constitution. Il se roidissait contre le souvenir de la famille absente, et il combattait les amertumes de l'exil par la satisfaction du devoir accompli.

« Un jour vint où les maîtres se relâchèrent de leurs rigueurs;
Durand en profita pour parcourir l'Algérie et aller fonder dans la
province d'Oran un établissement agricole. Il était comme fasciné
par la fécondité du sol africain ; il lui semblait qu'il n'avait qu'à le
frapper du pied pour en faire sortir des merveilles.

« Il allait donc en avant, comme les pionniers du Nouveau-Monde,
sans s'inquiéter du climat ni de la fièvre. Malheureusement, il
devait être vaincu dans cette lutte contre les éléments, et il contracta
sous ce ciel meurtrier le germe de la maladie contre laquelle il s'est
longtemps débattu, mais qui a fini par l'emporter.

« Rendons à la terre, qui la réclame, sa mortelle dépouille, mais
que son souvenir soit parmi nous aussi impérissable que les principes pour lesquels nous avons combattu et souffert avec lui, et auxquels il fut toujours fidèle. » (Extrait de l'*Émancipation* de Toulouse,
du 26 juillet 1869.)

Un dernier mot : Nous saisissons cette occasion, que nous avons
fait naître un peu malgré elle peut-être, pour exprimer publiquement
notre reconnaissance aux nombreux journaux de Paris et de la province qui se sont associés à notre deuil.

m'interrompre pour me faire observer que la Philosophie existe, et déjà depuis un temps immémorial ; que même, de toutes les parties du domaine intellectuel, elle est l'une des plus anciennement cultivées.

Tout cela est incontestable, mais la Philosophie en est encore à cette phase rudimentaire et barbare par laquelle ont débuté, dans laquelle ont langui durant de longs siècles, celles de nos sciences aujourd'hui les plus dignes de ce nom, c'est-à-dire les plus certaines, les plus solidement établies. Nous n'avons encore qu'une philosophie incertaine, conjecturale, formée de fictions et de vagues aperçus ; il nous faut une philosophie faite de vérités démontrées, une philosophie constituée scientifiquement.

Toutes les grandes spécialités de la connaissance doivent apporter leur part de matériaux et de travail à cette œuvre de généralisation suprême. La mécanique rationnelle, la physique et la chimie transcendantes y contribuent en ce moment d'une manière admirable, en établissant par le calcul et par l'expérimentation le grand principe de l'unité de la force et de la substance, reconnu d'intuition et proclamé par les ontologistes de l'antiquité. Mais

c'est surtout à la physiologie que la tâche principale
est dévolue dans ce concert coopératif. Terme de
transition entre la science du monde subjectif, la
psychologie, et la science du monde objectif ou physique générale, la science du mécanisme de la vie
doit ne pas s'isoler de ses deux voisines, sous peine de
perdre un indispensable point d'appui et de s'agiter
dans le vide.

. Nos physiologistes commencent à se faire physiciens sans doute, et leurs études spéciales en tirent
déjà bon profit ; mais ce n'est pas assez : ils doivent
encore être psychologues, et sous ce rapport leur
instruction et leur discipline intellectuelle laissent
à peu près tout à désirer. De là l'impuissance vraiment étonnante dans laquelle se débattent la physiologie, et, à sa suite, la médecine, en face de tous leurs
problèmes fondamentaux et supérieurs.

Oui, il faut que la physiologie s'éclaire des vérités
psychologiques acquises : à cette condition seulement elle réussira à se diriger à travers les mille
difficultés auxquelles elle se heurte; par là seulement elle parviendra à effectuer les grands progrès que la vraie philosophie attend d'elle pour se
constituer.

Depuis plus de quinze ans nous tenons ce langage aux savants; et, prenant les devants dans la voie par nous signalée, nous nous efforçons de joindre l'exemple au précepte.

Les *Études d'ontologie et de psychologie physiologique* que nous offrons aujourd'hui aux méditations des esprits cultivés sont le nouveau fruit de ces efforts persévérants : puissent-elles ne pas infirmer les témoignages si encourageants, si précieux, que nos publications antérieures nous ont valus!

Rodez, juillet 1810.

# ÉTUDES CRITIQUES

# D'ONTOLOGIE

## ET DE

# PSYCHOLOGIE PHYSIOLOGIQUE

## LA MÉTAPHYSIQUE

### DANS LES SCIENCES NATURELLES ET MÉDICALES

A PROPOS D'UN RAPPORT ACADÉMIQUE
DU DOCTEUR PIDOUX (1).

## I

> L'insurrection à laquelle l'esprit humain est
> en proie est la lutte contre l'ascendant des idées
> générales et d'une philosophie qui soit la régu-
> latrice des sciences particulières.
>
> E. LITTRÉ, *A. Comte et la Philosophie posi-
> tive*, p. 560.

Le Positivisme a beau mettre la Métaphysique à la porte de la science, elle y rentre par toutes les fenêtres.

C'est qu'il en est de la métaphysique comme de la prose : le savant en fait sans le savoir et même malgré soi ; il ne lui est loisible de s'en abstenir, il n'a d'autre

(1) Rapport sur le concours de 1868 pour le prix Civrieux, décerné par l'Académie Impériale de Médecine.

choix qu'entre la bonne et la mauvaise. Appliquons-
nous donc à faire de la bonne et saine métaphysique
scientifique ; c'est elle qui ordonne l'économie de
toute science spéciale, qui définit son objet et son but,
qui lui trace son programme, qui précise et affermit
ses notions fondamentales ; c'est elle, en un mot, qui
lui apporte la méthode, autrement dit l'ordre et la lumière, l'unité et la vie. Et d'ailleurs, je le répète, ban-
nir de la culture scientifique cette métaphysique positive pouvant seule faire couler une séve abondante
et riche dans toutes les branches du savoir, c'est livrer l'arbre à l'envahissement du galimatias philosophique, gui parasite qui l'infeste, le dessèche et l'é-
touffe.

Et ceci est si vrai que le Positivisme lui-même, lui
qui demande la suppression radicale, pure et simple,
de la métaphysique, métaphysique à son tour et à
force. Il métaphysique en psychologie et en morale, et
plus encore en physiologie et en médecine ; et certes
au très-grand préjudice de ces études, dont il trouble
et fausse le langage, dont il obscurcit et dénature les
principes en leur imposant ses formules dogmatiques,
un vrai grimoire plus inintelligible, plus irrationnel et
plus puéril que celui des scolastiques eux-mêmes,
sans en avoir les profondeurs. J'étais seul jusqu'à ce
jour à dénoncer cette dangereuse invasion de la métaphysique positiviste, et je n'avais guère réussi à me
faire écouter. Le célèbre Virchow, qui n'est pas précisément un métaphysicien de la vieille école, vient à son
tour dévoiler à notre physiologie française la nouvelle
lèpre philosophique dont elle se laisse dévorer; espé-

rons pour elle que la voix retentissante du physiologiste de Berlin sera entendue (1).

Sans se dire disciples d'Auguste Comte, et même en répudiant cette qualification, la plupart de nos physiologistes et médecins penseurs tiennent pour avéré que la métaphysique a fait son temps, qu'elle n'a rien à démêler avec la science, et que le seul service qu'elle ait à lui rendre est de s'en tenir soigneusement à l'écart. J'ai été surpris cependant de trouver une pareille profession de foi sous la plume du rédacteur en chef des *Archives générales de Médecine*, dans un remarquable article sur un débat récent entre MM. Robin et Virchow (2). L'influence du dogmatisme positiviste s'étend ainsi au loin, bien au delà du cercle des adeptes, et jusque sur les meilleurs esprits. Il en est résulté que le titre de métaphysicien est devenu, parmi nos savants, presque comme une flétrissure, comme une sorte de brevet d'incapacité ou même d'ineptie scientifique, ce qui met assez mal à son aise pour traiter les questions d'ordre métaphysique. C'est ce qui fait qu'avant de discuter l'œuvre de M. Pidoux, j'ai cru devoir prendre mes précautions ; j'ai jugé indispensable de commencer par soumettre à l'appréciation réfléchie des hommes de science qui me feront l'honneur de me lire, les divers motifs sur lesquels le

(1) Voir dans la *Gazette Hebdomadaire* du 21 août 1868, la verte riposte de M. Virchow à M. Robin, où les doctrines positivistes sont appréciées à leur juste valeur. Voir encore une charge à fond contre le Positivisme par un autre savant très-positif, M. Huxley, dans la *Revue des cours scientifiques*, n° du 30 octobre 1869.

(2) Voir les *Archives générales de médecine*, N° de novembre 1868, p. 513.

Saint-Office positiviste se fonde pour mettre toute spéculation métaphysique à l'index.

Il est un reproche banal qu'on fait communément à la métaphysique, c'est d'être abstraite, c'est de raisonner sur des abstractions ; et, pour le commun des esprits, qui dit abstraction dit illusion. Hâtons-nous d'ajouter, à la décharge du Positivisme, que ce préjugé vulgaire ne lui est pas imputable. Il professe au contraire, et très-justement selon moi, que l'abstrait est l'essence même de la science, et que plus est abstrait l'objet d'une science, plus elle est digne de ce nom, plus elle est élevée en importance et en dignité dans la hiérarchie des connaissances humaines. Nous négligerons donc de répondre à cette accusation sans portée pour nous occuper uniquement de celles qui ont été formulées par Auguste Comte et son école.

On a entendu par *métaphysique*, depuis Aristote, la science des principes premiers et des causes générales. Si telle est la métaphysique — et l'on ne peut donner un autre sens à ce mot sans sortir des conventions du langage — pour la déclarer sans objet, il faut nier qu'il existe des principes premiers et des causes générales, ou, tout au moins, qu'ils soient accessibles à la connaissance. Et c'est en effet ce que les écrivains positivistes n'hésitent pas à nier dans les termes les plus formels. Mais en cela ils ne se mettent pas seulement contre la vérité; en outre, ils se mettent en contradiction flagrante avec eux-mêmes, c'est-à-dire avec les propositions dont ils font le fondement de toute leur doctrine.

En effet, quelle est la grande thèse philosophique

d'Auguste Comte? C'est que les sciences se superposent dans un ordre hiérarchique de généralité croissante; et il admet une généralité suprême couronnant ce système de catégories scientifiques et mettant le sceau à son unité. Citons à ce sujet son disciple et interprète le plus autorisé :

« La philosophie positive », a écrit M. Littré, « n'est « qu'*une induction générale faite avec les sciences parti-* « *culières* » ; et il ajoute : « Elle a la même solidité « de certitude et la même vertu de développement. » (*A. Comte et la Philosophie positive*, par E. Littré, 2° édit., p. 549.)

Le même écrivain dit ailleurs : « La philosophie positive n'étant que le prolongement des sciences jusqu'au *point où elles trouvent leur unité,* etc. (Ouvrage cité, p. 671.)

Et encore : « La philosophie positive est l'ensemble « du savoir humain disposé suivant un certain ordre « qui permet d'en saisir *les connexions et l'unité,* et « d'en tirer *les directions générales pour la partie et pour* « *le tout.* » (*Ibid.*, p. 43.)

A ces citations, qui pourraient suffire, ajoutons encore celle-ci : « La *méthode universelle* », c'est toujours M. Littré qui parle, « c'est là en effet *le but vers lequel* « *marchent les sciences,* instinctivement d'abord, comme « leur histoire le prouve, et sans aucune notion claire « de l'avenir qui les attend ; mais dorénavant, comme « leur histoire le prouve aussi, avec un sentiment « croissant de *leur universalité.* » (Préface au *Manuel de Physiologie* de J. Mueller, édition Jourdan-Littré.)

C'en est assez, je pense, pour attester que, dans la

pensée du principal et fidèle disciple d'Auguste Comte,
et actuellement le chef de son école, il existe logiquement une science générale, une science ou méthode
universelle, une « science spéciale des généralités »
(suivant une autre expression très-heureuse d'A. Comte
lui-même) que le mouvement scientifique serait en
voie de réaliser. Mais cette science universelle et finale,
ou primordiale (ce qui revient au fond à la même idée),
a forcément son objet propre, un objet adéquat;
c'est-à-dire qu'il y a dans les choses quelque chose
d'universel, de final et de premier, à quoi une telle
connaissance se rapporte et qui en constitue l'objet.
Mais en quoi donc cette science de l'universel, du primordial et du final, ainsi définie et ainsi proclamée et
prônée par M. Littré, diffère-t-elle donc de la « science
des premiers principes », de la métaphysique, qu'il
condamne et réprouve comme une conception illusoire
contraire à l'esprit de la science et à la raison? Sans
doute, en rien ; cela est évident. Cependant la métaphysique a été condamnée, un peu légèrement peut-
être, mais enfin la condamnation a eu lieu; elle a été
formelle, publique, solennelle, et les sentences du Positivisme sont sans appel. Autrement, qu'adviendrait-il
de son autorité ? que deviendrait l'infaillibilité de l'ora-
cle? Donc la sentence prononcée sera maintenue en
face et en dépit des déclarations de principes qui précèdent; et quand cette malheureuse métaphysique
viendra crier à l'injustice et à l'usurpation, protestant
que la soi-disant philosophie positive l'a mise en
déchéance pour s'emparer de son héritage, cette philosophie positive, sans se déconcerter, lui adressera cette

fin de non-recevoir, froide et moqueuse, par la plume
de M. Littré : « *Une loi générale des êtres, c'est l'équiva-*
« *lent de la pierre philosophale.*» (*La Philosophie Positive*,
1ʳᵉ année, p. 21.)

Il faut à la philosophie positiviste, à peine de ne pas
être, il lui faut, dis-je, des principes généraux universels, et elle les affirme ; mais, d'autre part, il lui faut
aussi, pour se débarrasser de la métaphysique, que de
tels principes ne soient pas, et elle les nie ! Voilà donc
la métaphysique déboutée : quelques sophismes pom-
peux, quelques contradictions hardies qui en imposent, et la voix de la plaignante est étouffée.

Je n'entreprendrai pas, Dieu m'en garde, de relever
une à une toutes les contradictions de la doctrine positiviste sur le point qui nous occupe ; il me sera permis
cependant de m'étonner — si quelque chose peut encore m'étonner — que ce soit précisément dans le matérialisme que se rencontre une sorte d'aversion, de
parti pris haineux, contre la doctrine de l'unité de loi
dans les choses. « Il n'y a que de la matière », dit so-
lennellement M. Littré, à la page 21 de sa *Philosophie
Positive* (1ʳᵉ année), et nous venons de voir qu'une loi
générale des êtres est à ses yeux une idée creuse à
laquelle il ne dissimule pas son mépris. Que les spiritualistes se déclarassent contre ce principe, passe encore, ils seraient conséquents avec leurs prémisses,
puisqu'ils professent une dualité irréductible de substances, l'esprit et la matière ; mais proclamer qu'il
n'est qu'une seule essence, qu'une seule étoffe pour
toutes choses, et après cela rejeter comme absurde

l'idée d'un caractère général, d'une loi universelle
commune à tous les êtres, tous de matière, de la
même matière formés... ô bizarrerie des bizarreries !

Un autre reproche, qui n'est du reste qu'un corollaire de celui que nous venons d'examiner et de peser,
c'est que la métaphysique prétend étudier les êtres en
général, ou, autrement dit, l'être en soi, l'être pur,
l'être considéré abstraction faite des formes spéciales
propres aux différentes espèces d'êtres. Ce reproche se
résume dans un mot, *ontologie!* mot devenu un stigmate aux yeux de tous ceux qui se piquent de science
positive, au même titre que celui de métaphysique.
Et pourtant, j'en appelle au bon sens des hommes de
science : s'il est naturel, s'il est logique de considérer
les plantes en général — je prends cet exemple parmi
tant d'autres — de considérer la plante en soi, c'est-
à-dire abstraction faite des caractères propres aux diverses espèces de plantes, et de fonder sur cette considération abstraite une science que nous nommons la
botanique organique ou générale ; et si pareillement il
est légitime et utile de faire une autre science, appelée
zoologie organique ou générale, de l'étude des animaux
considérés en général, de l'étude de l'animalité prise
en soi ; et enfin si, en troisième lieu, tous les savants
sont d'accord, et les Positivistes en tête, pour réunir
les animaux et les végétaux dans la conception d'une
généralité supérieure qui les dégage de leurs caractères différentiels respectifs de végétalité et d'animalité,
pour nous les offrir sous la forme commune et pure
d'êtres vivants, devenant l'objet d'une science nouvelle,
la biologie ; je le demande à ces savants : pourquoi se-

rait-il irrationnel, anti-scientifique ; pourquoi, ainsi qu'on l'assure, serait-il absurde de pousser au delà cette série de généralisation croissante ? Et, de même que la Biologie se superpose à la Botanique et à la Zoologie et les englobe, pourquoi, au-dessus de la science des *êtres vivants*, ne s'élèverait-il pas une science embrassant indistinctement les êtres vivants et les autres êtres, une science des *êtres en général*, une Ontologie ?

Le Positivisme est trop grand seigneur pour daigner répondre à mes interpellations, que je renouvelle néanmoins avec persévérance depuis des années, et qui l'ont toujours trouvé sourd et muet ; mais c'est aux savants que ces observations s'adressent, à ces savants sans prétention philosophique qui ont trouvé commode d'accepter de confiance les solutions de cette école de scientifique apparence, et qui deviennent ainsi les dupes et complices inconscients de ses aberrations.

Encore une accusation qui n'est qu'une variante des précédentes, et que chacun répète sur la foi d'Auguste Comte et de ses disciples : « La métaphysique cherche *l'absolu*. » Or c'est là, dit-on, une entreprise insensée, car l'absolu n'existe pas, il n'est pas du moins à notre portée, et la science, la science positive, s'entend, ne peut et ne doit avoir affaire qu'au *relatif*.

Ceux qui, sur cette question de l'absolu, se font, ainsi que sur tant d'autres, les crédules échos de l'école positiviste, ont évidemment négligé de se rendre aucun compte de leur jugement. Bref, qu'ils me per-

mettent de le leur déclarer avec toute la franchise
qu'on doit à des amis : en se prononçant contre l'absolu, point ils ne savent ce qu'ils disent. Qu'est-ce donc
que l'absolu? se le sont-ils demandé? se sont-ils demandé davantage ce qu'on doit entendre par le relatif?
Où donc commence le premier? où donc le second
finit-il d'après eux? *Deux quantités égales à une troisième sont égales entre elles :* est-ce là l'énonciation d'un
principe relatif ou d'un principe absolu? Si relatif, relatif
à quoi? à telle ou telle espèce de quantité? à des lon-
gueurs, ou à des largeurs? à des quantités d'hommes,
ou à des quantités de grains de sable? Non, il s'agit de
la quantité en général, de la quantité en soi, de la
quantité pure, de la quantité *absolue.* Mais l'axiome
mathématique qui vient d'être énoncé sera-t-il donc,
à cause de cela, une billevesée métaphysique? Oui, assurément, si l'exclusion du domaine scientifique prononcée contre l'Absolu est une condamnation méritée.
Oui, les vérités mathématiques, les vérités de méthode,
les vérités de logique sont essentiellement des vérités
d'ordre absolu, des vérités métaphysiques, et il faudra
réhabiliter la métaphysique ou répudier ces vérités (1).

(1) Nous trouvons dans le journal *la Science Sociale* une excellente
réfutation de la doctrine des positivistes sur l'Absolu. Cette défense
de la saine philosophie est due à la plume aussi spirituelle que judi-
cieuse et savante de M. le colonel Ch. Richard qui, dans cette joute,
a pour adversaire M. le docteur Naquet, ancien agrégé de la Faculté de Médecine de Paris. Voici quelques passages de ce travail :
    « Qu'est-ce que l'absolu?
    « Depuis Thalès jusqu'à mon ami Ch. Renouvier, il n'y a jamais
eu qu'une manière de le comprendre, ce qui tend bien à prouver
qu'il n'y en a pas deux.
    « L'absolu est ce qui est de soi, immuable, éternel, c'est-à-dire

Ce que le Positivisme accuse encore, et très-hautement, dans la métaphysique, c'est l'emploi du procédé scientifique connu sous le nom de méthode *à priori* ou méthode de déduction, et que, dans le langage qui lui est propre, il qualifie de *subjective*. Il reconnaît cependant que cette méthode a été employée avec succès dans les mathématiques ; mais, en dehors de ces sciences, suivant lui, elle ne peut recevoir aucune application légitime. « Un et un font deux », dit M. Littré ; et il ajoute : « Cet axiome mathématique a pros-
« péré, suffisant à produire par une déduction enchaî-
« née l'arithmétique, l'algèbre et tout le calcul. » (*La Philosophie Positive*, 1ʳᵉ année, p. 15.)

Pourquoi le Positivisme, par une exception unique,

sans cause, sans changement, sans condition de temps ni de lieux.

« Il est évident tout d'abord que des attributs de cet ordre ne sauraient convenir à des choses réalisées. Et, en effet, toute chose réalisée dépend nécessairement d'une cause, c'est-à-dire n'est pas de soi ; est susceptible d'altération, c'est-à-dire n'est ni immuable ni éternelle, et de plus a sa place marquée dans l'espace et dans le temps.

« L'absolu ne peut donc être, s'il existe, qu'une représentation de rapports, une loi, une vérité.

« La question est maintenant de savoir s'il existe, en effet.

« Je dis qu'il existe d'une manière certaine, indéniable.

« Pour le prouver, je choisis un exemple dans l'ordre mathématique, qui a le privilège de fournir des démonstrations d'une nature plus claire et par suite plus faciles à saisir.

« Abandonnons pour le moment ce bon carré de l'hypoténuse, dont j'ai quelquefois abusé, je le confesse, et adressons-nous à un théorème beaucoup plus simple.

« La question étant purement philosophique, il n'est évidemment pas nécessaire de nous lancer dans les régions peu commodes du calcul infinitésimal.

« Considérons un modeste cercle, dont tout le monde connaît à peu près la figure.

« D'abord puis-je tracer un cercle ? En aucune manière. Mais je

lève-t-il son interdit contre la « méthode subjective »
en faveur des mathématiques? C'est que les faits sont
là pour l'y contraindre ; et il est bien évident que, n'é-
tait l'insurmontable difficulté de cet irrécusable témoignage, c'est-à-dire n'était le fait patent de la construction purement rationnelle des mathématiques, et que
cette création de la méthode subjective fût encore une
œuvre à réaliser, il est, dis-je, bien évident que le positivisme ne manquerait pas de déclarer une telle entreprise *anti-positive, anti-scientifique*, et, pour tout dire en
un mot, *« métaphysique »*.

« De toutes les sciences », écrit M. Littré, « la plus
« simple est la mathématique, et c'est pour cela qu'une
« déduction prolongée y est possible et définitive. » (*La*

puis le concevoir et en tracer l'image grossière, sur une surface
plane tout aussi grossière.

« Ceci fait, je tire, dans ce simulacre de cercle, un simulacre de ligne droite, ne passant pas par le centre, qui d'ailleurs est je ne sais
où, et je veux trouver la relation qui existe entre cette ligne appelée
corde et le diamètre.

« Je joins, dans ce but, les deux extrémités de ma ligne au centre, et je forme ainsi un triangle, dont deux côtés sont des rayons
du cercle et le troisième la corde dont il s'agit.

« Dans tout triangle un côté quelconque étant plus petit que la
somme des deux autres, il en résulte que ma corde est plus petite
que la somme de deux rayons ou un diamètre.

« D'où je conclus, en terme général, que dans un cercle quelconque, une corde quelconque est plus petite que le diamètre.

« Et je dis que voilà une vérité absolue. En effet, cette vérité est
de soi, car bien évidemment personne, ni Jupiter ni Jéhova, ne l'a
créée et mise au monde. Elle est immuable, car elle n'est passible
d'aucune altération. Elle est éternelle, car elle n'a pas eu de commencement et n'aura jamais de fin, dans aucun lieu assignable de
l'espace.

« Elle a donc tous les caractères de l'absolu ; ce qu'il fallait démontrer. » (*La Science Sociale*, n° du 1er mai 1809.)

*Philosophie Positive*, 1ʳᵉ année, p. 15.) Il y aura lieu d'examiner tout à l'heure si, même au point de vue des prémisses positivistes, il est admissible que la mathématique soit de toutes les sciences la plus simple; demandons d'abord les raisons qui font attribuer à la science *la plus simple* le privilége exclusif de la méthode déductive. Or ces raisons n'existent pas; non, c'est parce que les mathématiques seules ont fourni jusqu'à ce jour un exemple incontestable de l'efficacité de cette méthode, qu'une telle méthode est déclarée uniquement applicable à la science des quantités. Pourquoi donc ne serait-elle pas applicable à des sciences moins abstraites, moins simples? L'algèbre, jusqu'à Descartes, était regardée comme uniquement applicable à l'arithmétique; et il vint faire voir qu'elle pouvait s'appliquer aussi à une science moins abstraite, moins simple que celle des nombres, à la science de l'étendue. C'est donc arbitrairement que l'on restreint l'emploi de la méthode déductive aux mathématiques à l'exclusion des sciences plus concrètes.

Maintenant, est-on mieux fondé d'ailleurs à prétendre que la géométrie, l'arithmétique et l'algèbre occupent le sommet de l'échelle de la généralité ou simplicité croissante dans la série scientifique? Non, car il y a quelque chose de plus abstrait que « la ma- « thématique », j'en appelle du Positivisme au Positivisme lui-même. N'enseigne-t-il pas, en effet, qu'une « méthode universelle » est appelée à couronner la pyramide du savoir humain, à relier entre elles toutes les branches de la connaissance et à les dominer? Ou la « méthode universelle » n'est pas universelle, ou elle est supérieure aux mathématiques elles-mêmes, c'est-à-dire plus abstraite, plus simple encore. Et ne sait-on pas d'ailleurs que la logique, oubliée par A. Comte dans sa classification des sciences, les surpasse toutes en généralité?

Sur quelque question qu'on ait à examiner les juge-ments de la doctrine positiviste, on se trouve engagé dans une complication de contradictions inextricable, au point que l'analyse ne sait comment se retourner dans ce fouillis, par quel bout commencer sa tâche et dans quel ordre la poursuivre, pour ne pas produire elle-même une œuvre tout aussi confuse que cette con-fusion qu'elle entreprend de débrouiller. A l'égard du point dont il s'agit en ce moment, nous nous voyons en présence de quatre ou cinq propositions antagonistes qui se contrarient et s'enchevêtrent de la façon la plus désespérante ; c'est un vrai nœud gordien à délier.

Nous rappellerons au lecteur qu'entre les dogmes du Positivisme, l'un des premiers et principaux est celui de *l'antécédence historique des sciences plus générales, plus abstraites, plus simples, par rapport aux sciences moins générales, moins abstraites, moins simples.* « La partie abstraite naît avant la partie concrète », dit A. Comte dans ses *Leçons de Philosophie Positive.* Ainsi, la ma-thématique, par exemple, qui serait la science la plus simple, au dire de la doctrine, serait aussi de toutes la première-née.

Il y aurait une foule d'objections de fait à opposer à cette thèse ; on pourrait lui objecter, par exemple, que, dans les trois sciences mathématiques, l'algèbre, la

plus générale, la plus abstraite et la plus simple, a été
précisément constituée la dernière, et bien longtemps
après les deux autres ; mais nous laisserons ce sujet
hors de cause. Ayant posé ce principe dans les termes
les plus absolus, dans des termes qui n'admettent ni
exception, ni doute, ni contestation, le Positivisme est
fort gêné par un tel précédent quand ensuite il lui
prend fantaisie de poser deux ou trois autres principes qui vont droit à l'encontre du premier, sans préjudice de leurs conflits mutuels.

Un de ces autres principes, c'est que la philosophie
positive a pour mission de constituer la « méthode universelle », la plus générale des sciences, comme cela
résulte du terme lui-même. Mais comment l'ordre de
naissance de cette généralité scientifique suprême qui
n'est pas encore faite, qui est « le but vers lequel tendent toutes les sciences spéciales » (E. Littré), c'est-
à-dire qui naîtra la dernière, peut-il se concilier avec
l'autre vérité non moins positive de *l'antécédence historique de la généralité par rapport à la spécialité ?*

Et, d'autre part, ne semble-t-il pas évident que la
« méthode universelle », pour ne pas arriver trop tard
et se trouver inutile, doit se constituer avant la consommation entière des sciences spéciales, puisque sa
fonction (quelle autre fonction pourrait-elle avoir?) est
de les diriger, d'éclairer leur marche, c'est-à-dire de
les amener à leur constitution pleine et définitive?

Et si, pour se produire en son temps, c'est-à-dire
pour remplir son rôle logique, « la méthode universelle », ou science abstraite suprême, est forcément
tenue de se constituer avant la constitution des scien-

ces spéciales ou (relativement) concrètes, n'est-il pas clair que ce suprême produit scientifique ne peut sortir que de la spéculation subjective, ainsi qu'il en fut de la mathématique elle-même?

N'oublions pas de répéter ici que ce que le Positivisme nous promet sous l'appellation, juste du reste, de *méthode universelle*, ne peut logiquement être autre chose en réalité que ce que la philosophie avait poursuivi jusque-là sous le nom démonétisé de *métaphysique*.

Il est encore un crime imaginaire à la charge de la métaphysique; il s'agit ici d'une imputation bien étrange, car sur ce point les sciences les plus positives, les sciences naturelles entre autres, sont solidaires de la science des principes, et condamner celle-ci pour un tel chef, c'est frapper les autres au cœur. Que devient en effet la science si la recherche des causes, des origines et des fins, lui est interdite? C'est la suppression de sa raison d'être, c'est la suppression de la science elle-même.

Et pourtant la philosophie positiviste n'hésite pas à infliger le stigmate métaphysique à toute préoccupation de causalité et de finalité, et cette proscription est poussée au delà de tout ce qu'on pouvait attendre des égarements où l'esprit de système peut jeter des esprits formés aux habitudes scientifiques. *La matière et ses propriétés*, le savant n'a pas à considérer autre chose : ainsi le veut le Positivisme.

On me fera observer peut-être que l'analyse de certaines *propriétés* amène à les réduire à des propriétés plus simples et plus générales, qui deviennent alors des

causes à l'égard des premières, et qu'ainsi la philosophie positive, qui sans doute ne songe à interdire ce
procédé scientifique, n'exclut point en réalité la recherche des causes d'une manière aussi absolue que
j'ai semblé le dire. La philosophie positive, dira-t-on
encore, condamne la poursuite des causes premières
et des fins dernières, c'est-à-dire des causes et des fins
absolues ; mais c'est lui faire injure de prétendre
qu'elle interdit également l'investigation des causes et
des fins dans le domaine des faits relatifs...

Non, répondrai-je, ce n'est pas une injure ; mon
imputation n'a rien de calomnieux. Les ouvrages les
plus accrédités de l'école sont là pour me donner raison : le Positivisme, au lieu de voir dans la *propriété*
le fait à expliquer, le problème à résoudre, la prend et
la tient pour l'explication, pour la solution mêmes.

On s'est ri beaucoup des *quiddités* de la scolastique,
de ces qualités occultes qui, telles qu'un *deus ex ma-
china*, servaient à rendre compte de toute chose sans
nécessiter aucune analyse, aucun effort. S'agissait-il,
je suppose, de pénétrer la nature de la pierre, de savoir quels éléments la constituent, et comment du concours de ces éléments résultent les propriétés chimiques
et physiques qu'elle manifeste ou recèle? on ne se
mettait pas en peine de laborieuses analyses, un mot,
un mot magique en tenait tout lieu : ce qui constitue
la pierre ce qu'elle est, disaient les graves docteurs,
c'est la *pétrosité ;* et l'on n'en demandait pas davantage.
Cette rare philosophie scientifique a été portée sur la
scène par Molière (*Quare opium facit dormire? Quia,* etc.),
et l'on n'aurait jamais cru qu'elle pût en descendre

pour rentrer dans le domaine du sérieux; c'est pourtant ce qui est arrivé, et c'est au Positivisme que nous devons cette restauration scolastique dans toute sa naïve crudité.

Les auteurs positivistes (voir, entre autres ouvrages, le *Dictionnaire de Médecine* de MM. Littré et Robin) soutiennent que tous les modes d'être de la matière restés jusqu'ici réfractaires à l'analyse, et à ce titre désignés provisoirement comme propriétés premières, sont en réalité irréductibles, et qu'on fait acte de métaphysicien en cherchant à les expliquer, c'est-à-dire à les décomposer, à les ramener à quelque fait plus général et plus simple. On a beau faire remarquer à ces philosophes que telle propriété longtemps regardée comme première, comme inexplicable, comme insoluble, a pourtant été expliquée un jour, a été résolue et ramenée à un principe supérieur, d'où il appert qu'il est téméraire et irrationnel de préjuger et de poser en principe l'irréductibilité absolue des propriétés non encore réduites; on a beau leur représenter que, par exemple, il fut un temps où la science, constatant les deux faits, en apparence si contraires, de l'ascension de certains corps et de la descente de certains autres dans les milieux gazeux ou liquides, et n'étant pas encore en état de ramener ces deux effets opposés à une même cause, à une explication commune, eût dû, pour être fidèle au précepte positiviste, transformer ces deux sortes d'effets en deux propriétés premières de la matière, ce qui, évidemment pour la science présente, eût été une grossière erreur; on a beau dire tout cela et bien d'autres choses encore, rien n'y fait : le Positivisme s'entête à défendre *mordicus* l'inviolable impénétrabilité de ses propriétés. Malheur à quiconque touche à ce mystère ! il est anathématisé comme un hérétique de la science, il reçoit le titre flétri de *métaphysicien*.

Qu'on n'aille pas croire que j'exagère ; ce que j'avance, je n'ai que l'embarras du choix de mes preuves pour l'établir. Citons une page de M. Littré empruntée à une des notes dont il a enrichi son édition du *Manuel de Physiologie* de J. Mueller :

« En physique », déclare l'éminent positiviste, *« par « l'influence des idées métaphysiques* qui régnaient alors, « on admit des fluides hypothétiques : le fluide élec- « trique, le fluide magnétique, le fluide calorique, le « fluide lumineux, qui étaient chargés de représenter « les phénomènes électriques, magnétiques, calori- « ques, lumineux, offerts par les corps. Mais qu'étaient « de pareils fluides? Et comment en prouver l'exis- « tence, *puisque leur caractère est de n'en avoir aucun,* « c'est-à-dire *d'être impondérables, intangibles et invisi-* « *bles?...* Naturellement la biologie, postérieure dans « son développement, a hérité de cette manière de « philosopher ; et elle aussi a voulu avoir un fluide « impondérable, son fluide nerveux. Il est grand temps « de se délivrer de cette conception non-seulement « inutile, mais encore nuisible, et de considérer l'*état* « *réel des choses,* c'est-à-dire les tissus et les PROPRIÉ- « TÉS. » (*Manuel de Physiologie* de J. Mueller, édition Littré ; Paris, 1851, t. I, p. 23.)

Il faut ajouter que l'éther, pas plus que les fluides spéciaux — dont je n'entends pas du reste prendre la

défense — ne trouve grâce devant la philosophie positiviste ; et, en effet, « son caractère n'est-il pas de n'en
avoir aucun, c'est-à-dire d'être impondérable, intangible et invisible (1) » ?

Mais, direz-vous, la critique philosophique des savants
positivistes ne s'en tient pas là, sans doute ; s'ils sup-
priment les conceptions de l'éther et des impondérables
spéciaux, ils ont aussi inévitablement leur conception
pour se rendre compte du mécanisme des phénomènes
d'attraction, de caléfaction et de lumination, ainsi que
du transport des actions nerveuses du centre à la périphérie, de la périphérie au centre. Les physiciens, les
physiologistes de l'école positiviste sont gens de trop
de savoir et de sens pour ne point se dire que si de tels
phénomènes ont lieu, ils ont lieu par l'effet d'un certain processus qu'il importerait de découvrir ; et que,
dans tous les cas, l'existence de ce processus est certaine, et que ce qui est certain aussi, c'est qu'un tel
processus ne peut pas être contraire à la nature des
choses et à la nature de la raison, contraire à l'évi-

_____

(1) « Le domaine dans lequel s'accomplit ce mouvement de la lu-
« mière se trouve entièrement en dehors de la portée de nos sens.
« Les ondulations de la lumière ont besoin d'un médium pour se
« former et se propager, mais nous ne pouvons ni voir, ni toucher, ni
« goûter, ni sentir ce médium. Quoi qu'il semble être en dehors de
« toute investigation possible, l'existence en a été cependant démon-
« trée.

« ...... Il est donc au moins aussi certain que l'espace est rempli
« d'un médium au moyen duquel soleil et étoiles répandent leurs
« rayonnements, qu'il est certain que l'espace est traversé par cette
« force, la gravitation, qui retient dans ses limites, non-seulement
« notre système planétaire, mais l'infini de l'Univers. » (JOHN TYN-
DALL, Revue des Cours scientifiques, t. III, p. 227.)

dence mathématique, par exemple... Eh bien! non, on
se trompe; le Positivisme est bien autrement radical
que cela. Pour lui, ce qui ne peut se voir, se toucher.ou
se peser n'existe pas; et admettre qu'une réalité puisse
être en dehors de ces caractères est pour lui le comble
de la folie métaphysique; sa logique en est révoltée.

Newton, à la vérité, a écrit ce qui suit dans une lettre
à Bentley : « La supposition qu'un corps puisse agir à
« distance sur un autre à travers le vide, sans aucun
« intermédiaire qui propage leur action réciproque
« de l'un à l'autre, me paraît tellement absurde que je
« n'imagine pas que quelqu'un jouissant d'une faculté
« ordinaire de méditer sur les choses physiques puisse
« l'admettre (1). » Mais le découvreur de la loi de la
gravitation universelle était évidemment un métaphysicien, et le Positivisme n'aura aucun égard à son aver-
tissement; il affirme donc bravement que si le soleil
attire, éclaire et échauffe la terre à une distance de
cent cinquante-deux millions de kilomètres, cela s'o-
père sans aucune nécessité d'intermédiaire, sans que
rien se passe dans l'intervalle qui sépare les deux glo-
bes, et uniquement en vertu de la *propriété* d'attraction, de lumination et de caléfaction inhérente au
soleil! Et de même de l'innervation : l'impression ex-

(1) « That gravity should be innate, inherent and essential to mat-
ter, so that one body may act upon another at a distance through
a *vacuum*, without the mediation of any thing else, by and through
which this action and force may be conveyed from one to another, is
to me so great an absurdity that I believe no man who has in phi-
losophical matters a competent faculty of thinking, can ever fall
into it. » (3ᵉ lettre de Newton à Bentley, dans « Bentley's works »,
London, 1838, III, 212.)

citatrice passe du bout externe du nerf à son bout central, en vertu de la propriété du nerf, et voilà tout ; en demander davantage, c'est montrer le bout de l'oreille métaphysique.

Si l'air, toujours en repos, n'eût jamais soufflé sur nos têtes, et qu'un Torricelli ne nous eût pas appris encore à peser ce fluide, l'hypothèse de l'air, l'hypothèse d'un véhicule quelconque portant le son à travers le vide apparent, eût été également déclarée « inutile et nuisible », et *métaphysique* au premier chef ; et en présence du bronze tonnant et grondant au loin dans les espaces, le Positivisme n'eût vu en tout ceci qu'une propriété du métal sonore, la *propriété de sonorité*, et sa curiosité scientifique se fût tenue pour pleinement satisfaite.

Mais je crains qu'on me suspecte de charger le tableau : qu'on me permette donc de m'abriter derrière une autre citation authentique. Le passage suivant est extrait du même *Dictionnaire de Médecine* (11ᵉ édition), ci-dessus mentionné.

« CALORIQUE, s. m., etc. Cause inconnue de la sensa-
« tion de chaleur. Selon les uns, c'est un fluide im-
« pondérable ; selon les autres, c'est un mouvement
« vibratoire qui agite les molécules de tous les corps,
« dont la vitesse est accélérée suivant les circonstances,
« et qui se communique à distance par l'intermédiaire
« de l'éther, etc. ; suivant d'autres, enfin [c'est évi-
« demment d'eux-mêmes et de leurs adhérents que les
« auteurs veulent parler], qui n'admettent ni fluides
« ni éther non démontrés [c'est-à-dire non touchés,
« non pesés], le calorique est *une propriété de la matière*,

« *qui se fait sentir à distance* comme la gravitation. »

Or, hasarderons-nous encore, comment cette *propriété* procède-t-elle pour réussir à *se faire sentir à distance?* (Je passe ici, bien entendu, sur l'incorrection logique dont la formule est entachée.) — Raisons de métaphysicien que tout cela, me répliquera-t-on : « la science n'a à considérer que la matière et ses propriétés.»

Figurez-vous un instant cette lumineuse philosophie introduite dans la médecine — et certes elle ne réussit que trop en ce moment à s'y faufiler — et on peut rayer l'*étiologie* du vocabulaire. Le choléra est infectieux et contagieux (ou du moins supposons-le tel), et l'on s'efforce de découvrir les voies et les formes de cette infection et de cette contagion. Se propage-t-il par l'air ou par l'eau? par les migrations d'un parasite animé? par le transport d'un microphyte ou de ses sporules? ou autrement encore? — Et les étiologistes qui, j'en suis sûr, ne se doutent pas que, ce faisant, ils font besogne de métaphysiciens! Qu'ils le sachent donc, l'infection et la contagion du choléra s'expliquent suffisamment par son *infectiosité* et sa *contagiosité*, ou propriétés d'être infectieux et contagieux; tout comme l'action lumineuse du soleil ou d'une lampe s'explique par la *luminosité*, etc., etc., etc.

Et les physiciens, qui ont employé leur temps à la métaphysique recherche des causes de la combustion! Il est vrai que cette recherche conduisit Stahl au phlogistique, ce qui n'était pas une bonne trouvaille; mais Lavoisier, suivant ses traces, fait une découverte admirable. Cependant si le grand chimiste eût pu deviner le positivisme et se fût suffisamment imprégné des salutaires enseignements de cette philosophie, il eût sans doute fait mieux encore : il se serait borné à regarder brûler une bûche de bois dans l'âtre et à observer attentivement, et à minutieusement noter, toutes les particularités du phénomène. Mais il n'eût eu garde de songer à interroger l'essence, la cause et l'origine de ce phénomène, pour en arriver à savoir que la combustion a pour origine, pour cause et pour essence une combinaison d'oxygène avec le corps brûlé. — Comment donc se fût-il expliqué alors la combustion? direz-vous.—D'une façon bien simple : par la *combustibilité*.

Pour quelle raison la combustibilité ne serait-elle pas une propriété irréductible de la bûche de bois et des allumettes, au même titre que la luminosité et la caloricité sont propriétés irréductibles de la matière solaire? que la contractilité et la nervosité sont propriétés irréductibles de la matière musculaire ou de la matière nerveuse? etc.

Par cette création de la propriété mystère, de la propriété entité et cause efficiente et insondable, le Positivisme combine ensemble et s'approprie les deux chimères dont il fait son principal grief contre la théologie et la métaphysique : pour dernière raison des choses, il nous offre le miracle et des êtres de raison réalisés (1).

(1) La doctrine positiviste des « propriétés irréductibles de la matière » ne diffère de la doctrine scolastique des « qualités et facultés occultes » que par la substitution du mot *propriété* aux mots *qualité* et *faculté*. Au fond, la vieille doctrine et la nouvelle n'en font qu'une. Voici ce que dit Leibnitz de la première :

« ........ Autrement », dit il, « je ne vois pas comment on

Il va sans dire que cette philosophie conduit les Positivistes à combattre de toutes leurs forces les deux plus brillantes et plus fécondes entreprises de la physique et de la physiologie contemporaines : la réduction de toutes les prétendues propriétés de la *matière vivante* (contractilité musculaire, irritabilité, etc., etc.) à des propriétés de l'ordre inorganique ; et la réduction de la physique et de la chimie entières aux pures lois de la mécanique. Voilà les grandes et riches inspirations de la science moderne, là est son progrès, là est son avenir, là est sa gloire : et c'est le Positivisme qui fait tous ses efforts pour la détourner de cette salutaire voie.

M. Littré a écrit : « ..... Réduire toutes les forces de « la nature à une force unique est une hypothèse qui, « plus compliquée que la précédente, est encore, s'il

.

« pourrait s'empêcher de retomber dans la philosophie, ou fanatique, « telle que la philosophie mosaïque de Fludd, qui sauve tous les phé- « nomènes en les attribuant à Dieu immédiatement et par miracle ; ou « barbare, comme cel'e de certains philosophes et médecins du « temps passé...... qui sauvaient les apparences en forgeant tout « exprès des qualités occultes ou facultés.....comme si les montres « de poche marquaient l'heure par une certaine *faculté horodéicti-* « *que*, sans avoir besoin de roues ; ou comme si les moulins bri- « saient le grain par une *faculté fractive*, sans avoir besoin de rien « qui ressemblât aux meules. » (*Œuvres philosophiques* de Leib- nitz. édit. Erdmann. Berlin, 1840, p. 201.)

N'est-ce donc pas cette *philosophie barbare*, si bien qualifiée par Leibnitz, que MM. Littré et Ch. Robin s'efforcent de restaurer parmi nous ? Toute propriété a son mécanisme, toute loi a son procédé, son *modus agendi* ; dès lors, à celui qui demande l'explication d'un fait, c'est-à-dire le mécanisme de la loi qui le régit, répondre que ce fait s'explique par cette même loi, par cette propriété, c'est répondre par la question elle-même, et tel est le tort constant du Positivisme telle est la faute qu'il a érigée en système.

2

« est possible, plus vide et plus inutile (1). » (*A. Comte et la Phil. Pos.*, 2ᵉ éd., p. 78.)

Le *Dictionnaire de Médecine* de MM. E. Littré et Ch. Robin, et tous les autres écrits de ces auteurs, débordent de reproches amers pour ceux qui mettent en doute l'insolubilité et l'*inexplicabilité* des *propriétés vitales*; et nous devons ainsi à la philosophie positive un vitalisme nouveau. Fondé sur les profondeurs *insondables* et les vertus mystiques du mot propriété, ce vitalisme se présente avec une auréole de surnaturel qui fait pâlir tout le merveilleux de l'Animisme et du Duodynamisme.

En lançant ses foudres contre toute tentative qui, au mépris de ce fantôme de la *propriété*, dont il se sert pour arrêter la marche de l'esprit humain, aurait pour but de remonter aux origines et aux causes, ce nouvel obscurantisme ne va-t-il pas jusqu'à interdire à la science l'exploration des sources de la vie sur notre globe, et des formes diverses qu'elle y a successivement revêtues? — Oui, certes. — Et pourquoi n'étendrait-il pas la même condamnation aux études géologiques, qui s'enquièrent d'où vient l'écorce terrestre, d'où viennent ses roches, leur composition et leur disposition, d'où viennent montagnes et vallées? Tant y a qu'un distingué disciple de M. Littré, un savant d'avenir ayant le goût et l'intelligence des grandes vé-

(1) « Tous les phénomènes physiques, quelle que soit leur nature, « semblent n'être au fond que les manifestations d'un seul et même « agent primordial. ... on ne saurait plus méconnaître cette conclu- « sion générale de toutes les découvertes modernes, quoiqu'il soit « impossible encore d'en formuler nettement les lois et les particu- « larités conditionnelles. » (Extrait d'une leçon de M. de SÉNARMONT, cité par M. E. Saigey, dans la *Physique moderne*, p. 215.)

rités, M. le docteur E. Dally, ne craignons pas de le nommer, a senti sa conscience de positiviste en proie à d'anxieux scrupules au moment où une inclination bien naturelle chez un naturaliste philosophe l'entraînait vers les problèmes de la paléontologie. Ce savant confrère a eu, en effet, l'heureuse pensée de traduire dans notre langue l'ouvrage célèbre de Huxley sur *La place de l'Homme dans la nature;* or, dans une remarquable introduction écrite pour ce livre, le traducteur se montre tout d'abord en grand souci d'obtenir de son chef d'école le pardon de sa témérité. Il s'efforce d'interpréter en sa faveur les textes canoniques de la doctrine, et de leur extorquer un témoignage d'orthodoxie. Vains efforts; il est bel et bien hérétique, et nous espérons qu'il le sera de plus en plus. Le maître n'a-t-il pas prononcé formellement que « les questions qui s'occupent de l'origine des choses sont hors du domaine de la connaissance humaine » ? Et n'a-t-il pas établi ce dogme sur une preuve triomphante, en ajoutant : « L'origine des choses, nous n'y avons pas été ! » (Paroles de M. Littré. Voir *A. Comte et la Philosophie Positive*, *op. cit.*, p. 107.)

Or je ne vois pas comment le traducteur, introducteur et éditeur responsable de l'ouvrage de Huxley sur l'origine des animaux et de l'homme pourra établir devant M. Littré que lui, Eugène Dally, était là, actuellement présent, à cette origine (1) !

· · · · · · · · · · · · · ·

(1) « Dans ces derniers temps, la seule école philosophique qui, de « nos jours, se soit présentée avec un système complet embras-

Résumons-nous et disons que la dialectique positiviste laisse intacte cette métaphysique qu'elle voulait accabler de ses coups ; elle voulait l'abattre, et en réalité elle l'exalte sous des noms nouveaux. Au fond, ce n'est qu'au vieux mot qu'elle fait la guerre, mais elle est pour l'idée, pour l'idée tout entière, et elle s'en est faite le champion ; j'en atteste les autorités que j'ai déjà citées, j'en atteste encore ces paroles de M. Littré :

« L'insurrection à laquelle l'esprit moderne est en

« sant tout le savoir humain, a tracé, il est vrai, une ligne profonde
« de séparation entre ce qu'il est donné à l'homme de connaître, et
« qui fait l'objet des sciences, et ce qui échappe à sa connaissance.
« Les causes premières et finales, les origines et les destinées, ren-
« trent dans cette dernière catégorie, à ce point que la question de
« l'unité ou de la pluralité des hommes en tant qu'espèces natu-
« relles a été rejetée comme non scientifique par les disciples du Po-
« sitivisme. A plus forte raison le problème fondamental des com-
« mencements est-il déclaré à priori insoluble comme non vérifiable.
« ..... Toutes les questions absolues, a écrit récemment M. Littré
« (A. Comte et la Phil. Posit., 1863, p. 107), c'est-à-dire les ques-
« tions qui s'occupent de l'origine et de la fin des choses, sont hors
« du domaine de la connaissance humaine et par conséquent ne peu-
« vent plus diriger les esprits dans la recherche, les hommes dans
« la conduite, et les sociétés dans le développement. L'origine des
« choses, NOUS N'Y AVONS PAS ÉTÉ ; la fin des choses, NOUS N'Y SOM-
« MES PAS ; nous n'avons DONC aucun moyen de connaître ni cette
« origine ni cette fin. »

Et après avoir cité ces décisions ex cathedra qui ont le mérite incontestable d'être parfaitement catégoriques, de ne pas prêter à la moindre équivoque, — M. E. Dally s'évertue plusieurs pages durant (De la place de l'Homme dans la nature, par Th. H. Huxley, traduit, annoté et précédé d'une introduction par le docteur E. Dally, Paris 1868, p. 4 et suiv.) à interpréter les paroles du Maître, de façon à leur faire dire quelque chose d'un peu moins déraisonnable que ce qu'elles disent si clairement. Ces paroles suffiraient à elles seules à le prouver, le Positivisme est une véritable Béotie philosophi- 'que. Que M. Dally se hâte d'en sortir tout à fait, des intelligences comme la sienne sont dépaysées en de tels lieux.

« proie est la lutte contre l'ascendant des idées géné-
« rales et d'une philosophie qui soit la régulatrice des
« idées et des sciences particulières. Il se parque obsti-
« nément dans les compartiments des connaissances
« spéciales, et l'on doit voir en cet état sa maladie la
« plus manifeste et la plus grave. Il s'agit de la fin du
« règne des spécialités et de l'avénement du règne de
« la généralité. C'est la dernière bataille entre la
« science positive, mais fragmentaire, et la philosophie
« coordinatrice, mais positive. » (*A. Comte et la Phil.
Posit.*, 2ᵉ éd., p. 560.)

## II

La théorie du Sujet est le complément indispensable de la théorie de l'Objet.
E. LITTRÉ, *A. Comte et la Philosophie Positive*, p. 677.

Il est regrettable, et pour ma part je regrette sincèrement, que des intelligences d'élite qui, demeurées
libres de l'esprit de secte, pouvaient contribuer éminemment à l'édification d'une vraie philosophie scientifique, aient eu le malheur de s'enkyster, qu'on me
passe l'expression, dans le système incomplet d'Auguste Comte, et faux à beaucoup d'égards.

Épousant à la lettre les doctrines de ce penseur, qui
ne fut pas sans génie du reste, ses disciples se sont
rendus incapables d'en saisir l'esprit. Vouant à leur
maître un culte pieux, mais tel que la vérité, l'imper-
sonnelle vérité, en est seule digne, ils ont conservé
avec un soin égal et ses créations lumineuses et ses erreurs; et leur vie se passe, leurs facultés s'épuisent, à

2.

la tâche ingrate de concilier ensemble cette lumière
et ces ténèbres. En cela, du reste, ils n'ont fait que
suivre l'erre commune des écoles : au lieu de voir dans
les productions de leur fondateur une moisson d'idées
qui demande à passer sous le fléau et par le crible de
la critique, elles laissent le grain dormir dans la paille
et le froment mêlé à l'ivraie ; c'est-à-dire que, dépositaires trop fidèles d'un trésor à faire fructifier, elles
le condamnent à une éternelle inutilité par cette fidé-
lité sans intelligence (1).

Oui, certainement, les théories d'A. Comte portent
le germe d'une philosophie nouvelle et vraie, de cette
philosophie appelée à faire l'ordre dans le chaos actuel de nos connaissances et de nos croyances, à mettre toutes les sciences d'accord, à les compléter et à
les constituer en une systématique unité, et, ainsi or-
ganisées et leur puissance portée au centuple, à les
conduire un jour à la conquête des sublimes et lointaines vérités si ardemment convoitées par l'âme hu-

(1) Je commettrais une grave omission si je manquais de déclarer
que cette critique ne s'adresse nullement aux Positivistes de l'école
anglaise des Stuart Mill, des Herbert Spencer, des Bain, etc., pour
les travaux desquels je suis pénétré d'estime et de sympathie. Mais
aussi ceux-là ne jurent point *in verba magistri*, ils ne s'enferment
point dans leur majesté de grands prêtres, ils ne se bornent pas à
dogmatiser et à régenter ; non, mais ils observent et réfléchissent
par eux-mêmes ; ils ne redoutent point, ainsi que M. Littré, « l'action dissolvante de la critique », et ne dédaignent pas d'entrer en
discussion avec d'humbles contradicteurs. Ce nom de positivisme,
porté en France par une secte passionnée, intolérante et obscuran-
tiste, est devenu, de l'autre côté du détroit, le drapeau honorable
et honoré d'une phalange d'esprits progressifs, intelligents et libres,
travaillant avec autant de succès que d'indépendance et de dévouement à la construction d'une philosophie vraiment philosophique et
qu'on peut appeler *positive* sans antiphrase.

maine... Mais ce germe reste étouffé parmi une foule
de mauvaises herbes qu'on cultive précieusement, loin
de les arracher. Et cependant il n'est pas difficile de
les reconnaître ; nous l'avons suffisamment fait voir
·plus haut, entre ces erreurs parasites et les vérités voisines éclatent le disparate le plus choquant, l'incompatibilité la plus criante. Aussi bien en est-il du disciple trop zélé comme du trop zélé ami :

> Mieux vaudrait un sage ennemi.

Une faute a entaché la conception positiviste dès sa
naissance, et en a faussé l'entier développement ; cette
faute originelle, c'est d'avoir confondu la Métaphysique elle-même avec les informes et ridicules essais des
métaphysiciens. Un fait frappa d'abord A. Comte, et si
fortement sans doute qu'il ne put jamais l'envisager
sainement et s'en faire une opinion juste. Ce fait, c'est
le contraste qui présentement distingue et sépare, on
dirait par un abîme, la spéculation métaphysique de la
spéculation scientifique proprement dite. Ce contraste
éclate en deux points capitaux : la méthode et les résultats. D'une part, l'analyse opère sur des vérités fondamentales certaines, et en tire des vérités nouvelles
non moins certaines que vérifie l'utilité de leurs applications jointe à d'autres contrôles encore. D'autre
part, on spécule, non sur des principes acquis et con-
firmés, mais sur des principes créés à plaisir, sur des
axiomes de pure fantaisie, et que néanmoins on tient
pour avérés et incontestables ; et l'on arrive ainsi à
produire, non plus un enchaînement, un dévidement,

de vérités lumineuses et fructueuses, mais un amas confus de fictions et de non-sens.

Cette fausse et funeste méthode ne se rencontrant plus de nos jours que dans l'exploration des principes premiers de chaque science particulière ou de la connaissance en général, c'est-à-dire dans la métaphysique, spéciale ou générale, la métaphysique et cette méthode ne firent plus qu'un pour A. Comte; elles s'identifièrent entièrement dans son esprit, et c'est cette méprise qui a perdu son système. Et cependant nul plus que ce philosophe ne semblait prémuni contre un tel danger; car aucun autre n'avait exploré les origines du savoir humain aussi avant, aucun n'en savait et n'en comprenait mieux l'histoire. Comment donc se fait-il qu'il ait pris la métaphysique pour bouc émissaire de la méthode conjecturale, alors qu'il constatait et nous enseignait que cette fallacieuse méthode avait été le propre de toutes les sciences à leur début, c'est-à-dire des sciences aujourd'hui les plus *positives*, les plus solidement constituées, telles que la Physique et la Chimie, pour ne citer que ces deux exemples?

Certes, tout autorise à penser que si, au lieu de venir à une époque où la Physique avait déjà rejeté ce lange souillé de son enfance, A. Comte eût été dans le cas de l'observer au berceau, en voyant cette science couverte de la gourme scolastique, il eût aussi bien signalé la méthode « métaphysique » sous le nom de « méthode *physique* », et enveloppé avec elle, dans un commun dégoût, et les physiciens, et toute recherche des relations dynamiques des corps.

Il est surprenant, je le répète, que l'inventeur de la prétendue philosophie positive, éclairé par l'histoire du développement scientifique, n'ait pas su discerner dans la métaphysique deux choses si distinctes et entre lesquelles il n'existe aucun lien nécessaire : 1° les vices du procédé spéculatif mis en œuvre ; 2° le domaine et le but de la spéculation. Mais il ne sera peut-être pas sans quelque intérêt de remonter à la cause de cet égarement. Je crois l'apercevoir dans la perfide influence que les mots exercent sur les idées.

Il est à présumer qu'Auguste Comte, en condamnant la Métaphysique, n'eut d'abord en vue, dans le choix de cette appellation, que de caractériser la méthode conjecturale par le nom de la seule science qui ne l'eût point encore répudiée. Or ce n'est jamais sans danger que l'on détourne un symbole de sa signification consacrée : l'identité du signe créera une sorte de solidarité fatale entre l'idée ancienne et la nouvelle ; en voulant évoquer l'une, on laissera l'autre étendre son ombre sur celle-ci, et elles arriveront à se confondre plus ou moins dans la pensée ; la vieille idée reparaîtra obstinément sous la nouvelle, et notre esprit aura devant lui une image mixte et confuse, source inépuisable de faux jugements.

Cette illusion des mots occupe une large place dans l'histoire des opinions et des discussions, où elle a semé les malentendus et les discordes ; A. Comte ne sut pas s'en préserver. Oui, sans doute, il n'en voulait primitivement qu'à ce fol abus de la logique qui consiste à imaginer, à se figurer, ce qu'on ignore, pour s'épargner la peine de le découvrir, et à tirer ensuite de ces prémisses imaginaires des conséquences à perte de vue. Mais à cette méthode insensée ayant appliqué la qualification de métaphysique, il glissa sans s'en douter sur la pente de l'équivoque ; et ce mot qui, dans une telle acception restreinte et détournée, devait stigmatiser uniquement un certain procédé scientifique condamnable, finit par étendre le sceau de sa flétrissure sur toute sa signification ancienne, c'est-à-dire sur le principe même de la recherche des lois générales.

Engagé dans cette voie, Comte en arrivait forcément, en niant l'objet de la métaphysique, à nier l'objet de toute philosophie, et partant à se nier soi-même ; car quelle raison d'être et quel rôle restent donc à la Philosophie, suppression faite de la considération des principes universels ? Or comme il fallait à Comte une philosophie, pour se tirer d'embarras il adopta un parti moyen, et, on va le voir, il ne pouvait en prendre un pire et plus déraisonnable. Il imita certain voyageur malavisé : ce voyageur s'apercevant tout à coup qu'il marche depuis de longues heures le dos tourné vers le but de son voyage, fait volte-face ; mais en même temps, ne pouvant se résoudre à l'idée d'avoir fait tant de chemin en pure perte, il se refuse à revenir sur ses pas. Et alors, que fait-il? il opte pour une direction intermédiaire, et là-dessus, quittant la voie, il prend à travers champs et à l'aventure. La route qu'il suivait d'abord avait du moins cet avantage qu'elle menait quelque part ; celle qu'il vient de choisir n'en est même pas une, et ne peut mener qu'à se perdre.

Et c'est aussi ce qui advint à Auguste Comte. Il

avait proscrit formellement la recherche des principes
sous le nom de métaphysique, et il ne voulut point revenir sur cette condamnation; mais en même temps il
recommanda non moins expressément cette même recherche sous les noms de philosophie positive et de
méthode universelle. De là les contradictions et conflits
sans fin qui éclatent dans le sein de la doctrine entre
sa partie critique et sa partie organique, l'une étant un
perpétuel démenti jeté à l'autre. Et il en résulte que
tout ce qu'il y a de vrai et de fécond dans cette doctrine se trouve gâté, faussé et neutralisé.

Ah! si M. Littré se fût appliqué à ramener la théorie
d'Auguste Comte dans la voie salutaire! il eût mérité
certes infiniment plus, et de la science, qu'il eût agrandie, et de son maître, dont le jardin, où croissent aujourd'hui la ronce du sophisme et le chardon du pé-
dantesque dogmatisme, eût offert à la vue réjouie un
plantureux potager et un parterre rayonnant de fleurs...

Je vois venir une objection, et, avant d'aller plus loin,
je vais y répondre.

On me fera sans doute remarquer que le plus grave
tort imputable à la métaphysique n'est pas de s'être
assise sur des principes fictifs, mais celui d'être dans
l'impossibilité de faire mieux, c'est-à-dire d'être dans
l'impossibilité de puiser ses principes à une source autre que l'hypothèse creuse et la fiction. Et l'on ajoutera
que ce qui distingue essentiellement cette prétendue
science des véritables sciences, des sciences positives,
telles que la Physique et la Chimie, c'est, non point
que celles-ci ont cessé d'employer la méthode d'imagi-

nation, la méthode « subjective », tandis que la métaphysique n'est pas encore émancipée du subjectivisme ;
non, dira-t-on, cette différence est autre : elle consiste
en ce que la Physique et la Chimie se sont échappées
de ce labyrinthe par la porte de la méthode d'expérience, et que cette porte et toute autre porte en sont
fermées à jamais à la Métaphysique. Comment, en
effet, la métaphysique pourrait-elle procéder par voie
d'observation et de contrôle expérimental? Impossible.
Donc la métaphysique n'a le choix qu'entre la continuation à perpétuité du régime de la spéculation
subjective, c'est-à-dire chimérique, et l'abandon de
ses prétentions, son abdication, en un mot. Ainsi par-
leront nos contradicteurs.

Nous l'avons déjà fait remarquer, et le positivisme
le reconnaît du reste, il est une science assurément
très-certaine, très-positive, la Mathématique, qui pour
cela n'en est pas moins fondée sur la méthode subjective ; nous sommes dès lors en droit de demander
pourquoi la métaphysique, de même que la mathématique, ne pourrait pas être à la fois et « subjective » et
positive. Je n'entends pas revenir sur ce point pour
développer un argument que j'ai déjà produit ailleurs ;
mais je désire entrer à ce propos dans quelques explications au sujet de cette méthode dite subjective, *à
priori*, etc., que les dénonciations du Positivisme ont
mise en si grand discrédit parmi nos savants.

Déclarons-le d'abord, la méthode dont le type par
excellence nous est offert dans les mathématiques
n'est point purement subjective, qu'on ne s'y trompe
point ; elle ne part pas d'une donnée *à priori* pure, tant

s'en faut. Et ajoutons que, d'un autre côté, la méthode
d'observation proprement dite est loin, à son tour, de
n'employer que les voies de l'expérience. La vérité est
que les deux méthodes ne présentent nullement la ra·
dicale différence qu'un commun préjugé met entre
elles.

Je ne veux pas réveiller ici la vieille querelle de l'i-
déalisme et du sensualisme et ressusciter la question
des idées innées ; je dirai simplement que les deux thèses
ne me paraissent pas inconciliables. Avec les uns, je
crois que la substance et la forme de toutes nos idées
appartiennent uniquement au sujet, à l'être qui pense,
et, ajouterai-je, il en est de même des sensations. Aux
autres, je concéderai volontiers que les idées, quoique
propriété inhérente de notre intelligence, y sont dans
un état latent dont les excitations du dehors, les excitations objectives, sont primitivement nécessaires pour
les tirer. Ainsi, il ne me paraît pas admissible que la
notion de la figure géométrique en général, que la notion du nombre pur, que la notion de la quantité
abstraite, eussent jamais été conçues par notre esprit
si l'observation du monde réel ne lui en eût pas fourni
l'occasion, c'est-à-dire si nous n'eussions jamais été en
présence des formes de la matière, si nous n'eussions
jamais eu affaire à des formes, à des quantités et à des
nombres concrets.

Bref, une analyse que chacun peut faire de ses
propres pensées nous apprend que nos conceptions les
plus abstraites ne sont pas autre chose qu'une généralisation, prochaine ou éloignée, de caractères présents
dans les faits réels et directement observés.

Et, ce point établi, il est tout aussi vrai de dire que la science expérimentale ne fait usage de l'observation que pour en tirer des généralisations, des conceptions, des abstractions, c'est-à-dire des notions subjectives ; car de telles notions ne sont pas données immédiatement par l'expérience ; non, pas plus que la notion du carré de l'hypoténuse ou du binome de Newton. Un grand expérimentaliste, physiologiste célèbre, le plus célèbre de notre temps, l'a déclaré : « Ce ne sont pas « les faits, qui constituent la science, mais les explica- « tions qu'on donne des faits et les idées que nous y « attachons. » (CL. BERNARD, *Revue des Cours scienti- fiques* du 4 février 1865.)

Une pomme tombe, voilà un fait réel, voilà une no- tion expérimentale ; mais cette notion d'un fait indivi- duel, restreinte à son objet propre, c'est-à-dire à ce fait individuel, est nulle et sans valeur aucune pour la science. Elle ne devient scientifiquement utile que lorsque le génie de la conception a fait sortir de son objet réel un objet idéal, et transformé cette vérité étroite fournie par l'observation en une vérité univer- selle obtenue par la raison.

Donc, au fond, toute méthode vraie est à la fois ob- jective et subjective, expérimentale et rationnelle. Sans doute, celle des mathématiques a un caractère propre, celui de l'évidence et de la certitude absolue ; mais un tel avantage n'est pas pour elle une préroga- tive de nature, il ne lui est pas précisément essentiel ; elle doit d'en jouir actuellement seule à la grande simplicité relative de son objet, c'est-à-dire à la haute généralité des rapports sur lesquels elle opère, et d'au-

tre part à la grande complexité relative des sciences
dites expérimentales, jointe à leur état d'élaboration
encore très-inachevée. Cependant ne commence-t-on
pas à voir poindre le jour où la Chimie et la Physique
arriveront à leur tour à cette perfection suprême, à
cette limpidité entière des mathématiques, par la solution complète et sans résidu de toutes les propriétés
des corps dans les lois d'une Dynamique Pure?

La Métaphysique se propose la connaissance des
causes fondamentales et des principes universels : par
son objet et son but, cette étude offre donc le caractère scientifique au degré le plus éminent ; et, si jusqu'ici elle a échoué dans ses efforts pour se constituer
positivement, il faut l'attribuer au nombre insuffisant
des notions spéciales acquises au sein desquelles les
hautes généralisations ont à subir leur incubation
pour éclore quand l'heure est venue. Mais les sciences
particulières sont prêtes, à l'heure présente, pour la
Métaphysique : elles sont en état de lui fournir les matériaux nécessaires pour se constituer, et en même
temps cette constitution est pour elles une condition
rigoureuse de leur achèvement et de tout grand progrès ultérieur.

Est-il donc si malaisé d'apercevoir l'entrave contre
laquelle se débattent en ce moment toutes nos sciences
d'observation dans l'impatient désir de s'élancer et
de prendre leur vol? Ne voit-on pas que cet obstacle,
contre lequel s'épuisent les plus énergiques efforts,
c'est l'obscurité des termes qui sont à la base de tout
langage scientifique, c'est-à-dire l'incohérence et l'in-

certitude des notions fondamentales de la science ? Dernièrement, les éminents pathologistes de notre Académie de Médecine se battaient les flancs en vain pour tirer au clair la question de savoir si un certain état convulsif produit expérimentalement sur des animaux méritait ou ne méritait pas la dénomination d'épilepsie. Ces savants ne se doutaient pas à quel point ils perdaient leur temps et leur peine ; ils ne se doutaient pas qu'ils étaient engagés dans une impasse, que leur controverse était sans issue. Alors je me permis de leur faire remarquer qu'avant de chercher à déterminer si tel ou tel état morbide est ou n'est pas épileptique, il serait à propos de s'entendre au préalable sur le sens du mot épilepsie, d'en arrêter exactement la définition, chose qui restait pleinement à faire ; car le débat avait mis en évidence que ce même terme avait une signification particulière pour chacun de ceux qui l'employaient, *tot capita, tot sensus ;* c'est-à-dire que chacun avait son épilepsie à soi qui n'était point du tout l'épilepsie de ses confrères. Je saisis encore cette occasion pour exposer que le grand terme pathologique lui-même, le mot *maladie,* est également plongé dans le vague le plus nébuleux, et que partant *la Pathologie,* c'était bien le cas de le dire, *ne sait pas le premier mot de ce qu'elle enseigne* (1). Et si cette science

(1) J'écrivis à ce sujet la note suivante, qui parut dans la *Gazette Médicale de Paris* du 16 janvier 1860 :

Un enseignement d'une importance extrême me paraît découler de la discussion qui a eu lieu mardi dernier à l'Académie de Médecine, au sujet de la communication expérimentale de M. Brown-Séquard sur l'épilepsie. Serait-il donc possible que la savante compagnie, et le public nombreux pressé autour d'elle, eussent laissé

est si arriérée, si les discussions qui s'efforcent de l'éclairer ne font qu'ajouter à ses ténèbres, bien aveugle qui ne

passer inaperçue la révélation qui est sortie des explications échangées entre le célèbre expérimentateur et ses distingués collègues MM. Chauffard et Gubler ?

La disposition convulsive que M. Brown-Séquard fait naître chez le cochon d'Inde en lui blessant la moelle épinière est-elle de l'épilepsie ? *Oui*, disent les uns; *Non*, assurent les autres. Mais une vérité certaine se dégage des raisons alléguées de part et d'autre: c'est que la question ne peut se résoudre qu'en logomachie. En effet, il était bien évidemment impossible de décider si les faits exposés appartiennent à l'épilepsie, alors qu'on n'avait pu décider préalablement ce qu'est l'épilepsie. Et cette impuissance tenait d'ailleurs à une autre impuissance plus radicale : l'impossibilité de dire si les cobayes de M. Brown-Séquard sont épileptiques résulte de l'impossibilité de dire ce que c'est qu'être épileptique; et cette dernière impossibilité avait elle-même sa source dans l'impossibilité de se rendre un compte exact de la signification du mot *maladie*.

M. Chauffard conteste que l'état convulsif provoqué sur les sujets de expérience puisse être assimilé à l'épilepsie ; car, fait-il observer, l'épilepsie est une *entité morbide* susceptible de revêtir des formes symptomatiques diverses et pouvant être présente là même où les convulsions sont entièrement absentes. Ainsi, pour M. Chauffard, les convulsions ne sont en aucune façon un caractère essentiel, nécessaire, de l'épilepsie; pour lui, je le répète, l'épilepsie est une « entité morbide » entraînant à sa suite des formes symptomatiques diverses, mais n'étant liée nécessairement à aucune d'elles ; et, selon ce savant, l'unité de cette « entité morbide » spécifique est alors dans l'identité de son étiologie et de sa loi d'évolution.

Quant au point de fait d'observation pathologique, M. Gubler ne peut que partager l'opinion de M. Chauffard; mais il oppose les considérations suivantes aux conséquences théoriques formulées par son interlocuteur. Ce qui pour M. Gubler est épilepsie, c'est tout état morbide intime, toute « entité morbide », comme dirait M. Chauffard, s'accompagnant de l'accès convulsif dit épileptique, ou grand mal, quelle que soit d'ailleurs la *lésion primitive* — affection morale, infection diathésique ou autre, irritation vermineuse, compressions par des tubercules, lésions traumatiques, etc. — qui constitue cette « entité morbide ». Et le fait est que toutes ces choses portent également le nom d'épilepsie, et M. Chauffard n'a eu garde de le contester.

le voit pas : la cause en est dans l'état d'indétermina-
tion où elle laisse croupir ses notions premières.

Les deux contradicteurs ont dit, certes, des choses excellentes et
qui dénotent de la justesse d'esprit et de la sagacité ; mais en se
rendant loyalement à leurs objections réciproques, ils ont cru en
même temps pouvoir conserver leurs positions respectives. Ces messieurs n'ont donc pas compris, quelque pénétration dont ils aient fait
preuve, que, par l'effet de leurs concessions mutuelles, l'épilepsie se
trouve supprimée à la fois, et comme syndrome et comme entité
morbide ; et non-seulement comme espèce nosologique naturelle,
mais même comme une simple expression pathologique ayant une
valeur déterminée quelconque.

Et, en effet, si le syndrome convulsif du haut mal n'est pas un
caractère essentiel et distinctif de l'épilepsie ; si l'épilepsie peut
exister là où ce syndrome n'existe pas (ce qui est affirmé par
M. Chauffard et n'est point nié par M. Gubler), la chose à qui appartient légitimement le nom d'*épilepsie* est autre que ce syndrome
contingent ; alors cette chose est donc la lésion primitive, l'état pathologique intime, c'est donc « l'entité morbide » se manifestant,
soit par des convulsions, soit par tel ou tel autre symptôme, ainsi
M. Chauffard le soutient.

Fort bien ; mais, à son tour, M. Gubler fait observer que cette
unité spécifique de l'épilepsie ne saurait être fondée sur l'identité de
la lésion primitive, de l'état pathologique générateur, sur l'identité
de « l'entité morbide » enfin, puisque cette identité est une chimère, puisque « l'entité morbide » de l'épilepsie n'est pas identique à elle-même, mais est diverse ; n'est pas une, mais multiple et
très-multiple.

Bref, l'identité de l'Épilepsie n'a pour elle ni l'identité du syndrome ni l'identité de « l'entité morbide ». Permettez-moi d'employer
ici une locution triviale qui peint trop bien cette situation : l'*épilepsie se trouve assise par terre entre deux selles*. La discussion
n'ayant laissé debout aucun caractère fixe et constant auquel elle
puisse accrocher son identité défaillante, cette distinction nosologique s'évanouit et n'est plus !

Par ces motifs, je croirais qu'il convient, aussi longtemps que la
pathologie n'aura pas fixé la signification de son langage, de s'abstenir de rechercher si les cochons d'Inde de M. Brown-Séquard
sont ou ne sont pas épileptiques : l'entreprise serait, en vérité, par
trop prématurée.

J'avais écrit dans le temps (1) que la Physiologie était encore dans sa période barbare, et cette appréciation n'avait éveillé que des sourires. Aujourd'hui le même jugement est porté par le plus autorisé réprésentant de la Physiologie Expérimentale : « En Physiologie », dit M. Cl. Bernard, nous en sommes aujourd'hui au « temps où en était l'Alchimie avant la fondation de la « Chimie. » (*Rapport sur la Physiologie Générale en France*, nº 206, p. 219.) Que maintenant M. Cl. Bernard interroge les infirmités de sa science, et son esprit sûr et sagace reconnaîtra que le mal dont il se plaint est le même que celui dont la pathologie souffre si profondément ; il le reconnaîtra dans l'ignorance, l'ignorance crasse des Physiologistes sur la signification des termes les plus essentiels et les plus usuels de leur langage. Les progrès de la Science des Maladies est enrayé par le défaut d'une notion précise de la *maladie ;* et à son tour, si la Science des Organes et des Fonctions n'est encore, suivant l'expression du savant maître, qu'une alchimie physiologique, c'est parce qu'elle ignore, a omis jusqu'à ce jour de se demander, et a dédaigné d'apprendre, ce qu'on doit entendre au juste par ces mots d'*organe* et de *fonction.*

Et les obstacles cachés qui gênent la marche de l'Histoire Naturelle et retardent sa constitution définitive, que sont-ils ? C'est toujours la même cause, le même vice fondamental. Écoutez plutôt cette plainte d'un des premiers naturalistes de l'époque :

« Dans les systèmes de Zoologie et de Botanique »,

(1) Voir mes *Essais de Physiologie Philosophique* et *La Philosophie physiologique et médicale à l'Académie de Médecine de Paris.*

dit M. Agassiz, « l'emploi des termes embranchements,
« classes, ordres, familles, genres et espèces, est telle-
« ment universel qu'on devrait en supposer le sens et
« la portée bien déterminés et généralement compris
« de la même manière. Il s'en faut pourtant de beau-
« coup qu'il en soit ainsi. Tout au contraire, il n'y a
« pas à vrai dire en Histoire Naturelle de sujet à l'é-
« gard duquel l'incertitude soit plus grande et le défaut
« de précision plus absolu. Je n'ai pu trouver nulle
« part une définition nette du caractère même des di-
« visions les plus compréhensives. Quant aux opinions
« ayant cours sur les genres et les espèces, elles sont
« tout à fait contradictoires. » (*Revue des Cours Scient.*
du 6 février 1860, p. 146.)

Ainsi on s'évertue à bâtir nos sciences d'observation
sur un amas de notions mal définies, incohérentes et
confuses, comme sur un tas de pierres roulantes. Aussi
rien ne peut y prendre une ferme assiette ; tout chan-
celle sur une telle base, et l'édifice ne peut parvenir à
s'élever. Faut-il donc s'en étonner ? Que l'on se mette
plutôt à réunir ces pierres brutes et éparses, à les fa-
çonner, à les mettre en place et à les lier ensemble par
le mortier d'une forte logique, et les sciences auront
désormais un fondement stable, et leurs constructions
en souffrance pourront enfin être montées jusqu'au faîte
et recevoir leur couronnement.

Je ne puis résister au désir d'emprunter quelques
lignes sur ce sujet à l'illustre chef du Positivisme anglais. On lit ce qui suit dans son *Système de Logique*,
dont un de nos rares médecins philosophes vérita-

blement dignes de ce nom, M. Louis Peisse, nous a
donné, il y a peu de temps, une excellente traduction
française :

« Dans la marche progressive de la science, de ses
« problèmes les plus aisés aux plus difficiles, chaque
« grand pas en avant a toujours eu pour antécédent ou
« pour condition et accompagnement nécessaires un
« progrès correspondant dans les notions et les prin-
« cipes de logique admis par les penseurs les plus
« avancés ; et si plusieurs des sciences plus difficiles
« sont encore si défectueuses ; si, dans ces sciences, il
« y a si peu de prouvé, et si l'on dispute toujours sur
« ce peu qui semble l'être, la raison en est peut-être
« que les notions logiques n'ont pas acquis le degré
« d'extension et d'exactitude nécessaire pour la juste
« appréciation de l'évidence propre à ces branches de
« la connaissance. » (J. STUART MILL, *Système de Logique déductive et inductive*, traduit sur la sixième édition
anglaise par Louis Peisse, 1er vol., p. 11.)

Voici quelques-unes de ces notions brutes et de premier ordre qui se rencontrent plus ou moins à la base
de nos enseignements scientifiques divers : *Être, Substance, Esprit, Matière, Physique, Psychique, Sujet,
Objet, Cause, Force, Effet, Fait, Loi, Propriété, Abstrait,
Concret, Absolu, Relatif, Général, Spécial, Individuel,
Actuel, Virtuel*, etc.; et, dans un ordre plus restreint,
celui des idées physiologiques ou médicales : *Vie, Ame,
Organisme, Unité, Mental, Somatique, Irritabilité, Motricité, Sensibilité, Sensation, Impression, Faculté, Acte,
Fonction, Organe, Maladie, Affection*, etc.

Tous ces termes, que nul ne se doute de ne pas com-

prendre, ce sont, je le répète, autant d'énigmes pour
la science ; et ces énigmes, il faut qu'elle les pénètre
sous peine d'être arrêtée court en son chemin ; car ces
expressions ne sont pas moins indispensables qu'elles
sont obscures, équivoques, inintelligibles. Le Positivisme (français) a bien essayé d'en supprimer une
bonne partie, mais force lui a été de renoncer à cette
entreprise et de revenir bon gré, mal gré, au vieux vocabulaire. M. Littré, par exemple, tout en s'efforçant,
en théorie, de mettre de côté le terme *moral* ou *mental*
comme un synonyme superflu du terme *cérébral* (1),
s'est vu forcé, dans la pratique du discours, de se soumettre à la distinction vulgaire de ces deux noms et
de reconnaître implicitement la distinction légitime
des idées et des choses qu'ils représentent. Et n'est-ce
pas encore à M. Littré, cet adversaire juré du subjectivisme, que nous devons la devise dont nous avons
orné ce chapitre?

Telle est donc la situation perplexe de nos sciences
positivistes: ou continuer à bredouiller un langage qui,
pour elles, est de l'hébreu, qui, dans leur bouche, devient un galimatias ridicule, ou se décider à déchiffrer ces mots hiéroglyphiques, c'est-à-dire les expliquer, les définir, dégager les idées qu'ils recèlent,
préciser ces idées, les élaborer, les coordonner, et tirer une à une de ces notions radicales les vérités secondaires qui s'y trouvent contenues. — Mais, dira-
t-on, ce serait faire de la méthode subjective ; ce serait
tomber en pleine métaphysique... — Eh ! oui, certes,

(1) Voir ci-après une étude intitulée *La caractéristique différentielle de la Raison et de la Folie* d'après M. Littré.

messieurs ; et force, encore une fois, est d'en faire, de
la métaphysique, ou de continuer à patauger sans fin,
et à qui mieux mieux, dans le gâchis logomachique.
L'alternative n'est-elle donc pas inévitable ?

C'est surtout à nos études spéciales, c'est à la Physiologie et à la Médecine (et joignons-y la Psychologie
et la Morale, qui sont loin d'être étrangères aux attributions du médecin), que ce dilemme est posé dans ses
termes les plus impérieux et les plus durs, car c'est ici
que le chaos est à son comble. Mais en même temps
c'est la Médecine seule qui est en possession de toutes
les données nécessaires pour la solution demandée, et
c'est d'elle que viendra le salut.

Quand on se donne la peine d'examiner de près ces
notions mystérieuses sur lesquelles roule continuellement et d'une manière inévitable l'enseignement de la
Physique, de la Chimie, de la Physiologie, de la Pathologie, de la Thérapeutique, etc., et qu'on cherche les
causes de leur obscurité, on les trouve dans l'obscurité d'une autre notion plus générale, et ainsi de suite ;
et, de proche en proche, on arrive à une notion suprême, la notion de l'Être. Ainsi prenons la notion de
Maladie, par exemple. En la dépouillant, nous arri-
vons à la notion de Fonction et d'Organe, notion encore enveloppée : et en pénétrant au cœur de celle-ci,
nous nous trouvons en présence d'une énigme suprême, le problème de la distinction et des rapports de
la force active et de la force passive, c'est-à-dire du
Sujet et de l'Objet, c'est-à-dire deux termes qui nous
représentent l'idée pure de l'Être sous ses deux com-

plémentaires aspects. Et n'est-ce pas à ces deux
termes que se heurtent fatalement et de la manière la
plus manifeste toutes les analyses du mécanisme des
fonctions de la Vie de Relation? et l'impuissance patente et pitoyable de nos physiologistes — sans en ex-
cepter les plus grands — à se faire entendre et à s'entendre eux-mêmes sur une telle matière n'est-elle pas
due à l'obstination de leur matérialisme, grossier et
aveugle, à ne pas reconnaître la nécessité de séparer
ces deux idées ?

Le problème ontologique est ainsi une question vitale pour toutes les sciences, pour la Médecine surtout,
et c'est à elle principalement qu'il incombe de le résoudre, car, seul, le médecin en réunit toutes les
données dans sa main. Sa science exige en effet le
concours de toutes les autres sciences principales ; et,
de par les devoirs scientifiques de sa profession, il ne
peut en ignorer aucune. Quoi qu'on en ait dit, la Psychologie comme la Physiologie, la Morale comme la
Médecine proprement dite, rentrent logiquement dans
ses attributions. N'est-ce pas l'Homme tout entier,
l'Homme Moral et l'Homme Physique, dont l'étude et
le soin lui sont dévolus? La théorie du Sujet et de
l'Objet, de l'Ame et du Corps, de l'Esprit et de la
Matière, la théorie de l'Être, telle doit être donc la
préoccupation du médecin philosophe, du médecin
vraiment savant. Aussi M. Pidoux a-t-il fait, selon nous,
un acte d'intelligence et de virilité scientifique en portant cette haute question à la tribune de l'Académie
de Médecine, sans s'inquiéter d'encourir le banal
reproche de métaphysicien.

## III

L'infini est le cachet de la science nouvelle.
Pidoux. *Du Spiritualisme dans les sciences médicales.*

Depuis de longues années déjà, nos sympathies et notre respect sont acquis à M. Pidoux. En lisant ses divers écrits, en étudiant surtout ce grand et considérable *Traité de Thérapeutique et de Matière médicale*, pour la composition duquel Trousseau eut la bonne inspiration de se l'associer, nous avons été heureux de trouver en lui la science rehaussée par la philosophie, un penseur dans un médecin. C'est là, par les temps durs que nous traversons, une rare et précieuse rencontre, et nous n'avons jamais oublié le plaisir qu'elle nous causa.

Tels sont nos sentiments pour l'auteur du Rapport académique que nous avons ici à examiner; mais ces dispositions, toutes d'estime et de bienveillance, n'enchaîneront en rien la liberté de nos appréciations.

Le véritable amant ne connaît point d'amis,

a dit Voltaire. Nous croyons qu'il doit en être de même du vrai critique. Il abuserait de son rôle s'il s'en servait pour satisfaire ses inimitiés, mais il ne trahirait pas moins la confiance publique si le souci des égards dus aux personnes lui faisait oublier ce qu'il doit à la vérité, ce qu'il doit au lecteur. Dire la vérité, toute la vérité, rien que la vérité, sur les productions dont il se charge de rendre compte, telle est à mon avis la seule manière dont il puisse entendre son devoir envers le public. Agir autrement, appelons les choses par leur nom, ce serait tromper ce public et le voler. Et, en ceci, j'en suis sûr, aucun honnête homme ne jugera que nous ayons tort.

Mais alors pourquoi défendre des principes que nul n'oserait contester ? — Je réponds : Parce que, de nos jours, il y a une tendance générale à les négliger dans la pratique. Le critique qui prend sa tâche au sérieux, qui expose simplement et sincèrement sa manière de voir sur les œuvres et sur les auteurs, sur les doctrines et sur les docteurs, ne passe-t-il point déjà pour un malappris, pour un malotru qui ignore ou méprise les règles les plus élémentaires de la bienséance ?

On se montre aujourd'hui fort exigeant sur le chapitre des convenances, et ce serait bien si l'on ne donnait à ce mot une signification beaucoup trop restreinte. Par *convenances*, malheureusement, on n'entend plus que les ménagements réclamés par les susceptibilités de l'amour-propre, c'est-à-dire ce qui convient pour être au goût de tel ou tel personnage, ou tout au moins pour ne pas lui déplaire ; on ne l'entend aucunement de ce qui convient pour être juste, pour être véridique, pour faire œuvre honnête et utile. Ces convenances, auxquelles on nous rappelle à tout propos, ce sont celles qui siéent au courtisan ; ce sont des convenances s'inspirant de la convenance des hautes situations particulières, des corps constitués, et des opinions régnantes. Quant à la convenance de la Science, de ses progrès, de sa dignité, elle ne vient qu'en seconde ou troisième ligne, et c'est même se montrer naïf que prendre sérieusement à cœur de tels intérêts.

Il est temps qu'une critique saine et virile vienne

réagir énergiquement contre de semblables mœurs. Et
qu'on n'aille pas voir dans cette alarme le pessimisme
d'un esprit chagrin, la mauvaise humeur d'un mécon-
tent; le mal que je dénonce a pris de si grandes proportions, que ceux-là mêmes qui en récoltent le triste
bénéfice commencent à le trouver excessif. Écoutez le
savant rédacteur en chef des *Archives Générales de Médecine*, professeur à la Faculté de Médecine de Paris :

« La critique scientifique », nous dit-il, « est bien
« près de mourir si elle n'est déjà morte ; on ne rend
« compte que des livres de ses protecteurs ou de ses
« amis, et la bibliographie est devenue affaire de com-
« plaisance, de dévouement ou de calcul. Les seuls
« livres dont on s'abstienne de rendre compte sont ceux
« pour lesquels on garde sauve la liberté de son juge-
« ment. » (*Archives Générales de Médecine, publiées
par MM. Ch. Lasègue, professeur de Pathologie et de
Thérapeutique générales à la Faculté de médecine, médecin
de l'hôpital Necker, et Simon Duplay, professeur agrégé à
la Faculté de médecine, chirurgien des hôpitaux*. Livraison
de novembre 1868, page 635.)

Tel est donc l'état moral de la critique scientifique
en France, d'après notre éminent confrère M. le professeur Lasègue; et on doit l'en croire, car cette appréciation venant d'un homme si haut placé n'est pas
suspecte. Or, je le demande, un pareil état n'est-il pas
un malheur et une honte ?

L'honorable rédacteur en chef des *Archives* constate
purement et simplement cette situation, et paraît s'y
résigner avec beaucoup de philosophie ; toutefois,
ayant publié dernièrement un ouvrage de mérite, son

*Traité sur les Angines*, et désirant, comme c'est naturel, qu'il en fût dit un mot au public par la voix de la
presse, savez-vous ce qu'il a fait? Dans son respect soi-
gneux de la vérité et dans son scepticisme absolu touchant l'indépendance des écrivains, l'auteur a pris le
parti original de rendre compte lui-même de son propre
ouvrage, après avoir exposé franchement les motifs
de sa résolution, motifs, hélas! si humiliants pour le
journalisme. Et comme de la décomposition putride
des corps surgissent des productions vivantes nouvelles,
à cet état d'avilissement et de corruption de la critique, si nettement caractérisé par M. Lasègue, nous devrons l'enfantement d'un genre littéraire nouveau :
l'AUTOCRITIQUE.

Nous serons vrai, toujours vrai, quoi qu'il nous en
coûte ; et, du reste, à cela nous n'aurons pas le même mérite qu'un autre : par bonheur (ou par malheur, comme
on voudra) nous n'avons pas, nous, une place à perdre ;
nous n'avons ni patrons ni clients à flatter, et l'abandon
de notre devoir serait ainsi doublement coupable (1).

Dans notre littérature scientifique, si le niveau moral
est tombé si bas, ce n'est pas par une perfection ex-
quise apportée à la culture de l'esprit, qu'elle s'applique
à se racheter de cet abaissement des caractères. A
quelques bien rares exceptions près, nos médecins,
nos physiologistes, ne se risquent par aventure sur le

(1) Allusion à la révocation récente du savant bibliothécaire de
l'Académie de Médecine, le docteur J. M. Guardia, révocation pro-
voquée par quelques académiciens que la plume indépendante de
cet écrivain n'avait pas pris soin d'épargner.

terrain philosophique que pour y faire chute sur chute
et y étaler l'inexpérience la plus juvénile.

Au fait, la Faculté consacre aujourd'hui des docteurs
qui possèdent à peine leur rudiment ; et, les choses
continuant à progresser dans ce sens, on peut s'attendre à voir un jour nos écoles de médecine tomber à
l'état de simples ateliers d'apprentissage, d'où les futurs
praticiens sortiront avec un bagage plus ou moins
fourni de procédés et de recettes, mais l'esprit tout
aussi peu orné par les lettres que celui de l'artisan
actuel. Il ne faut donc plus s'étonner de rencontrer
chez les hommes de notre art une absence de goût et
une insuffisance si générales pour tout ce qui touche
aux grandes disciplines de la pensée.

Cet abandon des études philosophiques, dont les
éléments de la Logique ne sont pas même exceptés,
fait de notre monde scientifique un milieu intellectuel
barbare qui est éminemment délétère aux vocations
d'un ordre élevé. Par son rayonnement absorbant, cette
atmosphère dépouille les intelligences d'élite de leur
supériorité et les fait descendre au commun niveau.
Je le constate à mon très-grand regret, la réelle valeur
philosophique de M. Pidoux semble s'être laissé atteindre par cette influence déprimante.

Le savant académicien vient d'opérer une évolution
de doctrine radicale, et elle n'est rien moins qu'heureuse ; le *statu quo*, à notre avis, eût mieux valu. Le
vieux champion du spiritualisme passe décidément
à l'ennemi ; et pour couvrir ce mouvement de désertion
il a beau mettre en jeu une savante manœuvre, ce
n'est pas nous qui serons dupés par son stratagème.

Mal à l'aise dans la croyance spiritualiste, et arrivant
à comprendre, avec la plupart de nos penseurs ins-
truits, que le dualisme ontologique ne répond, ni aux
indications de l'observation, ni aux besoins de la raison, ce philosophe a fait un effort, très-louable sans
doute, pour se dégager de cette ornière. A côté, se
trouvait le bon chemin, indiqué, il y a déjà presque
deux cents ans, par le grand Leibnitz, que M. Pidoux
paraît tout disposé à accepter pour guide ; mais, par
malheur, dans l'intervalle s'ouvre une autre ornière,
plus profonde encore et plus bourbeuse : c'est là que
notre philosophe s'est laissé choir dans son insuffisant
élan vers le monadisme.

*Incidit in Scyllam dum vult vitare Charybdim.*

Oui, M. Pidoux a touché l'écueil du matérialisme,
mais nous espérons que ce ne sera pas là un véritable
naufrage ; persuadé que nous sommes que le hardi et
habile navigateur saura bien se remettre à flot et rentrer dans la bonne route, notre critique, il ne doit pas
autrement la considérer, ne sera que le développement
de ce cri d'ami emprunté au même poëte :

*Quò tantum mihi dexter abis? Hùc dirige cursum.*

Oui, sans aucun doute, dans sa récente profession
de foi philosophique, l'éminent rapporteur de l'Académie n'est ni plus ni moins qu'un matérialiste accou-
tré en spiritualiste. C'est un *matérialiste honteux*, dirons-
nous encore, tout en espérant bien ne pas désobliger
ce maître respecté ; car, en lui donnant ce titre, nous
le mettons après tout en bonne compagnie : son illustre

collègue M. Littré n'est-il donc pas, lui aussi, un matérialiste honteux, comme les incisifs critiques de la
*Pensée Nouvelle* le lui reprochent si justement dans cet
organe officiel du matérialisme? Il serait, en vérité, trop
difficile d'admettre que l'esprit si fin et si éclairé de
M. Pidoux se soit fait illusion sur la portée réelle de ses
nouvelles convictions, et qu'il ait pris véritablement
au sérieux cette création chimérique, ce monstre fabu-
leux introduit par lui dans la philosophie sous le nom de
SPIRITUALISME ORGANIQUE.....

Sans doute, c'est une pensée éminemment philosophique que celle de vouloir réunir les croyances opposées qui tiraillent l'esprit et le cœur de l'homme ; mais
ce n'est pas en les prenant telles quelles et en les amal-
gamant l'une avec l'autre qu'on obtiendra le résultat
désiré. Ce qu'on obtient en procédant de la sorte, c'est
un produit inférieur même à ses éléments ; il semble
n'en contenir que les impuretés, tout semble y être
passé à l'état de scories. Non, ce n'est pas dans un mélange confus, c'est dans un triage critique des opinions,
et dans un assemblage harmonique des vérités frag-
mentaires fournies de part et d'autre, qu'il faut chercher la solution des antinomies doctrinales, l'épuration,
le complément et la conciliation des systèmes.

De ces deux méthodes, ce n'est pas malheureusement
la meilleure que M. Pidoux a préférée ; il a pris le
mauvais sentier, et c'est à cette faute du point de départ qu'il sera juste d'imputer toutes les erreurs auxquelles cet esprit distingué et vraiment philosophe a
été fatalement entraîné en dépit des garanties, si sé-
rieuses pourtant, offertes par son passé.

Quand Spiritualistes et Matérialistes le voudront bien, le vieux différend qui les divise aura son terme. Et que doivent-ils faire pour atteindre un si désirable résultat? Ils doivent se demander d'abord quel est au juste le sujet de leur querelle, ce qu'on ne sait guère de part ni d'autre; ensuite il est nécessaire qu'on s'écoute mutuellement et qu'on s'applique à se rendre compte des opinions et des prétentions réciproques en se disant modestement que toute la vérité comme toute l'erreur, tout le bons sens comme toute la folie, ne sauraient être d'un seul côté.

M. le professeur Gubler, en donnant publiquement son adhésion au *Spiritualisme Organique* de M. Pidoux, dans une leçon publiée dans la *Revue des Cours Scientifiques* (numéro du 10 avril 1869), pose ainsi la question débattue entre les ontologistes des écoles diverses :

«Entre les Spiritualistes», dit M. Gubler, «et les « Sensualistes, entre les Matérialistes et les Animistes, « les Vitalistes et les Organiciens, la dissidence porte « toujours sur le même point : *la séparation ou la con-* « *fusion de la matière et de la force.* »

Assurément le savant professeur de thérapeutique de la Faculté de Paris entend le problème de l'ontologie en vrai philosophe; mais pour le faire entendre à ceux pour qui c'est lettre close, pour leur faire comprendre et le sens et la raison d'être de ce problème, l'utilité et la possibilité de le résoudre, l'énoncer aussi brièvement ne suffit pas; il conviendrait pour cela de montrer l'origine et l'enchaînement des idées par lesquelles l'esprit de l'homme a été inéluctablement amené à se le poser en tout temps et en tout lieu. La

Physique, la Physiologie et la Psychologie y sont arrivées toutes trois en partant de points très-différents, et par autant de chemins distincts où il serait fort intéressant de les suivre. Nous devrons nous borner ici àquelques indications générales et succinctes sur ce beau sujet.

Le vulgaire, et le monde savant a son vulgaire aussi bien que le monde des ignorants, se contentait de voir tourner le soleil autour de la terre une fois par vingt-quatre heures, pleinement confiant dans l'assurance qu'il recevait à cet égard du témoignage de ses sens et du consentement universel du genre humain. Aussi ces hommes de sens commun ne manquèrent-ils pas de voir des insensés, des métaphysiciens songe-creux tout au moins, dans certains esprits qui, refusant de se tenir pour satisfaits de l'évidence sensible, osèrent se demander si ce ne serait pas plutôt le globe terrestre qui tournerait autour du soleil... On sait le reste.

Il y eut aussi de tout temps quelques êtres curieux et indociles qui, au mépris des clameurs du sens commun, autrement dit de la commune ineptie, voulurent porter le scalpel de la critique jusque dans les entrailles de la connaissance, afin de s'assurer si par hasard il n'en serait pas de toutes choses comme du soleil ; c'est-à-dire si les choses ne seraient pas autres qu'elles nous semblent être, et si, pour la sûreté de notre conduite, il ne conviendrait pas de restreindre, à tous égards, l'autorité de l'apparence et de se donner un criterium plus certain.

Le grand nombre, qui compte tous les esprits réputés sensés et positifs, n'a jamais vu que ce qu'il avait

ou se figurait avoir devant lui; en observateur pur, il
ne s'est avisé que des objets, et n'a jamais pris garde
qu'en regard de ceux-ci, et dans l'observateur lui-
même, une autre réalité plus certaine encore est présente. Au fait, on ne peut voir ses propres yeux, ceux
du sens intime surtout, et comment dès lors admettre
leur existence, puisque l'observation ne les montre
pas? Ainsi raisonnèrent et raisonnent encore les expérimentalistes. On a eu beau leur dire que si voir suppose une chose vue (ce qui n'est pourtant pas rigoureusement exact), à plus forte raison faut-il en conclure
à la présence d'une chose qui voit; que si sentir, juger,
vouloir nous autorisent dans une certaine mesure à reconnaître l'existence de choses senties, jugées, voulues,
ces faits impliquent encore bien plus nécessairement
l'existence d'un agent sentant, jugeant, voulant. Mais
que parle-t-on de *nécessités rationnelles* aux hommes de
l'expérience et du positivisme? c'est une notion qui
n'a jamais pu entrer dans leur tête.

Les hommes de réflexion passèrent outre, laissant à
leur culte aveugle ces adeptes de l'observation exclusive et bornée. En face de la notion de l'*objet*, ils éri-
gèrent celle du *sujet;* dans ces deux principes, ils virent
les deux facteurs complémentaires de toute connaissance, et ils s'appliquèrent à en déterminer les conditions respectives et réciproques, sentant bien que tel
était le premier fondement à donner à la science pour
la fonder sur un sol ferme.

Aujourd'hui, c'est un point acquis et hors de conteste pour les philosophes qui pensent par eux-mêmes,
et jusque pour M. Littré, à savoir que le seul fait véri-

tablement premier et véritablement expérimental de
la connaissance, c'est le fait de la sensation et de la
pensée; c'est que la notion de l'objet et celle du sujet
sont de pures *inférences* de cette donnée fondamentale,
des inductions purement rationnelles et conjecturales,
et impossibles à vérifier. Je le répète, M. Littré lui-
même en est arrivé aujourd'hui (et c'est un immense
progrès dont nous le félicitons cordialement) à reconnaître cette importante vérité dans les termes les plus
formels et les plus explicites, ainsi qu'on peut s'en assurer en lisant un article sur la *Physiologie Psychologique* publié par cet écrivain dans la *Philosophie Positive*. (Numéro d avril 1866.)

Ainsi, que ce premier point soit bien convenu : les
seules vérités acquises directement et possédant une certitude entière, les seules données fondamentales de la
science, la seule étoffe sur laquelle elle puisse travailler, le fonds unique où elle ait à puiser pour en tirer
ses lumières et ses enseignements spéciaux, ce sont les
*faits subjectifs*, c'est-à-dire nos sensations, nos sentiments, nos idées. Cela posé, on comprendra que c'est
dans les idées qui les figurent et non en eux-mêmes,
où ils sont absolument insaisissables, que le sujet et
l'objet devront être considérés, analysés et comparés,
qu'il nous sera permis de déterminer leur loi constitutive et celle de leurs rapports réciproques. Et maintenant que trouvons-nous dans ces idées? En dernière
et rigoureuse analyse, les deux notions de sujet et
d'objet se réduisent à un même concept, celui de
*cause*, de *force*. En effet, qu'est-ce que l'objet, si ce n'est

la *cause* déterminante des sensations, des modifications subjectives, c'est-à-dire la *force qui fait sentir ;* et d'autre part, comment définir le sujet, si ce n'est en disant que c'est la cause efficiente de ces effets, que c'est la *force qui sent ?*

Cependant, à l'idée des objets s'attache un autre caractère, à eux propre, s'ajoutant à celui de force, l'*étendue ;* et ainsi déterminée, l'idée du monde objectif est philosophiquement rendue par le mot *matière.*

A l'idée du sujet, à l'idée du moi, s'applique par opposition le nom d'*esprit,* spécifiquement parlant, ou celui d'*âme* s'il s'agit d'individualité. Or en vain chercherions-nous l'attribut de l'étendue dans la conception de l'esprit, dans la conception du moi. Mais c'est peu : en mettant cette conception dans le creuset d'une analyse approfondie, nous nous assurons de la manière la plus certaine que l'élément caractéristique de la matière lui est entièrement étranger, lui est radicalement incompatible.

Sans être à proprement parler métaphysicien, et à la simple condition de posséder le sens géométrique à un degré ordinaire, tout physiologiste se convaincra avec un peu d'attention que le fait d'un *sensorium commune* et d'un *consensus unus* suppose forcément que toutes nos sensations, émotions et volitions sont centralisées sur un point de l'organisme cérébral, et sur un point rigoureusement mathématique. Et, en effet, comment ne pas être frappé de cette évidence, que si un intervalle, si minime soit-il, existe entre deux points de perception, cela suppose à toute force deux points percevants et non plus un seul, deux centres psychiques, deux moi, deux identités conscientes tout aussi distinctes que si elles fussent séparées l'une de l'autre par toute la longueur du diamètre terrestre?

Il faut plaindre les intelligences assez infirmes pour ne pas comprendre que le lieu propre, le lieu exact où se passe le *je sens*, le *je pense*, ne peut être qu'un centre géométrique, c'est-à-dire un lieu inétendu, une situation pure. N'y eût-il que l'épaisseur d'une paroi de cellule nerveuse entre un *je sens* et un autre *je sens*, je le répète, il n'y en aurait pas moins là deux *je*, deux moi tout aussi réciproquement *autres* que Pierre et Paul le sont entre eux.

C'est pour n'avoir rien entendu à ce principe élémentaire, dont l'évidence pourtant saute aux yeux, que nos physiologistes (sauf une faible exception, mais dont les plus renommés ne font point partie) se sont si bien empêtrés dans l'explication des actions nerveuses du système cérébro-spinal, dont ils ne peuvent se tirer. C'est vraiment merveille comme ils pataugent dans ce sujet, dont leur inexpérience philosophique fait à peu près toute la difficulté. Que d'erreurs tout à la fois psychologiques et physiologiques n'amoncèlent-ils point sous leurs pas ! L'un d'entre eux et des meilleurs (M. Longet), dans un gros traité classique dont il vient de nous donner une nouvelle édition, agite gravement la question de savoir si, l'intelligence étant dans le cerveau sans nul doute, les passions, entre temps, ne se seraient pas dispersées dans les autres viscères, le cœur, le foie, la rate, etc., etc.

D'autres n'enseignent-ils pas que le sensorium, le moi en tant que sentant, se prolonge du cerveau jus-

que dans la moelle, et jusque dans la queue du cheval ?
Tous, ou peu s'en faut, confondent inextricablement
l'*impression* et la *sensation*, c'est-à-dire le pouvoir conducteur de la fibre afférente avec le pouvoir de sentir,
exclusivement propre au centre de perception. La sensibilité pour eux est même un quelque chose qui
voyage ; ainsi, dans leur théorie des actions nerveuses
récurrentes, ils ne se font nullement scrupule d'en
déposséder le centre nerveux pour en doter la périphérie : « La sensibilité ne vient plus du centre (c'est-
« à-dire du cerveau) », a écrit un professeur contemporain des plus célèbres, et justement célèbre à bien des
titres, « elle vient de la périphérie... Cette sensibilité de
« la racine antérieure est une sensibilité d'emprunt...
« La sensibilité ne pouvant plus parvenir au bout péri-
« phérique du nerf de sentiment, ne saurait passer
« de là au bout périphérique du nerf moteur..... »
(Cl. BERNARD, *Leçons sur les Tissus Vivants*, p. 243.)

Non, on n'est pas fondé à afficher des prétentions de
physiologiste philosophe tant qu'on en est encore à
commettre de ces fautes contre l'*a, b, c* de la psychologie rationnelle.

Arrêtés au milieu de ces belles hardiesses par quelque voix amie leur criant : *gare!* nos expérimentalistes,
qui ne soupçonnaient pas le danger, et qui ne réussis-
sent pas même à le voir quand on le leur montre, ne
savent se tirer du mauvais pas où ils sont engagés qu'en
se jetant de tout leur poids et jusqu'aux aisselles dans
une méprise plus profonde encore et plus désolante.
Pour justifier leurs propositions plus que téméraires
relatives au mécanisme de la sensation, ils ont recour,

à une témérité nouvelle qui dépasse tout; ils créent une *sensibilité sans conscience*, un mode de *sensation dénué de sentiment*, et ils ne reculent pas devant la *douleur non perçue!* Je n'invente rien : tout cela et bien d'autres traits de même force se rencontrent dans nos ouvrages classiques les plus autorisés. Voici ce que dit à ce sujet M. Lélut, un des très-rares auteurs qui unissent la compétence philosophique à la science du physiologiste et du médecin :

« Il y a une première proposition », dit-il, « un pre-
« mier fait plutôt, que ne contestera aucun philoso-
« phe, mais que méconnaissent et qu'obscurcissent
« de la manière la plus étrange un grand nombre de
« physiologistes. Il n'y a sensibilité que là où il y a
« sentiment, conscience, le moindre degré de cons-
« cience. Ce sont là notions vulgaires qu'on ne devrait
« pas avoir à rappeler. » (*Physiologie de la Pensée*, par le docteur Lélut, membre de l'Institut, 2ᵉ édition, t. I, p. 101.)

Bref, une vérité évidente et que la science, nous venons de le voir, ne méconnaît pas impunément, c'est que l'*agent psychique, le moi, est une force inétendue*. A l'école spiritualiste l'honneur d'avoir proclamé cet axiome. « L'âme, affirme-t-elle, est une substance simple, indivisible, sans étendue »; et en cela le spiritualisme a pleinement raison. Mais le matérialisme n'a point tort non plus quand il soutient de son côté, au nom de l'observation scientifique, que l'état de l'âme est solidaire de l'état du cerveau, que les modifications mentales coïncident avec des modifications somatiques et en dépendent rigoureusement.

Post ubi jam validis quassatum est viribus ævi
Corpus, et obtusis ceciderunt viribus artus,
Claudicat ingenium, delirat linguaque mensque.

C'est ici que l'antimonie ontologique se déclare, que
l'opinion des philosophes se partage en deux thèses
opposées, vraies partiellement et partiellement fausses
toutes deux.

Le Matérialisme affirme que, les actes psychiques ne
se produisant jamais autrement que liés à des parties
et à des actions matérielles, ils ne sauraient être re-
gardés que comme un produit de la matière.

Le Spiritualisme de répliquer que la force psychique,
étant évidemment inétendue, est une essence différente de la matière, que l'esprit et la matière sont
deux principes distincts, premiers et mutuellement
irréductibles.

La Physique, qui l'aurait cru? la haute physique,
telle qu'elle est en train de s'élaborer en ce moment
dans les cerveaux de nos physiciens pensants, vient
mettre d'accord les deux éternels plaideurs ; elle apporte au procès une pièce nouvelle qui doit mettre fin
à la discussion. Que nous disent les Faraday, les Dumas, les Berthelot, les Tyndall, les Joule, les Clausius,
les Grove, les Secchi, et autres expérimentateurs renommés ? Ils nous apprennent que toutes les propriétés sensibles de la matière se résolvent rationnellement
en des propriétés mathématiques, et que, en dernière
et rigoureuse analyse, la matière tout entière se résout
sans résidu en un *assemblage de centres dynamiques*, de
telle sorte que les corps ne sont plus autre chose que
des *composés de forces simples, de forces inétendues*.

Et à notre tour nous venons dire : S'il en est ainsi, s'il est vrai, comme nos physiciens l'attestent, que la matière a pour tout élément constitutif la force pure, la force simple, indivisible, indestructible, immortelle, pourquoi donc ne pas adhérer au dogme fondamental des spiritualistes posant en principe que le moi est une force simple, indivisible, indestructible, immortelle ?

Et secondement, puisque de par la science expérimentale il est reconnu que le principe formateur de la matière est immatériel, pourquoi refuserait-on de se rendre aussi au vœu des matérialistes soutenant qu'il n'est qu'une substance-principe, et que ce principe est le principe de la matière ?

La matière se résout en forces, et ces forces sont autant de puissances psychiques ; tel est le mot de l'énigme ontologique, tel est la solution de la question, formulée par le disciple de M. Pidoux, de la séparation ou de la confusion de la force et de la matière, et tenue pour insoluble par ce philosophe et par bien d'autres.

Encore un mot.

L'Ame est un centre dynamique dans un assemblage de centres dynamiques organisés, l'Organisme, dont elle est le lien commun et le chef, *prima inter pares*. Telle est la vérité.

L'œil sagace de M. Pidoux semble avoir aperçu et regardé d'assez près cette solution conciliatrice qui frappe à la porte de la science depuis quinze ans ; mais, au lieu d'accueillir l'étrangère et de lui prêter son cré-

4.

dit, M. Pidoux a tenu à nous donner un fruit de ses propres entrailles. Il a donc entrepris de refaire à frais nouveaux et pour son compte une découverte déjà faite ; et il l'a manquée, il l'a gâtée ! Comme nous l'avons déjà dit, l'honorable philosophe n'a quitté la *thèse* spiritualiste que pour se fourvoyer en pleine *antithèse* matérialiste, tout en passant à côté et très-près de l'heureuse *synthèse.*

Essayons maintenant de justifier cette appréciation.

En nous disant que le débat ontologique roule sur le point de savoir si la force qui meut la matière est intrinsèque ou extrinsèque à la matière, M. Gubler n'avait fait que résumer le maître ; celui-ci s'était exprimé sur le même sujet dans les termes suivants :

« Il y a longtemps que je l'ai dit », déclare l'éminent rapporteur, « on ne faisait pas autrefois assez d'hon-
« neur à la matière. Elle n'était représentée dans l'es-
« prit et dans la science que par l'idée d'étendue, de
« quantité, de divisibilité, d'inertie ou de passivité. Il
« fallait bien alors emprunter l'activité, la force, la
« vie, dont cette matière était essentiellement dépour-
« vue, à des êtres qui en fussent distincts, qui lui
« fussent même opposés. De là les *pneuma*, les âmes,
« les archées, les forces sans matière. Ces conceptions
« étaient une nécessité des temps, et elles ont rendu
« de grands services relatifs. Mais quand Leibnitz eut
« remplacé les atomes inertes par des monades ou
« forces, et que partout l'idée de force devint substan-
« tiellement inséparable de l'idée de matière ou de

« quantité, on se passa insensiblement des âmes, des
« archées... Aujourd'hui, les savants qui ne sont pas
« remorqués, mais qui marchent, proclament l'activité
« essentielle de la matière, etc. »

Dans ce passage, ceci est bien clair, M. Pidoux fait
acte d'adhésion au monadisme, et je ne saurais trop
l'en féliciter. Mais s'il a su reconnaître et nous indiquer
avec assez d'exactitude ce qui distingue cette doctrine
du spiritualisme, a-t-il également réussi à saisir la
nuance, délicate, mais essentielle, qui, d'autre part, la
sépare tout autant du matérialisme? Non; cette seconde différence lui a échappé, et la conception leibnitzienne, si lumineuse et si profonde, s'est confondue
dans son esprit avec un système naïvement superficiel,
digne à peine du nom de philosophie.

Entre le Monadisme et le Matérialisme il y a ceci de
commun sans doute que, l'un et l'autre, ils placent le
moteur de la matière dans l'essence de la matière elle-
même, au lieu d'en constituer une essence à part;
mais le second, ne discernant dans la matière que la
matière constituée, c'est-à-dire la masse, se décide, au
mépris de l'évidence métaphysique, à attribuer à cette
masse, ou, en d'autres termes, au multiple, au composé, à l'étendu, les propriétés dynamiques exclusivement compatibles avec le simple, avec l'inétendu.

Réagissant avec précipitation contre cette erreur, le
Spiritualisme tombe à son tour dans un autre travers :
il crée le dualisme des substances, il imagine la co-
existence de deux principes primordiaux irréductibles
l'un à l'autre, celui-ci simple, actif, conscient, celui-là
ayant pour caractère l'étendue, l'inertie, l'impassibilité.

Réduisant ces deux prétentions adverses à leur part respective de vérité, le monadisme sait les concilier et donner la solution entière du problème imparfaitement ébauché de part et d'autre. Avec le spiritualisme et la raison métaphysique, il admet pleinement que la spontanéité et la subjectivité, c'est-à-dire la force et l'esprit, ne sauraient être l'effet contingent d'un certain concours éventuel de parties, ce concours de parties étant forcément lui-même l'effet d'une impulsion antérieure qui les a rapprochées et mises en jeu, et la pluralité des parties d'un tout étendu auquel on suppose la qualité de sujet, d'unité consciente, impliquant de toute nécessité, ainsi que nous l'avons indiqué ailleurs, un nombre de sujets, un nombre de consciences individuelles distinctes, égal à celui de ces mêmes parties. Mais au lieu de concevoir comme extrinsèque à la matière cette entité sans étendue appelée force, appelée esprit, le monadisme en fait l'élément infinitésimal de la matière, l'atome absolu ; et attestant par là l'unité de substance, il donne aussi satisfaction au matérialisme dans ce qu'il a de légitime.

Ayons recours à une similitude familière pour essayer de rendre sensibles pour tous ces abstractions pures où beaucoup de bons esprits peu exercés à penser en métaphysiciens pourraient ne voir que des subtilités oiseuses.

L'eau n'est-elle pas liquide ? Et n'est-il point vrai qu'elle éteint les corps enflammés et qu'elle n'est pas inflammable ? — Oui, sans contredit.

Et, d'un autre côté, ne savons-nous pas tout aussi certainement par l'analyse expérimentale que l'eau est

formée entièrement par la réunion de deux gaz dont
l'un est le comburant le plus énergique, dont l'autre
est combustible au plus haut degré ? — Ceci encore,
répondrez-vous, est incontestable.

Eh bien, si, ayant uniquement égard à la première
de ces deux vérités, quelques esprits, étrangers ou
aveugles aux révélations de la chimie, allaient en conclure que tout principe gazeux, que tout principe
combustible ou comburant est nécessairement, absolument, essentiellement extrinsèque à l'eau, n'auraient-
ils pas tort ?

Et si, de leur côté, envisageant le deuxième fait isolément — et sans se préoccuper de le faire concorder avec
cette autre évidence logique et sensible, que l'eau est
liquide et ne saurait être gaz, qu'elle est impropre à
brûler et à être brûlée, et ne saurait en même temps
être apte à la combustion — d'autres en allaient tirer
cette conséquence, qu'à la nature de l'eau appartiennent véritablement et réellement les trois qualités de
gaz, de comburance et de combustibilité, ne tombe-
raient-ils pas à leur tour dans une méprise grave ?

Donnons maintenant la parole, dans cette controverse supposée, à une troisième opinion, à l'opinion de
l'expérience et de la raison unies dans un harmonieux
concert. Elle nous dira : « L'ambiguïté des mots et le
vague des idées font ici toute la difficulté de la question. Que l'état gazeux, la comburance et la combustibilité soient *intrinsèques* à l'eau, cela est vrai, mais dans
ce sens seulement que ces qualités appartiennent aux
*éléments* de l'eau ; et cela est faux si par cette assertion
on entend attribuer à l'eau elle-même, à l'eau *en tant*

*qu'eau,* les propriétés de l'oxygène et de l'hydrogène. »

Dans ce cas fictif, une telle distinction est-elle une vaine subtilité, est-elle inutile? — Assurément non, répondrez-vous tous. Eh bien, cette nécessité si bien sentie, si nettement comprise, de distinguer avec précision entre le corps composé et ses éléments, quand il s'agit de décider si certaines propriétés sont intrinsèques ou extrinsèques à ce corps, cette nécessité de méthode est la même, elle est tout aussi réelle et tout aussi impérieuse, quand il s'agit de se prononcer entre l'école qui assigne à la matière les pouvoirs moteur, vital et psychique, et l'école qui fait résider ces attributs dans une substance différente et séparée de la matière.

De même que les propriétés de l'hydrogène et de l'oxygène sont à vrai dire *en* l'eau (puisqu'elles appartiennent aux éléments essentiels de l'eau), sans être pour cela attribuables à l'eau, en tant qu'eau, — pareillement, c'est au *principe de la matière,* mais non à la matière même, non à la matière *en tant que matière,* que sont proprement et intimement attachées les vertus de motricité, de vitalité et de subjectivité ; et c'est ainsi que, en faisant de ces vertus, l'un, des propriétés matérielles, l'autre, des puissances extra-matérielles, le matérialisme et le spiritualisme sont tous deux en dehors de la vérité vraie.

Or cette distinction de l'ontologie, fondamentale et suprême, moyen unique de délier le nœud gordien de la philosophie, cette distinction, base d'une doctrine synthétique qu'on voit déjà poindre dans la sagesse grecque, dont le germe fut plus tard réchauffé dans le

génie de Leibnitz, et que l'auteur de ces lignes (on me
permettra de le dire en passant) s'applique depuis
vingt ans avec persévérance à développer et à mûrir ;
— cette distinction lumineuse devant laquelle nombre
de difficultés réputées insurmontables de la haute physiologie tombent comme par enchantement; cette distinction, qui est le grand criterium du monadisme et le
secret de sa puissance, M. Pidoux l'ignore, il ne l'a pas
soupçonnée. Armé de ce souverain instrument d'analyse métaphysique, le soi-disant disciple de Leibnitz,
rencontrant dans le sujet de son Rapport un essai de
psychologie physiologique, avait l'occasion belle, ma
foi, pour faire bonne et éclatante justice des lourdes,
des scandaleuses erreurs que le matérialisme de nos
physiologistes en renom fait pleuvoir comme des pavés
sur le berceau de cette jeune science. Devenant pur
matérialiste sous le nom cauteleux de spiritualiste or-
ganicien, notre philosophe s'est hâté d'oublier le peu
de philosophie saine qui s'enseigne dans l'école dont il
fut longtemps une des lumières, impatient qu'il était
sans doute de se placer à la hauteur de ses nouveaux
condisciples et maîtres. Non-seulement il n'a pas dirigé
les vifs rayons de la synthèse monadiste sur les questions qu'il a eu à examiner à la suite de ses candidats,
mais il a éteint les quelques lueurs que ces questions
recevaient de la métaphysique spiritualiste, et il a ré-
pandu sur elles la nuit noire du matérialisme, cette
négation de toute philosophie.

Venons aux preuves.


Si (comme le docteur Lélut le fait si judicieusement

remarquer dans un passage cité plus haut) si, dis-je, il
est une vérité pleine d'évidence pour tout esprit non
absolument étranger à toute connaissance philosophique, s'il est une vérité qui fut claire et irrésistible pour
l'intelligence de M. Pidoux avant sa chute, c'est assurément que *sentir* suppose un sujet sentant, c'est-
à-dire un *moi* percevant une modification spéciale de
soi-même appelée sensation ; c'est que, sentir ou avoir
une sensation sans percevoir cette sensation, sans en
avoir conscience, c'est une criante contradiction dans
les termes, une impossibilité logique, une absurdité.

Une autre vérité que nous croyons avoir établie
dans cette étude, et qui longtemps fit partie du *credo*
de M. Pidoux, c'est que le siége intime du consensus,
de la conscience, du moi, du centre sentant et pensant, ne saurait occuper plus d'espace que n'en occupe
le centre géométrique d'où émanent, où ont véritablement leur pied, tous les rayons générateurs d'une
sphère réelle quelconque.

Cela dit, laissons parler le spiritualisme organique.

Il s'agit de certains états anesthésiques ; le Rapport
les aprécie ainsi : « Dans ces cas », y est-il dit, « cer-
« taines parties ont souffert, ont senti selon leur degré
« de puissance, mais l'individu n'a pas assisté à sa
« souffrance. »

Ainsi, voilà un individu qui reste étranger à *sa* souffrance, c'est-à-dire qui ne la sent pas ; et M. Pidoux
ne se doute même pas de la contradiction qu'une telle
proposition implique. Il n'a aucunement l'air de se douter que si la souffrance dont il est question est véritablement la souffrance de l'individu, « *sa* » souffrance,

c'est que l'individu la ressent, la perçoit, en a conscience (c'est tout un); et que, s'il n'en a pas conscience, s'il ne la perçoit pas, s'il *n'y assiste pas*, c'est qu'il n'est point le sujet de cette souffrance, c'est que cette souffrance n'est point sienne.

Revenant sur cette pensée et s'y appesantissant, l'auteur ajoute :

« Encore une fois, il (le sujet) a senti dans ses nerfs,
« mais non dans ses hémisphères, puisque ceux-ci
« étaient anesthésiés, et que les premiers ne l'étaient
« pas. Je le répète donc, il n'a pas personnellement
« perçu sa souffrance. »

Je sens une souffrance dans mes nerfs : c'est *ma* souffrance ; et je ne perçois pas *personnellement* cette mienne souffrance, qui, par conséquent, n'est pas mienne...!

Je suis plein de respect pour l'éminent rapporteur, mais avec tout mon bon vouloir je ne puis étendre le bénéfice de ce sentiment à un si déplorable discours ; la critique ne saurait être trop sévère pour un si complet oubli des vérités premières de la psychologie et de la logique.

Que penser encore et que dire du discernement philosophique qui a dicté la nouvelle classification psychologique ainsi présentée : « Nous admettons », dit le Rapport, « trois grands centres superposés l'un à « l'autre, placés pour ainsi dire suivant une progres-
« sion décroissante... Au-dessus de tout, le Moi ; puis,
« au-dessous, les Instincts avec les facultés du second
« ordre, ensuite la Moelle. »

Le moi, les instincts, *et la moelle!* deux termes psy-

chologiques, dont l'un est partie de l'autre, et puis un
terme anatomique, et tout cela disposé sur la même ligne « en une progression décroissante », comme autant
d'unités de même nature, comme autant de notes successives d'une même gamme..! Voilà où mène le matérialisme !

Ailleurs, le Rapport s'exprime ainsi :

« La physiologie moderne », assure-t-il, « nous montre
« l'âme ou la substance psychique se prolongeant par
« les nerfs jusqu'aux dernières parties de l'organisme,
« et celles-ci remontant jusqu'à l'âme ou à l'unité de
« l'encéphale sans la moindre discontinuité. »

Dans cette phrase, l'âme nous est donnée tout à la
fois comme une *substance* qui se confond avec la substance nerveuse et se répand avec elle dans toutes les
parties du corps, et puis comme l'*unité de l'encéphale*,
unité jusqu'à laquelle ces parties du corps remontent!..
Critique soumis à la vérité et placé ici en face d'un devoir supérieur à ma vertu, je n'ai que la force de m'é-
crier : « Qu'on me ramène aux galères ! »

Aux matérialistes de la physiologie expérimentale
constatant de véritables points sensoriels, volitifs et intellectuels dans le parcours du cordon médullaire, et
ne trouvant d'autre explication à ce fait que dans la
supposition incongrue d'une sensibilité, d'une volonté,
d'une intelligence diffuses — telles qu'un liquide dans
une éponge — à travers tout le tissu d'un axe cérébro-
spinal, et qui seraient conscientes seulement dans les
lobes cérébraux ;

Et aux métaphysiciens spiritualistes niant *à priori*

ces résultats de l'observation sur ce qu'ils impliqueraient l'absurde conclusion anti-psychologique qu'en tirent les observateurs,

Nous répondrons ici comme nous l'avons fait ailleurs tant de fois :

L'axe céphalo-rachidien, dirons-nous, est une chaîne de centres nerveux, de *petits cerveaux* (c'est M. Cl. Bernard lui-même qui les caractérise ainsi), dont chacun possède son centre psychique individuel distinct, son moi propre, moi sentant, voulant, et conséquemment percevant et conscient. Cela posé, ce qui fait dire aux expérimentateurs que ces centres médullaires sont sensibles, intelligents et volontaires (M. Cl. Bernard affirme encore tout cela), *mais inconscients*, le voici : Observant que les modifications intimes de ces centres de sensation et de volition ne sont point perçues par la conscience du centre capital siégeant au cerveau, on en conclut qu'elles ne sont point conscientes, qu'elles ne sont point perçues par ces centres inférieurs euxmêmes qui seuls en sont les sujets ! Les sensations et les volitions du simple soldat incorporé dans les rangs de sa compagnie, comme un centre spinal dans la colonne médullaire, sont inconscients aussi pour le moi du capitaine ; s'ensuit-il que l'âme de ce subordonné ne soit pas consciente vis-à-vis d'elle-même ? qu'elle ne soit pas un moi, une âme douée de tous les attributs essentiels qui constituent l'âme du chef ? Poser une telle question serait puéril ; la résoudre négativement serait insensé.

Notre philosophie a depuis longtemps résolu l'apparente contradiction qui éclate ici entre l'expérience

physiologique et la raison psychologique; elle a fourni
le mot d'une énigme que le spiritualisme élude en
niant un fait d'observation indéniable, et devant laquelle le matérialisme échoue plus tristement encore
en sacrifiant la logique, sans scrupule aucun, à ce fait
expérimental, fait bien observé sans doute, mais mal
compris, mais inintelligemment interprété. Ce mot,
dont nos grands physiologistes se riaient naguère, et
que maintenant ils se mettent à bégayer à l'envi, il s'é-
crit ainsi : POLYZOÏSME.

Une des faiblesses de M. Pidoux, c'est de ne pas avoir
le courage de sa conversion matérialiste et de s'ingénier
à la dissimuler sous un masque de spiritualisme. Il a
recours, dans ce but, à mille expédients qui tous consistent à abuser des mots, à altérer et à intervertir la valeur consacrée des dénominations philosophiques et
des catégories doctrinales. Quelques citations, qu'il
serait aisé de multiplier, vont donner une idée des efforts déployés dans cette tentative.

« Nous restons donc », dit le Rapport, « dans la pure
« observation ; mais c'est justement ce qui contrarie le
« spiritualisme abstrait. On est matérialiste à ses yeux
« quand on croit que le cerveau est l'organe du sens
« intime, de la pensée, du moi, le centre nerveux gé-
« nérateur des idées et des déterminations volontaires. »

Le spiritualisme a le plus grand tort, sans doute,
quand, au mépris de l'expérience, il lui plaît de soutenir que l'exercice de l'activité psychique est indépendant des organes; mais ce tort ne donne pas raison au
matérialisme quand à son tour celui-ci nous vient af-

firmer que la matière vésiculaire du cerveau pense,
qu'elle engendre la pensée, qu'elle la *sécrète*. La *puissance* qui s'applique au levier pour vaincre la *résistance*,
peut-elle donc être appelée le produit ou la fonction
de ce levier? Non; l'effet du levier, la *fonction* d'un
tel *organe*, c'est de permettre à une force d'agir sur
une autre force. Pareillement de l'organe cérébral : il
est le levier au moyen duquel le moi ou force psychique
modifie les agents externes ou est modifié lui-même
par ces agents.

Mise en rapport et modification réciproque de ces
deux pôles dynamiques par l'intermède de cerveau,
c'est en cela que consiste, à cela que se réduit véritablement la fonction de « l'organe de la pensée »; attribuer au cerveau la génération même, la création, la
*sécrétion* de la force pensante, est donc une inexacti-
tude grave, une méprise lourde que M. Pidoux a ac-
ceptée de confiance de ses maîtres en matérialisme,
mais qu'il aurait su rejeter peut-être s'il avait accordé
l'honneur d'une lecture attentive à certaines études
sur la théorie de l'Organe et de la Fonction, qui furent
respectueusement mises sous ses yeux en leur temps.

Ce philosophe, soi-disant spiritualiste, croit à l'âme,
mais il a pour ce mot des définitions diverses et particulières. L'âme, pour lui, c'est tantôt « la substance
psychique », qu'il assimile très-explicitement à la substance nerveuse du système cérébro-spinal; tantôt il la
caractérise ainsi : « .... Les hémisphères, organes de
« la sensibilité perçue [sensibilité *perçue !*] du moi et
« de la volonté [le *moi* opposé à la *volonté !*], l'unité de

« l'homme, l'âme... l'unité de l'homme, dis-je, ou l'âme,
« c'est synonyme. »

Et plus loin : « Ce qu'on appelle la simplicité de
« l'âme n'est que la convergence parfaite des parties
« très-nombreuses et admirablement hiérarchisées de
« notre système nerveux affectif et de notre système
« nerveux représentatif individuellement unis. » Ainsi,
les différentes parties du système nerveux portent en
elles les diverses facultés psychiques matériellement
isolées, et du rapprochement de ces parties anatomiques
résulte le rapprochement de ces parties psychiques,
et cette réunion, c'est l'âme, le moi ! Et c'est ainsi que
M. Pidoux réfute l'accusation de matérialisme...

Profitant de l'ambiguïté des expressions pour équi-
voquer sur les idées les plus distinctes, l'éminent rapporteur confond à plaisir, et l'*unité physiologique de l'organisme* ou ensemble systématique des organes ; et l'*unité
morale de l'être humain*, c'est-à-dire la centralisation de
l'organisme vivant tout entier sous une direction psychique unique, sous la direction d'un moi capital ; et
enfin, l'*unité de l'âme*, absolument parlant, ou, en d'autres termes, l'inamissible et immuable identité de toute
monade individuelle, son indivisibilité, son indestructibilité. Effaçant toute distinction entre ces trois *unités*
précises, il en fait une unité confuse et hybride, une
sorte de protée qu'il revêt des formes les plus disparates.

« Mais cette unité », dit le Rapport, « ne doit pas être
« conçue comme sous le règne de l'animisme, où l'âme,
« substance simple et indivisible, était par conséquent
« la même sur tous les points du corps. c'est-à-dire où

« elle n'était, en somme, qu'un être de raison, une
« manière abstraite de concevoir les choses, etc. »

L'âme, substance simple et indivisible, est, *par
conséquent*, sur tous les points du corps... Et être sur
tous les points du corps, c'est être un être de raison,
une pure abstraction!... Comprenne qui pourra.

Le Rapport continue à s'expliquer comme il suit sur
l'unité, l'âme, l'esprit, le spiritualisme et le matérialisme : « L'unité », y lit-on, « c'est la vie, c'est l'esprit
« en toutes choses ; et quand dans un être quelconque
« on voit l'unité ou l'esprit, sciemment ou à son insu
« on est spiritualiste. Or c'est cela que le matérialisme
« ne voit pas. »

Certes, si l'on veut bien admettre ces définitions de
pure fantaisie, il est bien clair qu'on n'est plus en droit
de dénier le bon renom de spiritualiste à M. Pidoux, et
de lui infliger le stigmate de matérialiste. Mais, à ce
compte, qui resterait donc en dehors du spiritualisme,
et où trouver un seul confesseur du matérialisme ? car
je ne sache pas que personne se pique de combattre
l'unité de l'organisme, cette unité que notre philosophe
rapporteur désigne cette fois très-directement en ces
termes :

« Notre unité à nous est réelle », assure-t-il, et,
« comme telle, elle suppose des parties diverses hié-
« rarchisées; c'est un organisme, un ensemble d'or-
« ganes ou de fonctionnaires de plus en plus centrali-
« sés. »

Ainsi, l'unité de M. Pidoux, « c'est un organisme,
« un ensemble d'organes de plus en plus centralisés. »

Et comme, d'autre part, tout le monde admet
sans hésitation aucune l'existence d'organismes,
et d'organismes tels que l'éminent rapporteur les
définit, c'est-à-dire comme des ensembles d'organes de plus en plus centralisés, il en résulte que tout
le monde admet, que tout le monde « voit » l'*unité* de
M. Pidoux. Or, d'après ce même philosophe, « l'unité,
« c'est l'esprit »; et « quand dans un être quelconque
« on voit l'unité ou l'esprit, on est spiritualiste. » Donc
nous sommes tous spiritualistes; donc, à moins d'être
fou à lier, nul ne peut être matérialiste. Et voilà encore comment M. Pidoux réussit à établir sa thèse...

Ne poussons pas plus loin cette analyse critique, ce
serait sans utilité. M. Pidoux est sorti du spiritualisme
avec l'ambition louable de s'élever à une conception
plus haute, et il n'a réussi qu'à se précipiter dans le
néant de la philosophie. Plaignons ce philosophe sans
lui rien retirer de notre respect; et, forcé de déclarer
que son œuvre récente est au-dessous de lui, au-dessous de sa renommée et de son mérite, exprimons un
vœu : c'est que le vieil athlète rentre bientôt en lice
pour prendre sa revanche; il est assez jeune d'esprit
pour cela.

Notre devoir resterait inachevé si nous ne disions
pas un mot du mémoire qui a obtenu le prix Civrieux
sur la recommandation du rapporteur. Je n'ai pas lu
ce travail qui, je crois, n'a pas été publié; mais j'en
connais la substance par la thèse doctorale du lauréat
où, si l'on en juge par le Rapport, il a exposé ces

mêmes recherches et ces mêmes vues théoriques pour lesquelles il a été couronné. C'est une lecture pleine d'intérêt; l'auteur y fait incontestablement preuve d'un esprit doué pour l'observation et d'une intelligence distinguée. J'ai toutefois un reproche à lui adresser, un reproche qui, s'il n'est pas sans gravité, n'est pas non plus sans excuse : c'est de s'être montré le trop fidèle disciple des méchants philosophes dont sont doublés tous les excellents savants qui enseignent dans nos écoles médicales. Une réforme philosophique complète est appelée d'urgence par la condition présente des sciences ; M. Lacassagne me paraît digne de comprendre la grandeur et l'utilité de cette œuvre, et je le crois capable de s'y associer avec fruit.

# LES DEUX CELLULES DU CENTRE NERVEUX

## ET LEUR ROLE PSYCHOLOGIQUE.

Les dernières découvertes du microscope sur la constitution des organes nerveux primaires semblent devoir créer un sérieux embarras à la physiologie psychologique : son principe fondamental, qui paraît posséder l'évidence d'un axiome, le principe de l'indivisible unité de la conscience, serait démenti par de nouveaux faits.

L'opinion que la science avait professée jusqu'ici sur la connexion anatomique et physiologique des fibres sensitives avec leurs complémentaires motrices était entièrement en accord avec les maximes de la psychologie rationnelle : un même centre cérébral, une seule et même cellule, était l'origine commune des deux conducteurs opposés, était le point commun où l'excitation sensitive aboutissait et d'où partait la réaction motrice consécutive. On distinguait sans doute ces deux espèces de conducteurs pour marquer que les uns ont pour office de transmettre les impressions extérieures au sensorium, et les autres celui de porter au dehors les impulsions motrices de la volonté ; mais on admettait une communauté de cellules pour les deux espèces de tubes, autrement dit un siége identique pour les deux pouvoirs de l'âme, *sentir* et *vouloir*.

Maintenant on enseigne qu'il y a des *cellules sensitives* aussi bien que des fibres sensitives, et qu'il existe une classe de *cellules motrices* à l'instar de la classe des fibres motrices. Or, si cette nouvelle distinction est rigoureusement vraie, elle implique premièrement que la sensation et la volition ont chacune leur siége cérébral, et, consécutivement, que le *moi* peut être scindé, et que ses éléments intrinsèques peuvent être séparés par un intervalle matériel.

Au premier abord, il paraît difficile de se soustraire à cette conclusion à laquelle cependant l'intelligence répugne d'une manière invincible; mais, en y regardant de près, on finit par s'apercevoir que cette contradiction entre le témoignage de l'intuition et celui de l'observation est purement factice. Elle gît en effet tout entière dans l'ambiguïté d'une expression que les physiologistes, faute d'avoir consulté la psychologie, n'ont jamais bien entendue, et dont, qui plus est, ils n'ont jamais compris la nécessité de se former une idée précise.

En effet, le mot *sensitif* a une valeur bien différente suivant qu'on l'applique à un conducteur nerveux ou au principe récepteur ayant son siége dans un centre nerveux, et c'est cette différence qu'on a méconnue. Dans le premier cas, il désigne simplement l'aptitude d'un organe à transmettre au sensorium les excitations externes; dans le second, il indique la présence du pouvoir intime, du pouvoir tout subjectif de sentir. Dès lors,

opposer une catégorie de *cellules sensitives* à une catégorie de *cellules volitives*, c'est dire que le sentiment réside
exclusivement dans les unes, et que la volonté, séparée
du sentiment, réside exclusivement dans les autres.

Or tels étant le sens et la portée d'une pareille désignation distinctive, je dis que cette désignation est
fausse, c'est-à-dire non conforme à la distinction réelle
qu'elle a pour but d'exprimer. Non, il n'y a pas de
cellules centrales purement sensitives, il n'y en a pas
davantage de purement volitives : toutes sont des points
d'afférence et d'efférence, toutes sont siége de sensation
et de volition motrice tout à la fois ; il est facile de le
démontrer.

Sans doute, s'il faut en croire les dissections micros-
copiques de M. Jacubowitch et de quelques autres, le
tube afférent se termine centralement dans une cellule, et c'est une autre cellule centrale qui sert de
point de départ au tube efférent; mais un détail capital
vient compléter cette disposition et l'éclairer : un troisième tube unit entre elles les deux cellules. Or, il est
évident que ce tube commissural joue le rôle de
tube efférent ou moteur par rapport à la cellule dite
*sensitive*, et celui de tube afférent ou sensitif par rapport à la cellule dite *motrice*, car c'est par lui que les
sensations excitées dans la première réagissent sur la
seconde pour y déterminer les actes de volition. Chacune des deux cellules est donc à la fois active et
passive, réceptive et émissive, c'est-à-dire sensitive et
volitive ; mais, également pourvues toutes deux de ces
deux modes d'énergie, chacune n'entre en relation
avec la périphérie que par un seul : l'une, par la sensi-

bilité, c'est ce qui l'a fait appeler *sensitive*; l'autre, par la volonté ou motricité, c'est ce qui l'a fait appeler *motrice*.

La figure schématique suivante (d'après M. Marey) complétera ma démonstration.

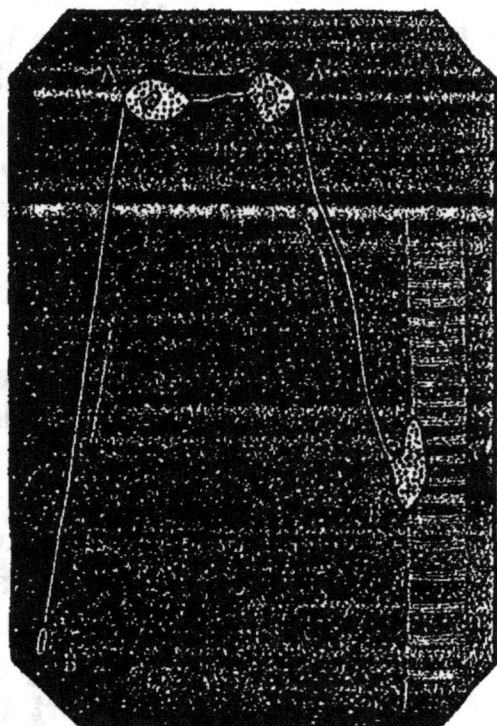

Fig. 1 (').

Cette figure rend sensible aux yeux ce qui vient d'être démontré : chaque cellule nerveuse possède en

(') A, cellule « sensitive » ; A', cellule « motrice » ; B, organe périphérique de sensation; B', organe périphérique de volition motrice (muscle) ; AB, tube afférent ou sensitif; A'B', tube efférent ou moteur; AA', tube commissural, à action centrifuge ou motrice par rapport à la cellule A, et à action centripète ou sensitive par rapport à la cellule A'. Les flèches indiquent le sens de propagation de l'action nerveuse.

réalité un tube afférent et un tube efférent. Ce qui distingue ces deux espèces de cellules, et les fait désigner par les dénominations exclusives de *sensitive* et de *volitive*, c'est donc que l'une est en rapport avec la périphérie, uniquement par la sensation, et l'autre, uniquement par la volition. Mais celle qui est sensitive par ses relations périphériques est volitive par ses relations centrales; et celle qui est volitive par ses relations avec la périphérie est sensitive par ses relations avec l'autre cellule. Chacune est ainsi à la fois et sensitive et volitive.

En résumé, la différence naturelle qui a fait distinguer les cellules centrales du système nerveux de la vie animale en cellules de la sensibilité et cellules de la volonté, est une différence tout extrinsèque, portant, non pas sur la nature des propriétés psychiques de ces centres nerveux divers, mais sur les connexions physiologiques qu'ils ont avec le monde extérieur par ces diverses propriétés.

La note qui précède ayant été lue à la Société médico-psychologique (séance du 25 nov. 1867), un membre, M. le docteur J. Fournet, en fit la critique dans une improvisation très-remarquable dont je crois devoir reproduire ici les principaux passages :

« ... La découverte microscopique de deux cellules cérébrales primitives, l'une sensitive, l'autre volitive, semble compromettre sérieusement, nous dit M. Durand, le principe fondamental de la *physiologie psycho-*

*logique,* c'est-à-dire l'indivisible unité de la conscience humaine, reçu jusqu'ici comme axiome.

« Un même centre cérébral, une seule et même cellule, ajoute M. Durand, autorisait l'unité psychologique, l'indivisibilité du *moi,* du moi conscient et du moi voulant.

« Mais du moment que ces deux pouvoirs de l'âme ont leur siége séparé dans deux cellules distinctes, « les éléments intrinsèques du moi se trouvent séparés par un intervalle matériel. »

« Préoccupé de « l'embarras sérieux » que peut causer cet antagonisme au moins apparent de l'anatomie et de la psychologie, M. Durand cherche à le faire cesser, et il en a trouvé deux moyens : le premier, dans une différence radicale et méconnue, dit-il, entre le caractère sensitif des nerfs et le caractère sensitif des cellules centrales : les nerfs n'ont qu'une sensibilité tout objective ou de communication avec le monde extérieur. Les cellules centrales ont seules la sensibilité subjective qui résulte de la présence du *pouvoir intime* ou *psychique.* En d'autres termes, les cellules centrales sont siége des *propriétés psychiques.* C'est l'expression de notre futur collègue : les fibres nerveuses sont siége de propriétés et de connexions physiologiques.

« Le second moyen qu'a M. Durand de faire cesser l'antagonisme de l'anatomie et de la psychologie, et de sauver le grand principe de l'unité du *moi* de la dualité psychique dont le menace la dualité anatomique des cellules sensitives et volitives, ce second moyen consiste dans une fibre intermédiaire et commune aux deux cellules, fibre que l'anatomie microscopique aurait aussi découverte.

« C'est cette fibre commissurale qui rétablirait l'unité compromise de l'âme humaine.

« Voilà, messieurs, en citations textuelles, mais
abrégées, la note de M. Durand.

« Elle vous présente deux doctrines également dangereuses : la première est la doctrine anatomique des
deux cellules cérébrales, l'une sensitive, l'autre volitive, c'est-à-dire l'une sentant et comprenant, l'autre
voulant : cette doctrine croit détruire la psychologie et
son grand principe de l'unité de l'âme, c'est-à-dire du
moi. La seconde, c'est la doctrine de M. Durand qui
croit sauver la psychologie et son principe en reléguant
la physiologie dans les nerfs, en établissant la psychologie dans le système de deux cellules centrales, et
son trône, son centre, le siége de l'unité de l'âme dans
la fibre commissurale qui unit les deux cellules.

« Remarquons d'abord, messieurs, que ces deux
doctrines; l'une qui prétend anéantir, l'autre qui prétend sauver la psychologie, sont tout aussi organiciennes et exclusivement organiciennes l'une que l'autre,
par conséquent tout aussi destructives de la vraie
psychologie.

« Avec cette différence que la première absorbe résolûment l'âme et sa vie dans l'anatomie et la physiologie, tandis que l'autre, indécise entre ces deux courants d'opinions contraires, en lutte aujourd'hui, croit
les concilier en réunissant leurs noms dans ces expressions que j'ai soulignées « physiologie psychologique »,
« *propriétés psychiques* des cellules cérébrales », et

croit les réunir et les faire couler dans le même lit, en leur donnant pour siége commun la substance nerveuse : à la physiologie, la substance nerveuse des nerfs ; à la psychologie, la substance nerveuse des cellules cérébrales et de leur commissure.

« Il me semble que M. Durand, en voulant sauver la psychologie de Charybde et Scylla, c'est-à-dire des deux cellules de l'anatomie moderne, n'a réussi qu'à la faire sombrer entre Charybde et Scylla, sur cet écueil qu'il appelle la commissure des deux cellules. La psychologie de M. Durand, comme celle que je soumettais dernièrement sous vos yeux à une analyse précise (1), n'est que de la physiologie.    ·

« Pour moi, messieurs, je ne suis ni inquiet, ni embarrassé, pour la vraie psychologie, des découvertes, quelles qu'elles soient, de l'anatomie, par exemple, de ses deux cellules cérébrales.

« Ces deux cellules avec leur commissure, je les suppose vraies, quoiqu'elles ne soient encore rien moins que démontrées. Ce ne sont là, dans tous les cas, que les organes de cet être supérieur à l'organisme, à l'organisme cérébral comme à l'organisme général, dont j'ai eu l'honneur plusieurs fois de démontrer devant vous l'existence substantielle, sous le nom d'*être psychique* (2). Je vous ai fait voir que cet être n'a rien de chimérique, comme on le prétend de nos jours, et qu'il peut être objet de science, et de

(1) « Voyez le numéro de septembre 1867 des *Annales médico-psychologiques.* »

(2) « Voyez les numéros de mai 1863, juillet 1861 et septembre 1867 des *Annales médico-psychologiques.* »

science naturelle, et non surnaturelle, tout aussi bien que l'être organique : car je vous l'ai montré puisant dans la nature des choses les éléments de sa formation, naissant d'une véritable génération qu'on appelle *éducation*, se nourrissant comme l'être organique sous le nom d'instruction ; ayant aussi ses progrès, son apogée sous le nom de virilité morale, et même ses décadences facultatives, et la fin de son empire dans l'aliénation.

« L'unité, l'indivisibilité de cet être que chacun appelle son *moi*, son âme, a sa raison d'être dans la *substance* que nous appelons *esprit*, par opposition à la *matière*. Son indivisibilité ne saurait jamais consister dans la matière, dans aucune des matières du corps, toutes essentiellement divisibles.

« Que cet être indivisible et un par excellence ait dans le cerveau, siége plus immédiat de son empire, une unité anatomique correspondante à son unité psychique, comme le souverain de l'État a son trône dans la capitale, je le veux bien ; mais ce n'est pas une raison de confondre le trône avec la personne du souverain, et d'absorber cette personne et sa majesté dans le fauteuil où il siége, dans les qualités ou les défauts de ses serviteurs, comme on le fait sous les expressions de : *cellules psychiques* ou volitives, de *physiologie psychologique*, et de *propriétés psychiques*.

« Quant à cette dualité du système nerveux en fibres et cellules dites sensitives, et en fibres et cellules dites volitives, je vous l'ai présentée sous son vrai jour, dans le discours de septembre 1867, sous l'aspect de deux serviteurs que j'ai appelés : l'un, système de l'information, l'autre, système des expressions : le premier,

chargé d'informer le maître psychique de ce qui se
passe dans notre monde extérieur et dans notre corps
lui-même, c'est-à-dire de fournir à l'âme les éléments
de ses jugements ; le second, chargé d'exprimer les
volontés et d'exécuter les jugements du maître. Ce sont
là les deux systèmes fondamentaux de tout organisme,
même de l'organisme industriel, l'un afférent, qui présente les matériaux au patron, l'autre efférent, qui répand les produits de l'atelier. Ce sont, dans l'État, les
ministres du législatif et de l'exécutif, parfaitement
distincts de la personne du souverain... »

Les objections de mon très-habile et bien sympathique contradicteur ont pour unique fondement une
méprise sur le sens de la doctrine qu'il a cru réfuter,
méprise qui peut s'expliquer du reste par le laconisme
de ma note. M. Fournet a entendu que je composais une
seule unité des deux centres psychiques représentés
anatomiquement par les cellules « sensitive » et « volitive », et que je plaçais le siége de cette unité dans le
tube commissural.

Je n'ai dit, et surtout je n'ai entendu dire, rien de
pareil : pour moi, chaque cellule nerveuse est le siége
d'une unité psychique entière et distincte réunissant
essentiellement les deux attributs de sensitivité et de
volonté ; car, à mes yeux, l'*unité physiologique* d'ensemble que nous nommons l'*organisme* embrasse une multitude d'*unités psychiques* élémentaires, une multitude
de *moi*, correspondant à ses innombrables centres nerveux. Sans doute, le docteur Fournet est loin d'admettre ce principe, que je soutiens sous le nom de

*polyzoïsme*, mais il eût été plus à propos de combattre cette doctrine que de me prêter des opinions dont elle est la négation formelle.

C'est encore bien à tort que M. Fournet me reproche d'identifier le *centre psychique* avec le *centre nerveux :* que de pages n'ai-je pas écrites pour dénoncer l'énormité d'une telle confusion ! sans toutefois professer, avec mon distingué contradicteur, la *séparabilité actuelle* de l'esprit et de la matière, ce que je regarde comme une autre erreur tout aussi grave.

# UNE ERREUR SPIRITUALISTE

## M. GUIZOT ET M. VACHEROT.

Le spiritualisme se donne un tort bien gratuit vis-à-vis du matérialisme, et surtout vis-à-vis de lui-même, en excluant de l'âme les facultés et les désirs qui appartiennent à la sensation. Cette erreur a été déjà combattue par moi (1), mais je la retrouve si franchement accusée et si fortement accentuée dans le récent ouvrage d'un écrivain célèbre, que je ne puis m'empêcher de prendre texte de cet acte pour renouveler ma protestation. Voici donc sur quelles ruineuses bases M. Guizot établit la distinction essentielle de l'âme et du corps.

« Le corps est étranger », dit-il, « à toute idée de mo-
« ralité ; il est livré à la pente de ses besoins et de ses
« désirs ; il n'aspire et ne tend qu'à les satisfaire. L'âme
« a des besoins et des désirs tout autres et souvent con-
« traires à ceux du corps ; et si elle cède souvent aux
« tendances du corps, bien souvent aussi, dans les vies
« les plus obscures comme dans les plus éclatantes, elle

(1) Dans mes *Essais de Physiologie Philosophique*, p. 618 et suivantes.

« leur résiste et les surmonte. Quand le corps domine
« en lui, l'être humain penche vers le matérialisme;
« quand il écoute les aspirations de l'âme, c'est vers le
« spiritualisme qu'il s'élève (1). »

Que d'erreurs capitales à relever dans ce peu de
lignes ! Commençons par la plus grave. « Le corps est
étranger à toute idée de *moralité*. » Cette négation restreinte n'implique-t-elle pas que, dans la pensée de
l'auteur, le corps est susceptible de certaines idées?
Mais un tel aveu donnerait gain de cause aux prétentions les plus outrées du matérialisme. Un corps susceptible de concevoir certaines idées, un corps capable de penser! Se peut-il qu'un spiritualiste aussi
éclairé que l'est M. Guizot ait bien entendu faire à ses
adversaires une concession pareille, qui équivaut, ni
plus ni moins, à les laisser maîtres du champ de bataille ? Oui, certes, car l'illustre écrivain ajoute immédiatement : « Il (le corps) est livré à la pente de ses
« besoins et de ses désirs ; il n'aspire et ne tend qu'à
« les satisfaire. »

Ainsi l'âme a ses désirs, mais le corps aussi a ses désirs. Le corps est donc un sujet pensant : en quoi dès
lors se distingue-t-il de l'âme ? Il n'en diffère que par
la nature inférieure de ses *tendances*, de ses *aspirations*.

Assez, le matérialisme ne vous en demande pas davantage. Dès ce moment, vous lui appartenez, car si le
corps est le générateur essentiel et suffisant de certains
*désirs*, de certaines *pensées*, de certaines *idées*, c'est sans

(1) *Méditations sur l'état actuel de la religion chrétienne*, par
M. Guizot, p. 324.

le moindre fondement et sans aucune apparence de raison qu'on irait imaginer une chose essentiellement et absolument distincte de ce corps afin d'expliquer la génération de *certains* autres désirs, de *certaines* autres tendances, de *certaines* autres idées, qui se produisent néanmoins en lui, tout comme les premiers, et sont, aussi bien qu'eux, sous sa dépendance.

M. Guizot croirait-il pouvoir contredire à cette dernière assertion, à savoir que toutes nos idées, que tous nos désirs, tous les états de l'âme, sont sous l'influence du corps? Il est loisible à chacun de nier ce fait comme il est loisible de nier que la terre tourne; mais ce fait n'en est pas moins une vérité scientifique des mieux établies. Consultez les aliénistes, les médecins en général, les physiologistes, ou mieux regardez vous-même avec vos yeux d'homme, après avoir quitté vos lunettes de philosophe, et vous apprendrez à n'en plus douter que l'état de nos désirs moraux, comme l'état de nos désirs sensuels, que le *degré* et la *forme* de notre *moralité*, comme le degré et la forme de notre *sensualité*, sont étroitement liés à l'état de notre cerveau et à l'état de nos entrailles. Est-ce que par hasard vous n'auriez jamais pris garde que l'excitation toute physique de nos organes génitaux a un retentissement inévitable sur notre âme, où il répand le trouble de l'émotion voluptueuse? N'auriez-vous donc jamais vérifié cette remarque de Rabelais que, pour le succès d'une démarche auprès d'un ministre, il est de la plus grande importance de n'aborder l'homme d'État qu'à un certain moment de sa digestion? Oui, il suffit quelquefois qu'un état d'inflammation ou de congestion se produise

sur un point du cerveau ou des autres viscères pour
que le plus parfait honnête homme devienne un clep-
tomane (qui a la monomanie du vol), pour que le plus
chaste tombe dans un libertinage effréné, pour que le
plus modeste et le plus timide arrive à l'arrogance la
plus insolente, etc., etc. Ce sont là des vérités d'observation, vérités tristes, mais non moins certaines, et
dont nos asiles nous offrent des preuves vivantes par
milliers. Reprenons le fil de la discussion.

Si l'on accorde à la matière de nos organes la propriété de ressentir certains désirs et de concevoir certaines idées, c'est l'attribut essentiel et caractéristique
de l'âme qu'on lui accorde, c'est-à-dire la subjectivité,
le *moi*, la conscience ; et dès lors l'âme, en tant qu'essence distincte du corps, n'est plus qu'une hypothèse
oiseuse, une superfétation, une pure fantaisie.

L'incompatibilité géométrique des propriétés subjectives, c'est-à-dire du *moi*, du *sensorium commune*, du
*consensus unus*, de la conscience, avec l'étendue objective, autrement dit avec la matière, tel est le terrain
solide sur lequel le spiritualisme fermement campé est
inexpugnable, mais hors duquel il ne saurait un seul
instant tenir debout. Cette position, que les méditations
des métaphysiciens géomètres avaient conquise au spiritualisme, il l'abandonne aujourd'hui et se perd dans
les dédales de la contradiction et de l'absurde en s'a-
visant de retrancher du domaine de l'âme la sensation
et les désirs sensuels.

Le *consensus* et la conscience ne peuvent avoir lieu
qu'en un point, un point identique et inétendu. C'est
là une vérité qui doit sauter aux yeux de tout géomè-

tre, c'est un axiome mathématique que Descartes et Leibnitz ont cru nécessaire de démontrer pour venir en aide à nos infirmes intelligences.

« On est obligé d'ailleurs », dit Leibnitz, « de con-
« fesser que la perception et ce qui en dépend est inex-
« plicable par des raisons mécaniques, c'est-à-dire par
« les figures et par les mouvements. Et feignant qu'il y
« ait une machine dont la structure fasse penser, sentir,
« avoir perception, on pourra la concevoir agrandie en
« conservant les mêmes proportions, en sorte qu'on y
« puisse entrer comme dans un moulin. Et cela posé,
« on ne trouvera en la visitant en dedans que des pièces
« qui poussent les unes les autres, et jamais de quoi
« expliquer une perception. Ainsi, c'est dans la substance
« simple et non dans le composé, ou dans la machine,
« qu'il la faut chercher. Aussi n'y a-t-il que cela qu'on
« puisse trouver dans la substance simple, c'est-à-dire
« des perceptions et leurs changements. C'est en cela
« aussi que peuvent consister les *actions internes* des sub-
« stances simples. » (Leibnitii *Opera philos.*, Berolini,
1840, pages 706-707.)

Or qui dit *sensation*, dit *perception, sentiment, cons-
cience, moi*. L'âme est donc attestée par la sensation aussi invinciblement que par l'émotion morale la plus sublime, et attribuer à la matière la faculté de sentir, c'est par conséquent une double faute : c'est ériger en fait l'impossible, l'absurde, et c'est sacrifier l'argument sur lequel repose tout entière la preuve de l'indestructibilité de l'âme, la preuve de l'existence en soi et par soi, et de l'impérissabilité de la force à qui appartiennent l'intelligence, la volonté et les aspirations de l'être moral.

Le dualisme ontologique de l'âme et du corps, je le
répète, s'établit par des considérations de haute géométrie, et aucun autre genre de démonstration rigoureuse
ne lui est, ce me semble, applicable. Or, par une rencontre bizarre, par une sorte de contact d'extrêmes, il
se trouve que la physiologie matérialiste et les psychologues spiritualistes de l'école présente semblent s'a-
charner de concert à faire disparaître la véritable
preuve de la distinction essentielle de l'âme et du corps
sous les épaisses ténèbres de deux erreurs. Les uns soutiennent que certaines sensations sont inconscientes,
ce sont des matérialistes ; les autres vont beaucoup
plus loin : ils excluent du *moi*, de l'âme, la sensation,
d'une manière absolue ; ce sont des spiritualistes.

M. Vacherot, cité par M. Guizot, a essayé aussi de
combattre le matérialisme par les mêmes armes, armes
meurtrières sans doute, mais seulement pour ceux
qui s'en servent. «Rien ne prouve», déclare M. Vacherot, « que l'hypothèse du matérialisme soit vraie ; au
« contraire, des faits positifs en démontrent la fausseté.»
   Voici ces *faits positifs :* « Si l'âme », poursuit l'auteur, «n'est qu'une résultante du jeu des organes,
« comment a-t-elle le pouvoir de résister aux impres-
« sions, aux appétits du corps, d'en diriger, d'en concen-
« trer, d'en gouverner les facultés? Si la volonté n'est
« que l'instinct transformé, comment expliquer son em-
« pire sur l'instinct? Ce fait est un argument irrésistible;
« c'est l'écueil où s'est brisé, où se brisera toujours le
« matérialisme (1).... »

(1) *La Métaphysique et la Science*, par M. Vacherot, t. I, p. 174.

Impressions du corps, appétits du corps, facultés du corps, ce sont là des expressions, je suis forcé de le répéter, qui n'ont aucun sens dans le langage de la science rigoureuse; nous sommes donc réduits à conjecturer ce que l'auteur a pu vouloir dire.

Qu'est-ce donc que ces impressions et appétits du corps auxquels l'âme aurait le pouvoir de résister? Notre philosophe ne peut avoir entendu par là que les impressions et les désirs des sens. Que sont ensuite ces facultés du corps que l'âme encore aurait le pouvoir de diriger, de concentrer, de gouverner? Je ne saurais le dire, et l'auteur, je l'en soupçonne véhémentement, serait à cet égard tout aussi embarrassé qu'un autre ; mais il est à présumer qu'il a eu vaguement dans l'esprit de désigner le mouvement organique. Eh bien, j'ai le regret d'avoir à dire à l'honorable et savant M. Vacherot ce que j'ai pris déjà la liberté de faire entendre à M. Guizot : c'est que les sens n'agissent pas moins irrésistiblement sur les facultés morales que celles-ci n'agissent elles-mêmes sur les désirs sensuels, et que l'empire de la vie végétative sur l'état mental est encore plus entier et plus absolu que celui de l'état mental sur l'état des organes. Seuls aujourd'hui nos philosophes ignorent ces vérités devenues banales partout ailleurs.

L'auteur de *la Métaphysique et la Science* argue de ce que les facultés morales exercent une action sur les facultés sensuelles, pour faire des premières l'attribut exclusif d'une âme à laquelle les secondes seraient étrangères. Or, en outre que les facultés sensorielles ont manifestement la propriété de modifier les facultés morales autant pour le moins que celles-ci ont en leur pouvoir de modifier celles-là, n'est-il pas d'observation constante que les diverses facultés morales se modifient aussi les unes les autres? A ce compte, on devrait donc, pour être conséquent avec la règle posée, attribuer seulement à l'âme celle de ses facultés morales qui se trouve avoir actuellement le dessus, et reléguer toutes les autres dans le corps...

MM. Jacques, Saisset et Jules Simon, dans leur *Manuel de Philosophie*, posent gravement la question de savoir si le médecin a qualité pour faire de la psychologie; à mon tour, je me suis attaché à faire voir dans ce peu de lignes de quelle impuissance se trouvent frappés les psychologues qui dédaignent la lumière des sciences naturelles.

# LA CARACTÉRISTIQUE DIFFÉRENTIELLE
## DE LA RAISON ET DE LA FOLIE

D'APRÈS M. LITTRÉ.

> En résumé, les théories de la Morale, de l'Esthétique
> et de la Psychologie font défaut dans la Philosophie
> positive.
>
> E. Littré, *Auguste Comte et la Philosophie
> Positive.* 2e éd., p. 671.

Le rédacteur en chef de la *Philosophie Positive* a publié dans ce recueil un article sur le libre arbitre (1). Cette étude, où l'on retrouve toutes les qualités de l'éminent écrivain et qui, en outre, se recommande tant par l'importance du sujet, fournirait matière à un long examen critique; mais, nous ne devons pas l'oublier, nous nous adressons surtout à des physiologistes, à des médecins. Contentons-nous donc d'examiner l'important travail de M. Littré sur un seul point, sur un point incontestablement médical.

La société appelle journellement le médecin à décider

(1) *La Philosophie Positive*, année 1808, p. 249.

6.

si certains de ses membres doivent être tenus pour sains d'esprit ou pour aliénés, pour responsables ou irresponsables; et pourtant le médecin en est encore à se demander, il en est encore à ignorer, ainsi que le magistrat, ainsi que le philosophe, ainsi que tout le monde, ce qu'est au juste l'aliénation mentale, où finit la raison, où commence la folie, quelle est la limite précise qui sépare ces deux états contraires, et à quels signes différentiels on sera assuré de pouvoir toujours les reconnaître et les distinguer.

On le conçoit, cette lacune de la science est grave, car elle laisse la psychiatrie et la médecine légale, telles qu'un navire sans boussole, privées de leur criterium essentiel; c'est-à-dire d'un appui sûr pour le verdict de l'expert et pour sa conscience, d'un abri pour sa responsabilité, et, pour tous, d'une indispensable garantie. Ce serait donc un véritable et grand bienfait social que de mettre un terme à cette incertitude; or c'est à M. Littré que cette bonne fortune et cet honneur seraient échus si la découverte annoncée dans les lignes suivantes se trouvait être une réalité.

« Dans un individu malade cérébralement », nous déclare M. Littré, « un motif actuel ne peut être vaincu « par un motif plus fort; *c'est là ce qui caractérise la ma-* « *ladie.* Dans un individu sain d'esprit, un motif plus « fort peut toujours vaincre un motif actuel; *c'est là* « *ce qui caractérise la santé cérébrale.* »

La forme précise et magistrale sous laquelle ce jugement est rendu atteste chez l'auteur la conviction sincère, la ferme et entière confiance d'avoir enfin apporté à la psychologie médicale la solution de son problème capital. Mais cette assurance était-elle justifiée? c'est ce qu'il importe de voir.

Telle est donc la distinction caractéristique et fondamentale qui vient d'être fixée entre « l'individu cérébralement malade » (je conserve les expressions de M. Littré) et « l'individu sain d'esprit ». Chez ce dernier, « un motif plus fort peut toujours vaincre un motif actuel » ; chez celui-là, tout au contraire, « un motif actuel ne peut pas être vaincu par un motif plus fort. »

La première de ces deux propositions exprime, sous une forme restrictive, il est vrai, une loi générale, absolue, de la détermination morale, en quelque sorte un principe de mécanique rationnelle appliqué à la psychologie. Ce principe, M. Littré l'a développé d'ailleurs longuement dans le cours de son écrit, et il nous paraît en avoir donné une démonstration solide autant que brillante. Mais, après cela, comme s'il ne se rendait pas compte lui-même de la force et de la portée de ses raisonnements (qu'il a pourtant fait sentir si bien au lecteur), il dément implicitement la vérité qu'il vient de mettre en pleine lumière; à cette vérité toute d'évidence il prétend imposer des exceptions qui la contredisent, c'est-à-dire qui contredisent la logique même; et cette contradiction est si directe, si formelle, si peu déguisée, qu'elle laisse l'esprit dans un indicible étonnement.

Après s'être longuement appliqué et avoir pleinement réussi, il me semble, à nous faire sentir l'absurdité de dire que de deux motifs sollicitant la volonté en sens inverse, ce n'est pas le plus fort des deux qui nécessairement l'emporte ; après avoir consacré de nom-

breuses pages à démontrer que c'est là une flagrante
contradiction dans les termes (car *le plus fort*, qu'il
s'agisse de motifs ou de toute autre force, peut seulement s'entendre de ce qui surmonte la résistance),
après avoir défendu et fait triompher cette thèse, on
vient nous apprendre qu'il est un cas où « un motif actuel ne peut être vaincu par un motif plus fort» !

Ainsi se trouve très-formellement réhabilité, par l'é-
crivain positiviste, le sophisme du libre arbitre absolu
que son article avait pour unique but de réfuter. Ajoutons que ce philosophe renchérit encore, et d'une façon
bien étrange, sur l'illogicité reprochée, et non à tort,
à ses adversaires. Aucun de ces derniers, certes, n'aurait voulu reconnaître pour sienne une opinion présentée sous la forme d'un jugement aussi ouvertement né-
gatif de soi-même ; car, affirmer que *le plus fort* ne
peut pas vaincre *le plus faible*, et que le plus faible a
toujours le dessus, équivaut en toute rigueur à affirmer que le plus fort, c'est le plus faible, que le plus faible, c'est le plus fort ; c'est-à-dire que le blanc n'est pas
blanc, mais qu'il est noir ; que le noir n'est pas noir, mais
qu'il est blanc ; c'est, en un mot, qu'on me pardonne
l'inévitable dureté du terme, c'est pure logomachie.

Oui, sans doute, ce paradoxe inqualifiable exprime
bien au fond et fidèlement une certaine doctrine
extrême du libre arbitre; mais, je le répète, les adhérents de cette doctrine n'y restent attachés que parce
que l'erreur s'en dérobe dans le vague de leur pensée,
parce que cette croyance, flottant dans un brouillard de
subtilités, ne s'est jamais présentée à leur esprit dans

sa nudité. Or voilà que M. Littré s'attache et réussit à merveille à dépouiller cette doctrine de tous ses artifices, à l'exposer sans voiles et à la convaincre de fausseté en la réduisant à l'absurde ; et, cela fait, il épouse et fait sienne l'erreur ainsi rendue manifeste et ridicule à tous les yeux par ses propres soins ! Mais nous ne sommes pas au bout de nos surprises. Après s'être prononcé pour ce qu'on peut imaginer de plus outré dans le dogme spiritualiste du libre arbitre — duquel il s'applaudit en même temps d'avoir fait bonne et sévère justice — après avoir proclamé l'existence d'un libre arbitre inouï, ce n'est pas toutefois à l'universalité des êtres humains qu'il en attribuera indistinctement le bénéfice : il le dénie positivement à l'homme raisonnable, il en fait l'apanage de l'aliéné ! Il a dit : «*Dans un* « *individu malade cérébralement* (M. Littré entend dési- « gner ainsi l'aliéné), *un motif actuel ne peut pas être* « *vaincu par un motif plus fort ; c'est là ce qui caracté-* « *rise la maladie.*»

Est-ce donc là ce qu'il nous faut accepter pour de la philosophie positive ?

La haute situation de M. Littré donne à ses jugements philosophiques une importance bien supérieure, j'ai le regret de le dire, à leur mérite intrinsèque ; il en est même quelques-uns (et l'on m'accordera que celui dont il vient d'être question est du nombre) dont on hésiterait à faire sérieusement la critique en s'adressant à des lecteurs auxquels serait inconnu le nom très-sérieux et célèbre de notre auteur. Mais il m'est avis que l'autorité même de cet écrivain (autorité incontesta-

blement très-légitime à une foule de titres, je me plais
à le répéter), dont cette soi-disant philosophie positive
s'est fait un pavillon inviolable couvrant ses marchan-
dises et leur donnant entrée partout en franchise et
sans vérification, est pour nous un surcroît d'obligation
de démasquer cette fausse sagesse. Les erreurs sont
dangereuses d'autant qu'elles tombent de plus haut, et
celles que trop souvent laisse échapper la plume de
M. Littré ont ceci de particulièrement pernicieux que
ce chef d'école a pour habitude d'exprimer toutes ses
opinions, en matière de philosophie, sous forme de
propositions axiomatiques, de sentences, et je dirais
presque d'oracles, comme s'il s'agissait, non de pures
opinions, mais de vérités établies, reconnues et indis-
cutables, auxquelles l'ignorance ou l'ineptie pourraient
seules marchander leur adhésion. Continuons donc à
discuter avec indépendance les enseignements d'un
maître dont nous honorons le caractère et le savoir,
mais à la suite duquel nous voyons avec chagrin la
philosophie générale, et plus particulièrement la physiologie et la médecine philosophiques, s'égarer dans
une obscurité épaissie et rétrograder.

Dans le singulier paradoxe que M. Littré a donné
pour formule à sa distinction de l'état de santé et de
l'état de maladie mentales, on aimerait à ne voir qu'un
*lapsus calami :* et au fait la manière dont il rend sa pensée est tellement inacceptable que, suivant toute pro-
babilité, il a mieux voulu dire qu'il n'a dit en effet.
Cherchons donc à dégager l'idée sensée, intelligible,
sinon juste et vraie, que peut cacher cette expression
si étrange.

L'interprétation la plus favorable qu'il soit possible d'en donner me paraît être celle-ci : c'est que les motifs spéciaux, tels et tels motifs, qui se montrent constamment prépondérants chez une classe de sujets — qualifiés, pour cette raison même, d'esprits sains — cesseraient de l'emporter sur les impulsions antagonistes quand il s'agit de l'aliéné. Ainsi traduite, la pensée de M. Littré ne serait donc pas, contrairement au sens littéral de sa formule, que, chez l'aliéné, un motif plus fort est toujours vaincu par un motif plus faible (ce qui a un sens trop peu raisonnable pour n'être entièrement dénué de sens), mais que les mêmes motifs, constamment les plus forts chez les individus de la première catégorie, se montreraient les plus faibles chez les autres. Les aliénés, dès lors, nous représentent une classe d'hommes dont les déterminations sont régies souverainement par des motifs qui n'exercent pas le même empire sur l'esprit des autres hommes.

Certes, ramenée à de semblables termes, la proposition de M. Littré n'a plus rien de choquant pour la raison, mais je me demande si pour cela elle a plus de valeur scientifique ; et, je le déclare, je ne lui en trouve absolument aucune. Et en effet, qu'importe-t-il, au point de vue du diagnostic médico-psychologique, de savoir que la supériorité ou l'infériorité relative des motifs qui sollicitent la volonté n'est pas invariable, et qu'elle n'est pas la même chez l'homme raisonnable et chez le fou, si nous ignorons sur quels motifs spéciaux porte une telle différence ? si nous ignorons quels sont ces motifs différentiels ? Or, sur ce dernier point, le point essentiel, M. Littré garde un silence complet ;

et en même temps il affirme pourtant qu'il s'agit là d'une « différence *radicale* », essentielle, absolue, et telle enfin qu'entre la série des innombrables degrés de la folie et la série des nuances nombreuses à distinguer dans la santé mentale, aucun trait d'union n'existe, aucun terme de transition n'est possible. Et, bien plus, ce n'est pas seulement entre la folie et la raison qu'il met cet infranchissable abîme, c'est aussi entre l'état de maladie mentale et les états d'*infirmité* et de *dépravation* mentales ; entre la classe des aliénés et la classe des esprits infirmes et des caractères vicieux. Et, conséquent cette fois avec lui-même, il n'hésite pas à recommander à la société, à la médecine, à la morale, à la jurisprudence, d'user de deux conduites tout aussi *radicalement différentes*, également opposées, vis-à-vis de ces deux catégories qu'il se flatte d'avoir déterminées si nettement qu'on ne saurait dorénavant courir le risque terrible de les confondre, grâce au criterium dont il a fait l'heureuse découverte !

Oui, moi qui aime la philosophie et qui en ai fait ma vie, je suis forcé d'en convenir : par la coupable légèreté de ses décisions sur les questions les plus arducs et les plus graves, sur des questions qui touchent à nos existences mêmes, à tous nos plus précieux intérêts, elle se rend digne, en vérité, du mépris que certains hommes de pratique ou de science spéciale lui ont voué... Mais les philosophes feraient-ils par hasard de leurs dires moins de cas encore qu'on en fait ailleurs, et entendraient-ils que, dans leurs œuvres, on vît purement des jeux d'esprit, une escrime littéraire sans autre prétention plus sérieuse et sans conséquence aucune, en bien ou en mal, pour les affaires humaines, *verba et voces et præterea nihil ?* On pourrait le croire, s'il était permis de douter de leur orgueil. Reprenons.

Je cite un autre passage de l'article de M. Littré :

« La pathologie aussi doit dire un mot. Voilà un « halluciné à qui des voix qu'il regarde comme surna- « turelles, lui commandent un meurtre, et il tue; et « en regard voilà un assassin qui convoite de l'argent « pour ses besoins et ses passions, et il tue aussi. Aux « yeux de la société, le premier est irresponsable, le « second est responsable. Pourtant on doit dire que, « dans les deux cas, l'acte est nécessaire, et la voix « céleste n'est pas plus impérieuse que la soif de l'or « chez une nature où les lumières et la moralité se sont « éteintes ou même n'ont jamais existé. Ces deux cas, « semblables par l'absence de ce qu'on nomme le libre « arbitre, *diffèrent radicalement,* en ceci que, si l'on « peut agir sur ces deux hommes, c'est, chez le pre- « mier, par des moyens médicaux, chez le second, par « des moyens moraux. »

Tout d'abord, il importe de remarquer qu'en mettant en parallèle un assassin halluciné et un assassin voleur, notre philosophe n'entend pas opposer précisément l'un à l'autre l'hallucination et le vol ; ces deux cas ne figurent ici que comme exemple d'une règle générale applicable à *l'aliénation mentale* dans toutes ses espèces, d'une part, et, d'autre part, au *vice* pris dans toutes ses formes. Ainsi, pour lui, ce n'est pas seulement l'assassin halluciné, qui *diffère radicalement* de l'assassin cupide, c'est aussi le cleptomaniaque ou

7

voleur aliéné, qui différera *radicalement* du voleur simplement vicieux : c'est le dipsomaniaque, qui différera
*radicalement* du simple ivrogne : c'est le satyriasique et
la nymphomaniaque, qui différeront radicalement d'un
libertin, d'une débauchée ; et, en résumé, l'œil discri-
minateur de M. Littré découvre une différence radicale
qui, pour lui, sépare nettement ces deux groupes de
malheureux tellement malaisés à distinguer jusqu'à ce
jour que la position sociale des familles était le plus
souvent l'unique signe différentiel, l'unique symptôme
diagnostique décidant à leur égard entre la maison de
santé et la maison de correction, entre l'asile et la prison, le bagne ou l'échafaud !

Les termes choisis par M. Littré pour définir d'une
manière abstraite la radicale distinction qu'il affirme
exister entre la raison et la folie, ayant un sens contradictoire, ou pour mieux dire n'ayant aucun sens, c'est
dans les développements subséquents de sa thèse que
nous avons dû chercher le fond de sa pensée. Le passage
qui vient d'être cité nous fournit à cet égard quelques
indications très-précises. En revanche, elles sont peu
d'accord avec certaines autres déclarations non moins
formelles contenues dans le même écrit ; mais à cela
que pouvons-nous ? Quoi qu'il en soit, en posant ce
fait que l'on peut et doit agir sur les aliénés « seulement
par des moyens médicaux », c'est-à-dire physiques,
(puisque *médical* est opposé ici à *moral*), et que les
moyens moraux sont au contraire les seuls ayant puissance d'agir sur l'esprit des pervers, et à plus forte raison, j'imagine, sur l'esprit de ceux qui ne sont ni l'un

ni l'autre, M. Littré a voulu indiquer sans doute que la *matière* de l'organisme, que le *corps*, enchaîne la volonté chez les premiers et la laisse libre de toute contrainte chez les autres.

Ainsi, d'après cette dernière citation, en disant dans la première que, chez l'aliéné, « le motif actuel ne peut être vaincu par un motif plus fort », M. Littré a voulu exprimer (ou autrement il faut renoncer à l'expliquer et à le comprendre) que, chez l'aliéné, l'impulsion psychique est régie par la disposition organique. A ce compte, ce ne serait plus la folie qui jouirait du privilége du libre arbitre, comme nous l'avions cru d'abord ; ce serait au contraire la privation du libre arbitre qui constituerait le caractère distinctif de la folie, et de la sorte M. Littré se trouverait parfaitement en règle vis-à-vis de l'orthodoxie spiritualiste.

Mais cette explication se heurte à une nouvelle difficulté. Voici, en effet, un autre passage du même article où il est déclaré positivement, et du ton le plus péremptoire : 1° que toutes les variations possibles dans la loi de nos déterminations dépendent de la diversité de nos organismes ; 2° que les causes psychiques, pour opérer différemment sur des cerveaux différents, n'en opèrent pas moins sur tous, indistinctement sur tous. Je cite :

« Les cerveaux sont isotypes », écrit M. Littré ; « mais
« cette isotypie laisse la place à une infinité de nuan-
« ces ; et, de personne à personne, les traits du cerveau
« ne varient pas moins que ceux du visage. Il est donc
« certain que les mêmes causes psychiques opéreront
« différemment sur des cerveaux différents ; *mais elles*
« *n'en opéreront pas moins ;* et la part de variation que

« l'on aperçoit dans les actions sous les mêmes causes
« psychiques, *constate seulement la part de variation,*
« *soit congénitale, soit acquise, dans le type commun.* »

Ainsi l'auteur pose en principe ces deux choses : c'est
que de l'état des cerveaux particuliers dépend la défaite
ou la victoire, la prépondérance ou la sujétion, des motifs divers qui se livrent bataille en notre âme ; et, en
second lieu, c'est que les causes psychiques opèrent,
différemment sans doute, mais efficacement, sur tous
les cerveaux. Pourquoi donc l'auteur de ces propositions
veut-il, dans un autre endroit de son écrit, que les causes psychiques, les « moyens psychiques », soient sans
action aucune sur le cerveau de tout aliéné, et que les
causes physiques, physiologiques, ou, comme il le dit,
les « moyens médicaux », c'est-à-dire ceux dont l'action
modificatrice s'adresse directement aux organes, soient
sans action aucune sur l'état mental du sujet vicieux
ou vertueux, comme si, dans ce cas, l'état du cerveau
perdait toute influence sur l'état de l'esprit? En vérité,
c'est une tâche malaisée que d'avoir à concilier cet auteur avec lui-même !

En tout cas, cela n'est que trop évident, M. Littré
s'est vainement efforcé de rendre claire, de rendre intelligible et logique, sa distinction radicale de la raison
et de la folie; et il a également échoué dans ses efforts
pour établir comme quoi c'est le régime de la chemise
de force, de la douche et de l'ellébore, qui seul est applicable aux aliénés (si nettement définis d'ailleurs !),
et comme quoi le sermon et la menace des peines,
dans cette vie et dans l'autre, doivent constituer tout
le traitement des esprits mal faits ou pervertis.

Tout l'intérêt de cette discussion n'est pas de nous édifier sur les présomptueuses théories positivistes; c'est encore pour nous une occasion de nous familiariser avec un problème redoutable qui se pose à la médecine et devant lequel elle ne peut plus reculer. Car ce n'est pas seulement la logique scientifique qui le lui impose; la société la met hautement en demeure de le résoudre, en se fondant sur les attributions nouvelles dont elle lui a concédé le privilège : connaissance des causes de psychologie légale, direction des aliénés. Le point que nous examinons ici à propos des vues émises par M. Littré n'est donc pas un sujet de pure controverse médico-métaphysique destiné à ne jamais descendre des régions éthérées de l'abstrait; c'est essentiellement une question de pratique médicale, une question vitale, actuelle, urgente. Que le lecteur nous pardonne donc de faire quelque violence à ses habitudes et à ses goûts en l'entraînant sur un terrain qu'il jugeait peut-être étranger au domaine médical.

La culture de ce domaine s'est concentrée en effet depuis un certain temps sur quelques-unes de ses parties, et à beaucoup d'égards c'est un bien; mais la Médecine a des voisins : ce sont la Psychologie, la Morale, l'Éducation, la Jurisprudence et toute la Sociologie. Or ces voisins d'héritage ont sur elle des droits de servitude, comme elle en a sur eux; et s'il lui convient de négliger ses droits, on sait la rappeler avec injonction et menace au soin de ses devoirs. On lui apprend alors que toutes les portions de son domaine naturel sont solidaires entre elles, et qu'en restreignant sa jouissance à quelques-unes elle encourt la

dépossession du tout. Mais revenons à la thèse de
M. Littré.

Nous cherchons ici à nous rendre compte des idées
de ce médecin philosophe sur la distinction à établir
entre la folie et la raison en général, et plus particulièrement entre ce qu'on appelle aliénation mentale et
ce qui est désigné sous les noms de *vice* et de *perver-
sité*. Je le répète, la médecine a accepté la tâche de
déterminer nettement et solidement ces deux états,
d'en bien préciser la distinction, et surtout de la justifier en l'établissant, non sur des différences arbi-
traires, mais sur des caractères naturels, sur des faits
acquis.

Cette caractéristique différentielle, M. Littré croit
l'avoir trouvée ; mais il l'a présentée dans une formule
qui, prise à la lettre, est un non-sens. Alors nous avons
cherché le fond de sa pensée dans les développements
de sa thèse, et nous avons trouvé là des déclarations
très-nettes ; mais elles ont encore un double défaut,
celui de n'être pas d'accord avec les faits et celui
d'être tout aussi peu d'accord entre elles. Cependant, bien qu'inexactes et contradictoires, les opinions
de M. Littré ont un mérite : exprimées catégoriquement et sans détour, elles ne se dérobent jamais à
la critique, et si l'argumentation de ce dialecti-
cien échoue presque toujours contre les difficultés
d'un problème, ces difficultés sont signalées et mises
en pleine vue par l'éclat même de l'échec. Continuons
donc à disséquer la thèse de M. Littré sur la distinction de la raison et de la folie ; la faute n'en sera qu'à

moi seul si de cet examen il ne sort pas quelque enseignement profitable.

En affirmant que l'aliénation mentale et la perver-
sité morale répondent à deux conditions de l'organisme *radicalement différentes*, et que conséquemment
ces deux états comportent deux traitements pareillement distincts, M. Littré n'aurait-il pas eu dans sa
pensée une analogie possible entre la division des anomalies psychiques et celle des anomalies somatiques?
et, de même que celles-ci se distinguent très-légitime-
ment en *maladies* et en *vices de conformation*, l'auteur
n'aurait-il pas cru apercevoir une distinction naturelle
analogue entre l'aliénation mentale, qui pour lui se
confond avec la maladie cérébrale, et le vice moral,
qui de même se confondrait avec le « vice de conformation cérébrale » ? Cette filiation d'idées est présu-
mable, et en tout cas une telle conception mérite
d'être discutée.

La philosophie médicale n'ayant pas encore fixé le
sens du mot *maladie* (l'impuissance où l'Académie de
Médecine s'est trouvée tout dernièrement de décider si
les cobayes de M. Brown-Séquard sont ou ne sont pas
épileptiques a mis en pleine lumière cette grave lacune
de la science), il est assez malaisé de dire ce qu'est une
maladie du cerveau. Faut-il entendre par là seulement
une lésion de la structure même de cet organe, ou en
outre toutes les anomalies de fonctionnement qui
peuvent s'y produire sans altération organique vraie ?
M. Littré ne peut l'avoir entendu que de la première
manière ; car, dans le cas contraire, le *vice* étant d'a-

près lui-même un trouble des fonctions du cerveau, il constituerait, *ipso facto*, une « maladie cérébrale », c'est-à-dire de la folie : et que deviendrait alors l'opposition *radicale* signalée entre l'individu « cérébralement malade » et l'individu vicieux ?

Pour notre auteur, l'état de maladie cérébrale est donc un état morbide essentiel des tissus cérébraux. Mais M. Littré n'a pas songé combien une pareille *définition de la folie allait restreindre le cadre de la nosologie mentale ; il n'a pas songé qu'une semblable caractéristique s'applique seulement à une faible minorité des malheureux soignés dans les asiles, et qu'elle tendrait à en faire ouvrir les portes au plus grand nombre et aux plus dangereux d'entre eux !* En effet, tous les aliénistes en sont d'accord, les plus graves désordres psychiques du délire maniaque et de la monomanie ne sont accompagnés le plus souvent, du moins à leur début, par aucune lésion anatomique appréciable des parties encéphaliques ; et, qui plus est, les lois physiologiques nous autorisent pleinement à penser qu'une excitation anormale partie des divers viscères en rapport de sympathie avec les organes cérébraux de la pensée provoque chez ceux-ci tous ces troubles à l'état purement fonctionnel. Ainsi les modifications, les perversions mentales et sensorielles atteignant parfois à de véritables paroxysmes d'hallucination et de manie, que le développement des organes sexuels provoque chez les jeunes filles à l'époque de la puberté, n'indiquent pas assurément des états morbides locaux de la substance cérébrale, et ne sont qu'un retentissement sympathique de l'orgasme génital.

Cependant, en donnant pour caractère distinctif de la folie une altération morbide essentielle du cerveau, M. Littré n'en est pas quitte pour conférer le titre d'hommes raisonnables au plus grand nombre et à la pire espèce des aliénés : par une compensation peu satisfaisante, il fait entrer du même coup dans les rangs de la folie une multitude de membres de la société dont l'équilibre mental n'a jamais fléchi en aucune sorte ; car l'expérience clinique nous apporte tous les jours de nouvelles preuves que certaines lésions, souvent très-graves, des organes encéphaliques, peuvent exister sans entraîner aucun trouble appréciable des facultés de l'esprit.

Nous venons de voir que le fait de lésion cérébrale propre donné comme caractère différentiel de la folie en tant que distincte du vice, constitue une détermination à la fois trop large et trop étroite, puisqu'elle laisse en dehors de la folie la majorité des fous et les plus fous, et qu'elle y fait entrer une foule d'esprits dont la santé est irréprochable. Voyons maintenant s'il serait plus facile de faire coïncider la *difformité cérébrale* avec l'état de vice qu'il ne l'est de faire coïncider la *maladie cérébrale* avec l'état d'aliénation.

Cette caractéristique a tous les défauts de l'autre. Il existe, en effet, des catégories entières d'aliénés dont la condition mentale, incontestablement très-morbide, procède d'une conformation vicieuse du cerveau ; et, d'autre part, non-seulement rien n'établit que dans une multitude de cas les caractères pervers et les esprits faux ou faibles soient accompagnés de difformités cérébrales, mais, tout au contraire, les anomalies

7.

mentales qu'on leur reproche se prêtent souvent à une tout autre étiologie. Nous observons, en effet, des perversions des passions ou de l'intelligence se produire soudain, chez les individus les mieux doués, sous l'influence d'une maladie générale, comme par exemple l'anémie, ou d'un état maladif ou douloureux ayant son siège en dehors et quelquefois sur un point fort éloigné du cerveau, tel que la dentition, la grossesse, l'état menstruel, l'état hémorrhoïdal, les maladies du foie, du tube digestif, la simple irritation causée par la présence d'helminthes dans l'intestin.

Les troubles psychiques ainsi produits restent loin, le plus souvent, de ce qu'on appelle aliénation mentale ; ce sont des états simplement vicieux, mais les mêmes causes qui les engendrent engendrent aussi la folie la plus caractérisée. Il y a donc tout lieu de présumer que le vice, congénital ou acquis, peut tenir dans beaucoup de cas, quand il n'est pas imputable aux influences morales, non à une conformation cérébrale défectueuse, mais à un trouble dans les fonctions végétatives en corrélation sympathique avec l'organe de la pensée.

L'aliénation mentale et le vice, pris respectivement sous toutes leurs formes et à tous leurs degrés divers, ne présentent donc jamais, entre l'un et l'autre, une *différence radicale;* car ils sont le produit des mêmes causes, et ces causes ce sont : les impressions anormales du milieu moral ou du milieu physique ; les lésions morbides essentielles du cerveau ou ses vices de conformation ; les dispositions maladives ou la conformation vicieuse des autres organes en rapport spécial de sympathie avec le cerveau ; un état général de trouble dans l'économie, tel qu'une affection diathésique.

Enfin, loin qu'il existe entre l'état de vice et l'état d'aliénation mentale une *différence radicale*, que M. Littré s'est trouvé dans l'impuissance absolue de nous démontrer, il est évident que ces deux états diffèrent, non par la nature, mais seulement par le degré, et qu'entre ces deux grandes divisions des anomalies psychiques règne une série d'états intermédiaires et flottants qu'il est également difficile de faire entrer dans l'une de ces deux classes ou dans l'autre.

Aussi est-il faux et non moins dangereux de poser en principe que les moyens moraux sont les seuls qu'il convienne d'employer dans le traitement du vice, et que les moyens matériels sont l'unique ressource de la thérapeutique des aliénés ; l'indication de telle ou telle de ces deux sortes de moyens n'est point fournie, en effet, par la distinction du vice et de la folie, mais principalement par la distinction de la cause d'où le vice ou la folie procède dans chaque cas particulier. Et ajoutons que, d'ailleurs, l'emploi combiné de ces deux modes d'action modificatrice nous paraît plus ou moins indiqué dans tous les cas.

On a remarqué dernièrement qu'une propension exceptionnelle au libertinage se développait chez les jeunes ouvrières employées à mettre en jeu les machines à coudre (1). Dans cette surexcitation déréglée

(1) « Nos lecteurs se souviennent sans doute des intéressantes « observations publiées par le docteur Guibout, sur les inconvé-

du besoin sexuel, M. Littré aurait-il diagnostiqué la folie, ou le vice? Appliquant à ce cas sa norme infaillible, aurait-il jugé qu'il y avait là *subordination du motif le plus fort au motif actuel?* ou que le motif actuel était dominé par le motif le plus fort? Aurait-il opté pour la « maladie cérébrale »? ou bien aurait-il opiné pour la *difformité* cérébrale?

M. Littré aurait sans doute reconnu avec tout homme sensé que les personnes soumises à son examen n'étaient nullement dans un état qui nécessitât leur interdiction et leur collocation dans un asile; il eût vu en elles les victimes d'une disposition morale vicieuse; bref, son verdict eût été pour le *vice* et non pour la *folie*. Or, en vertu de la *différence radicale* de ces deux états anormaux, et de la différence non moins radicale à observer entre les deux traitements respectifs, notre philosophe eût certainement décidé qu'en pareil état de choses « si quelque chose pouvait agir sur l'état des sujets, c'était seulement les moyens moraux »; et en conséquence M. Littré eût fait appeler le moraliste, et eût éconduit le médecin comme incompétent.

M. Littré en eût fait là une belle, ma foi! Mais, heureusement pour les parties intéressées, ce ne fut pas de M. Littré que l'on prit conseil. Un médecin fut consulté; peu pénétré sans doute des admirables théories de ce philosophe, l'avisé praticien jugea que la sur-

---

« nients que produit chez les ouvrières l'usage des machines à cou -
« dre. Ce fait a également frappé l'attention de nos confrères d'Amé-
« rique..... On a observé que le mouvement des jambes amène
« une exaltation sexuelle constante, etc. » (*Gazette Médicale* du
12 décembre 1868.)

excitation mentale des ouvrières avait son origine dans une excitation physique de leurs organes génitaux, produite et entretenue par la manœuvre des jambes mettant l'appareil à coudre en mouvement. Aussi, pour remédier au mal produit et pour en prévenir le retour, prescrivit-il toute autre chose que les « seuls moyens moraux », et le résultat prouva bien que c'était lui, et non M. Littré, qui avait raison.

M. Littré, cela n'est que trop clair, n'a pas réussi, comme il s'en était flatté, à résoudre le problème capital de la morale et de la médecine psychologique; mais, en revanche, il a accru les difficultés inhérentes à ce problème en l'encombrant d'un fatras de solutions fausses et contradictoires.

Le chef de l'école positiviste est tombé dans l'abus de la méthode *à priori*, tout comme un « métaphysicien » eût pu le faire. Il n'a pas cherché à former son jugement d'après un examen attentif et fidèle des faits en cause, nullement; mais il s'est efforcé de se représenter ces faits, de les *imaginer* tels qu'ils devraient être pour cadrer avec son système préconçu.

Et ce système n'est ni vrai ni homogène; c'est un mélange de matérialisme grossier et de préjugés spiritualistes.

Matérialiste, M. Littré ne pouvait s'élever à la distinction de l'acte subjectif ou psychique et de l'acte objectif ou physiologique, distinction suprême qui est la clef de la science des rapports du physique et du moral, distinction qui fournit une lumière sans laquelle la physiologie, la pathologie et la thérapeutique

mentale s restent frappées d'aveuglement et d'impuissance. C'est ce « grossier matérialisme », reproché à
notre physiologie positiviste par M. Virchow (qui n'est
pourtant pas spiritualiste) (1), c'est ce grossier matérialisme, dont tant de bons esprits sont aujourd'hui
infectés, qui a conduit cet éminent écrivain à confondre et à identifier d'une manière formelle et absolue
les deux notions de « *maladie cérébrale* » et de *» maladie
mentale »*! Nous avons vu à quelles énormités médicales
et logiques une telle méprise l'a entraîné.

Toutefois, la masse des erreurs accumulées dans
son travail serait moindre si l'auteur eût respecté la
logique de son principe, s'il fût resté matérialiste jusqu'au bout. Certes si la donnée du matérialisme amène
logiquement à une conclusion évidente et forcée, cette
conclusion, assurément, c'est que le vice et la folie ne
diffèrent pas radicalement de nature ; c'est que ces
deux états psychiques sont liés l'un comme l'autre, et
nécessairement liés, à un certain état physiologique
adéquat, et que, par conséquent, le traitement du vice
appartient au médecin au même titre que le traitement
de la folie; c'est que la séparation de la morale et de la
médecine aliéniste est un dualisme faux et funeste;
c'est que la logique scientifique et l'intérêt social com-

(1) «..... Mais il faut bien accorder à ces derniers (les spiritua-
« listes) que M. Robin a une singulière manière de traiter les ques-
« tions physiologiques. N'est-ce pas faire preuve d'un matérialisme
« bien grossier que de confondre ce qui est vivant et ce qui est mort,
« de concevoir « une substance organisée » sans s'inquiéter de sa-
« voir si elle est vivante ou morte ? » (Virchow, dans son article intitulé *De l'Irritabilité, plaidoyer* pro domo suâ, dans la *Gazette
Hebdomadaire* du 28 août 1868.)

mandent de réunir ces deux ordres de connaissances
en un seul corps de doctrine, et d'en constituer à la
fois et une même science et un même art.

Eh bien ! cette conclusion théorique du matérialisme,
que pour ma part je considère comme une vérité salutaire et inattaquable, et qui en tout cas est une conséquence forcée des principes posés par M. Littré, a
été complétement méconnue par lui ; il s'est évertué à
justifier l'antithèse spiritualiste et évidemment anti-
scientifique du vice et de la maladie mentale, de la
morale et de la médecine.

Pour juger le grand procès scientifique dont il s'agit
ici, un criterium général était nécessaire, et ce criterium a totalement manqué à M. Littré, comme aussi,
du reste, il a manqué aux aliénistes, qui toutefois,
constamment en présence des faits et d'une responsabilité menaçante, se sont abstenus de *trancher* là où
ils ne pouvaient *résoudre*. Mais un tel criterium existe,
et bientôt il ne sera plus un secret que pour les aveugles volontaires. On le trouve dans une définition exacte
de l'ORGANE et de la FONCTION, dans une analyse approfondie de cette notion de physiologie générale, notion
restée bien obscure jusqu'ici, mais fondamentale pour
la Physiologie entière, et pour la Médecine, et pour la
Psychologie, et pour la Morale.

# L'ONTOLOGIE DE M. H. TAINE.

Toute la séve philosophique de l'esprit humain
semble s'être épuisée jusqu'à ce jour à nourrir l'interminable querelle du spiritualisme et du matérialisme.
Si, comme devrait le faire présumer tout d'abord la
conviction vivace et indomptable dont on a fait preuve
de part et d'autre, les deux écoles ont tout à la fois
raison et tort, et ne sont séparées en réalité que par
l'épaisseur d'un malentendu, il est de la plus haute
importance, on le conçoit, de faire disparaître ce malentendu. Plusieurs penseurs de notre temps ont essayé d'atteindre ce résultat, et quelques-uns s'applau-
dissent tout haut d'y avoir réussi. De ce nombre est
M. H. Taine.

Après avoir examiné attentivement les essais ontologiques de cet ingénieux écrivain, j'ai reconnu, non
sans regret, que je ne pouvais partager sa confiance;
je vais indiquer brièvement les principales objections
que j'ai à lui faire. M. Taine, qui avait déjà exposé
ailleurs sa manière de voir sur le point qui nous occupe, l'a formulée de nouveau récemment, mais avec
une variante, dans une lettre imprimée dans l'*Annuaire*

*philosophique* du mois de janvier de 1867. C'est sur ce texte que je vais appuyer mes observations.

L'auteur de la lettre débute par la déclaration suivante : « A mes yeux (pardonnez-moi ce paradoxe)», dit-il, « les matérialistes et les spiritualistes sont frères, « du moins en métaphysique, et je ne suis ici ni avec « les uns ni avec les autres. »

Oui, sans doute, le matérialisme et le spiritualisme sont frères, si l'on entend par là qu'ils sont nés l'un et l'autre d'un même besoin de l'intelligence, du besoin de ramener à un fait fondamental et constant, à une conception générale unique, l'ensemble des causes variables auxquelles nous rapportons les divers phénomènes observés. Mais si c'est parce que telle est leur commune origine que M. Taine répudie toute parenté avec ces deux doctrines, ce n'est pas seulement des spiritualistes et des matérialistes qu'il se sépare, c'est aussi la philosophie chimique et physique qu'il répudie sans s'en douter, tout en se déclarant son adepte. La grande préoccupation du moment parmi les physiciens et les chimistes qui sont à la tête du mouvement scientifique, c'est en effet d'arriver à une détermination rationnelle de la constitution absolue de ce qu'on appelle la matière. M. Taine lui-même, constatant ce fait avec une juste satisfaction, nous apprend que «M. Berthelot, dans un mémoire récent, présentait « une théorie de la matière, toute mathématique, qui « part du même point de vue. »

Notre philosophe se rallie à cette théorie purement mathématique de la matière; nous examinerons tout à l'heure si une telle adhésion peut se concilier avec les

motifs qu'il met en avant pour rejeter en bloc matérialisme et spiritualisme. Arrêtons-nous d'abord sur le
dernier membre de la phrase qui vient d'être citée.
Qu'est-ce donc que « ce même point de vue » d'où
l'on prétend que la conception de M. Berthelot et les
conceptions analogues seraient parties? Il s'agit d'une
vue métaphysique conçue par M. Taine et exposée dans
ses *Philosophes du XIX<sup>e</sup> siècle*; il la reproduit ainsi dans
sa lettre : « Les seules choses réelles », écrit-il, « sont
« les faits ou événements, et les lois dont ils dérivent;
« ces lois elles-mêmes sont des relations entre les ab-
« straits ou universaux, etc. »

Comment! les lois sont des choses réelles, les lois,
qui sont des *relations* entre les *abstraits* ou universaux !
Si les rapports entre abstraits sont des réalités, les
abstraits sont *à fortiori* des réalités aussi, ce qui constitue une contradiction tellement flagrante qu'elle ne
peut échapper à personne. Mais non, M. Taine ne s'est
pas relu ; il n'est pas possible qu'il ait voulu ressusciter
Duns Scot et saint Thomas et renchérir encore sur
l'anti-nominalisme de ces maîtres, qui réalisèrent bien
les universaux, à la vérité, mais qui, en les réalisant,
cessaient du moins de les considérer comme des rapports, et ne s'oublièrent jamais au point d'attribuer à
l'*abstrait* la qualité de réel, c'est-à-dire de *concret!* Mais,
en supposant même que l'éminent professeur de l'École
des Beaux-Arts, jusqu'ici considéré dans le monde
comme le champion du fait positif et sensible, et
comme adversaire déclaré de l'idéal, fût en définitive
un partisan outré de l'idéalisme de Platon et du réalisme scolastique (deux choses qui n'en font qu'une,

n'en déplaise aux esthéticiens, qui ont introduit la coutume d'opposer *réalisme* à *idéalisme*, en dénaturant l'acception philosophique et traditionnelle de ces deux termes), il lui resterait encore à nous expliquer comment son système réalisateur des lois, des rapports et des abstractions, a pu fournir un point de départ et un point d'appui à la théorie géométrique de la matière, et comment ce même système peut être le renversement du matérialisme et du spiritualisme réunis...

Voici, du reste, en termes précis, ce que M. Taine incrimine dans ces deux doctrines; il s'exprime ainsi : « Les spiritualistes », dit-il, « admettent en dernière « analyse, pour l'explication définitive des phénomènes, « des *monades* ou atomes inétendus, substances indes-« tructibles, douées de propriétés internes et primi-« tives. Les matérialistes font la même chose, avec la « seule différence que leurs atomes sont étendus. Les « uns et les autres supposent de petits êtres irréduc-« tibles dont l'arrangement et les influences expliquent « tous les événements observables. A mon sens, c'est « là une hypothèse inutile, gratuite, qu'on peut em-« ployer pour la commodité du langage, mais qui n'a « pas de valeur en soi. »

D'abord, l'auteur se trompe en fait en caractérisant ainsi l'ontologie spiritualiste; le caractère indiqué par lui comme l'attribut essentiel et distinctif du spiritualisme en général n'appartient qu'au *monadisme* seul, c'est-à-dire à une forme spéciale du spiritualisme, si tant est que l'hypothèse des monades doive être classée dans cette catégorie doctrinale. L'auteur des *Philosophes français du XIX^e siècle* définissait plus exactement

cette philosophie quand il écrivait dans son livre :
« Les spiritualistes considèrent les causes ou forces
« comme des êtres distincts, autres que les corps et les
« qualités sensibles, semblables à la force intérieure
« que nous appelons en nous volonté, tellement qu'en
« dessous du monde étendu, palpable et visible, il y a
« un monde invisible, intangible, incorporel, qui pro-
« duit l'autre et le soutient (1). »

M. Taine ne me paraît pas plus rigoureux dans sa
différentiation du matérialisme : il semble le confondre
avec l'*atomisme*. Cependant bien peu élèvent leurs pensées jusqu'à cette dernière conception dans la multitude qui aujourd'hui se pare du titre de matérialiste ;
et d'un autre côté je ne sache pas que cette minorité
intelligente des matérialistes professe l'opinion absurde de la divisibilité limitée, de l'indivisibilité finale
de l'étendue; une telle imputation est calomnieuse.

Mais si notre auteur est mal fondé à confondre respectivement le spiritualisme et le matérialisme avec le
monadisme et une sorte d'atomisme inepte, est-il du
moins dans son droit, est-il dans la logique, en rejetant
dédaigneusement comme « inutile et gratuite et sans
aucune valeur en soi » l'hypothèse de ces « petits êtres
irréductibles dont l'arrangement et les influences mutuelles expliquent tous les événements observables »,
pour de là aller porter son suffrage, son approbation
entière, à cette autre hypothèse qu'il nous fait connaître en ces termes?

« Plusieurs physiciens du premier ordre», nous dit-il,

(1) *Les Philosophes français du XIX siècle*, par H. Taine, 2ᵉ édition, p. 4.

« admettent aujourd'hui que les molécules matérielles
« ne sont que des centres géométriques d'attractions
« ou de répulsions croissantes ou décroissantes, d'après
« une certaine loi, suivant la distance ; et M. Berthelot,
« dans un mémoire récent, présentait une théorie
« de la matière toute mathématique et tout abs-
« traite, etc. »

Pour Dieu, monsieur, faites-nous donc apercevoir la
différence et l'opposition que vous avez découvertes
entre les *parties irréductibles* ou infiniment petites des
monadistes et atomistes, desquelles l'*arrangement* et
les *influences mutuelles expliquent tous les phénomènes*, —
et vos *molécules matérielles* qui ne sont, dites-vous, que
*des centres géométriques d'attractions et de répulsions?*
Auriez-vous oublié que *partie irréductible, partie indivisible, partie infiniment petite, point mathématique, centre
géométrique*, ne sont pas autant de différentes choses,
autant d'idées distinctes, mais n'en sont qu'une seule
et même sous ces dénominations diverses?

Quelques simples rapprochements auront suffi, je
l'espère, pour faire voir que M. Taine s'abuse quand il
se flatte d'avoir réduit l'antinomie ontologique du matérialisme et du spiritualisme; que même il n'a que
très-imparfaitement saisi le véritable sens de cette antithèse, et qu'en définitive, au lieu de jeter une lumière
sur cette obscure discussion, il y a introduit de nouveaux éléments de confusion. Un peu moins sûr de sa
propre pensée, un peu moins inattentif à celle d'autrui,
cet esprit éminemment distingué eût échappé sans
peine à de tels écueils.

# LA PSYCHOLOGIE DE FOURIER.

DEUX LETTRES AU DOCTEUR BARRIER SUR SES *Principes de Sociologie* (1).

———————

I.

Cher Docteur,

Je me rends de grand cœur à l'invitation contenue dans l'épigraphe de votre livre, et je crie avec vous : *laboremus !* Oui, ami, travaillons à l'œuvre de la science sociale, car il n'est pas au monde d'œuvre plus importante, plus urgente et capable de rémunérer plus largement l'ouvrier de bonne volonté qui trouve son salaire dans la satisfaction d'être utile. Mais à chacun une tâche suivant ses forces. A vous donc d'exposer magistralement en deux beaux volumes les données de ce problème imposant et les efforts que le génie a faits pour le résoudre; à moi de vous présenter à mon

(1) *Principes de Sociologie* par F. Barrier, D. M. P., ancien chirurgien en chef de l'Hôtel-Dieu de Lyon, ancien professeur de chirurgie à l'école de Médecine de la même ville; président de la Société protectrice de l'Enfance de Paris, etc. 2 volumes in-8, Paris 1867.

tour, si vous le jugez à propos, quelques simples observations suggérées par la lecture de ces pages.

La critique est aisée... ;

elle le serait encore trop peu pour moi si je ne me souvenais de cette autre sentence : *Ne sutor ultra crepidam !* Aussi, de toutes les questions que vous avez agitées dans vos *Principes de Sociologie*, je vais toucher à celles-là seulement sur lesquelles des études spéciales ont pu me donner une certaine compétence relative.

Laissez-moi commencer par vous dire ce qui à mes yeux constitue le mérite capital de votre publication : cette publication fait entrer la doctrine sociétaire dans son développement scientifique ; elle lui donne ainsi une vie nouvelle, une vie de lumière et de fécondité. Non, quoi que nos amis en puissent penser, la conception de Fourier n'est pas une science sortie toute faite de son cerveau, comme Minerve du front de Jupiter, dans laquelle il n'y aurait rien à ajouter, rien à retrancher, rien à corriger, et à laquelle il ne manquerait plus que l'application. En réalité, il n'y a là que le germe de cette science magnifique dont nous croyons être les dépositaires privilégiés. Ce germe, il faut le cultiver, le développer, le faire fructifier ; l'école phalanstérienne s'était bornée jusqu'ici à le conserver. Permettez-moi une parabole. Je comparerai donc notre école à un fermier qui, la moisson venue, n'a qu'un soin et une pensée : lier ses gerbes, les rassembler et les mettre à l'abri. Jusque-là il a sagement fait,

sans doute; mais que penser de lui si, tout à la satisfaction d'admirer les belles et riches meules qu'il
vient de construire, il se promettait de conserver à
jamais son ouvrage intact ? — Il agira tout autrement,
et, le moment venu, il démolira sans scrupule et sans
regret ce qu'il avait mis tant de soins et de peine à
édifier; il séparera ce qu'il avait uni, il dispersera tout
ce qu'il avait amassé. Il fera plus encore : son blé si
précieux sera jeté et foulé sous les pieds des animaux
ou sous les cylindres d'une machine, et ce sera là une
destruction féconde! car ce n'est pas avant d'avoir été
arraché violemment de ses enveloppes, séparé de sa
paille et purgé de toutes ses impuretés, que le grain
pourra servir d'aliment aux hommes et de semence
pour une récolte à venir.

Héritière d'une moisson incomparable, que l'école
de Fourier agisse de même; au lieu d'entourer les enseignements du maître d'un respect aveugle qui les
stérilise, à elle d'exposer sous le fléau de la discussion
et de la critique cette doctrine abondante, pour en faire
jaillir les vérités latentes qu'elle recèle. Telle est aujourd'hui la tâche de cette école; cette tâche, vous
l'avez comprise et vous y avez mis le premier la main.
Honneur à vous pour cette initiative; vous avez bien
mérité de la sociologie et du grand sociologiste.

Déterminer les facultés et les besoins essentiels de
la nature humaine, et, cette connaissance acquise, en
déduire la conception d'un ordre social adéquat, tel
est le point de départ de la doctrine de Fourier; rien,
on peut le dire, n'est plus largement philosophique et
plus solidement scientifique qu'une telle base. Restait

maintenant à juger la construction doctrinale élevée sur cette première assise.

Nous rendons-nous bien compte de l'immensité du problème que ce génie a eu la puissance d'embrasser et de formuler, et l'audace de vouloir résoudre ? La tâche qu'il s'est donnée est à peu près celle-ci :

*Premièrement*, créer la véritable psychologie, c'est-à-dire accomplir ce qui avait défié tous les efforts des philosophes ; *deuxièmement*, acquérir l'exacte notion des rapports d'adaptation mutuelle que les éléments psychiques ont entre eux, et calculer ensuite sur cette donnée le mécanisme social constituant l'agencement harmonieux de ces divers rouages ; *troisièmement*, déterminer les conditions matérielles (physiques, physiologiques, économiques, etc., etc.) du milieu social à créer ; *quatrièmement*, contrôler les déterminations psychologiques de cette société idéale, au moyen d'une analyse raisonnée des phénomènes sociologiques offerts par les diverses sociétés d'origine spontanée, et au moyen de la loi historique qui régit l'évolution de ces sociétés.

Fourier aurait pu s'en tenir à ce programme, déjà si effrayant ; mais son esprit qui, quant à la hauteur et l'immensité du point de vue, semble n'avoir pas trouvé d'égal, si ce n'est dans Aristote et Leibnitz peut-être, avait aussi cette profondeur qui plonge au fond de l'abîme métaphysique : un tel esprit n'eût point été satisfait s'il n'eût donné à ses créations psychologiques et sociologiques la sanction de la science de l'ordre universel, la sanction de l'absolu. Il embrassa dès lors dans son entier le cycle de la science et de la philosophie et atteignit à tous les confins du monde de la pensée.

Concevoir une entreprise pareille suffit assurément pour attester une supériorité intellectuelle dont la longue carrière de l'humanité offrira probablement peu d'exemples; mais pour mener à terme cette tâche, qui en définitive n'est autre chose que la consommation de toutes les sciences spéciales et leur couronnement unitaire par la science universelle qu'elles doivent toutes concourir à constituer, n'est-il pas évident que l'intelligence d'un seul homme, si grand fût-il, était insuffisante ? N'est-il pas manifeste *à priori* que Fourier n'a pu venir à bout d'une œuvre semblable, et n'est-il pas bien surprenant qu'un doute à cet égard se rencontre chez d'excellents esprits ! « Moi, j'ai tout trouvé », répondait un jour Fourier à Geoffroy Saint-Hilaire qui réclamait une part dans la découverte du principe de l'unité et de l'analogie universelles. Injuste et exorbitante, cette prétention n'a rien pour moi d'offensant dans la bouche de Fourier; elle me touche plutôt comme une revendication indignée, comme une plainte amère, s'exhalant de l'âme du grand inventeur qui ne rencontre que l'inepte ironie, qu'on abreuve d'outrages, et dont sa foi est la seule consolation et le seul appui. Mais, rééditée et érigée en dogme par les disciples, cette parole ne servirait qu'à rendre ceux-ci ridicules et à éterniser les préventions des esprits critiques à l'égard du maître.

Procédant par *écart absolu*, c'est-à-dire en tenant pour non avenu ce qui s'était fait avant lui, Fourier a donné un libre essor à l'originalité de son génie, et parcourant d'un vol d'aigle la sociologie, la psychologie et l'ontologie, il a laissé tomber sur ces trois grands ordres de questions une multitude de vues lumineuses entièrement neuves, dont plusieurs d'une importance majeure, mais qu'un grand nombre d'erreurs ont obscurcies. Aussi, se livrer à une critique approfondie de Fourier comme sociologiste, comme psychologue et comme métaphysicien, c'est peut-être l'une des choses les plus utiles que l'on puisse faire, non-seulement pour le progrès de la science sociale, le doute à cet égard ne me paraît pas permis, mais aussi pour le progrès de la philosophie générale elle-même.

Vous avez entrepris le premier cette critique sous son triple aspect, mon cher docteur, et cela avec une parfaite entente de votre sujet, avec l'autorité d'un savant, et aussi avec une indépendance de libre penseur, mais que la piété du disciple gêne peut-être encore un peu trop.

Jetons maintenant un coup d'œil rapide sur votre analyse, nous arrêtant seulement sur quelques points d'un intérêt culminant, dont j'ai besoin de m'éclaircir avec vous. Mais ma lettre est déjà longue; à une autre fois la suite de cet entretien.

## II

Entreprendre de créer à l'homme un milieu social qui soit en harmonie avec les besoins et les facultés de son âme, et dédaigner l'étude de ces facultés et de ces besoins, serait une inconséquence où le bon sens de Fourier ne pouvait le laisser tomber; aussi cette étude fut-elle une de ses préoccupations dominantes, et j'ajoute que ses disciples ne sauraient trop s'appliquer à suivre cet exemple. En ceci j'exprime une opinion qui est aussi la vôtre, mon cher docteur, si j'en juge par la grande part que vous avez faite à la psychologie dans votre livre.

La science de l'âme se présente sous deux grands aspects que vous avez examinés l'un après l'autre avec un grand soin ; je viens après vous jeter un simple regard sur ce double sujet.

Et d'abord que devons-nous entendre par l'âme? car pour mon compte je n'admets pas qu'on puisse se dispenser de se mettre d'accord sur la signification des mots avant d'entrer en discussion sur les choses et les idées. Si la philosophie perd son temps à de stériles disputes, c'est principalement parce qu'elle néglige cette précaution.

Qu'est-ce donc que l'âme? Je suis fâché de ne pouvoir répondre à cette question sans mettre un instant le pied dans la querelle brûlante, plus brûlante aujourd'hui que jamais, qui divise les penseurs en deux camps ennemis.

Il est une classe d'esprits, et c'est de beaucoup la plus nombreuse, qui, susceptibles d'ailleurs d'être très-heureusement doués, sont sans goût, sans curiosité pour les vérités fondamentales, et s'en tiennent pour ainsi dire à celles qui se montrent à la surface. Pour cette classe d'esprits, il n'y a au monde, ils en sont intimement convaincus, qu'une seule réalité, la réalité des *objets*, de la matière, c'est-à-dire de ce qui tombe sous l'appréciation des sens. Pour eux, tout le reste n'est qu'*abstraction*, chimère, néant.

Je dois avouer tout de suite que cette manière de voir

a pour elle l'immense majorité des savants; mais les majorités et les savants peuvent se tromper, et c'est ce qui a eu lieu ici, certainement.

La physique, la physique elle-même, nous enseigne que le témoignage de l'apparence, alors même que celle-ci a toute la force de la plus irrésistible évidence, doit être tenu pour suspect et sévèrement contrôlé. Quoi de plus évident que la marche du soleil et du ciel entier au-dessus de nos têtes? Cette évidence, les yeux de tous les hommes ne l'ont-ils pas proclamée en tous temps et en tous lieux? en est-il une autre de plus imposante? Et elle n'est pourtant qu'une illusion, la science nous l'a démontré. Je vois une autre illusion dans cette certitude apparente, si saisissante aussi : à savoir, qu'il n'existe et ne saurait exister que des objets.

Les objets, ou la matière, c'est tout ce que nous sentons et percevons, ou concevons comme pouvant être perçu d'une façon sensible. L'objet suppose donc une sensation, une perception, une conception. Mais qu'est-ce que tout ceci? Serait-ce autant d'attributs de l'objet lui-même! Cette sensation, cette conception ne prouveraient-elles autre chose que l'objet senti, perçu, conçu? Pour mon jugement, elles prouvent encore autre chose : elles prouvent qu'en face de la chose sentie, perçue et conçue, il y a une chose qui sent, perçoit, conçoit.

A parler rigoureusement, il faut dire que le fait de sentir, percevoir, concevoir, constitue, lui seul, un fait absolument certain, absolument positif. Mais si de ce fait fondamental, le seul que l'observation immédiate nous donne, nous nous croyons en droit de conclure à l'existence d'un autre fait (un fait que la raison seule

8.

peut saisir, qu'on le sache bien) appelé l'*objet* de la
sensation, de la perception, de la conception, *à fortiori*
et *à priori* devons-nous reconnaître aussi que, sous
cette perception, sous cette sensation, sous cette conception existe un *sujet ;* et ce *sujet*, c'est ce qu'en d'autres termes on appelle l'*âme* ou le *moi*.

On me répondra peut-être que le sujet n'est nié par
personne. Soit, mais, ce qui revient au même, ce qui
est plus grave encore que de nier le sujet, c'est de
voir en lui, non un coefficient, mais un produit, de l'objet ; c'est de faire naître ce qui sent de ce qui est senti,
ce qui perçoit de ce qui est perçu, ce qui conçoit de ce
qui est conçu ; et tel est le dogme sur lequel repose
le matérialisme.

Cette doctrine récuse le témoignage de l'analyse
métaphysique qui la condamne ; elle se réclame, au
contraire, et hautement, des sciences physiques ; mais
elle s'abuse : celles-ci ne lui sont pas plus favorables.

D'une part, la physiologie expérimentale et pathologique des sensations, d'autre part les hautes spéculations sur la constitution absolue de la matière,
auxquelles les physiciens et les chimistes se sont vus
poussés presque malgré eux par leurs récentes découvertes (voyez Chevreul, Tyndall, Joule, Grove, Berthelot,
Clausius, etc.), ont conduit la science à une conclusion
des plus inattendues : de toutes les propriétés qualita-
tives de la matière, ces propriétés qui la faisaient jusqu'ici tout ce qu'elle est, il n'en est pas une seule, non,
pas une, qui lui appartienne véritablement, et que,
chose plus merveilleuse encore, elle n'ait empruntée à
l'Ame, au Sujet, auquel il se trouve qu'elles appartien-

nent toutes intrinséquement et exclusivement; voilà ce
qui est maintenant une vérité scientifique reconnue. Dès
lors comment l'âme, le *moi*, le sujet serait-il engendré
par la matière, quand la matière semble s'abîmer, s'absorber et disparaître tout entière en lui !

Cependant je n'entends pas donner complétement
tort au matérialisme et me ranger sans réserve du côté
de son rival : je crois qu'ils tiennent chacun à la main
une des deux moitiés de la vérité; il n'y a plus selon
moi qu'à rapprocher ces deux fragments par leurs
points d'adaptation pour réaliser le grand *desideratum*
philosophique et amener les deux écoles à l'unité de foi.

Revenons aux physiciens. Vous savez, mon cher
ami, que pour les plus illustres d'entre eux, ceux
auxquels la physique et la chimie contemporaines
doivent leurs plus utiles acquisitions, la matière n'existe
plus qu'à l'état de concept mathématique. En elle, ils
ne voient plus qu'une infinité de *centres géométriques*
qui sont ses atomes absolus, et représentent des forces
pures, élémentaires, indivisibles, immatérielles,
inextinguibles, dont les combinaisons seules, pouvant
seules être dissoutes, sont seules périssables.

Or, comment les spiritualistes métaphysiciens qui
sont à la hauteur de cette question abstruse, tels que
Leibnitz par exemple, formulent-ils le concept de
l'âme objectivement considérée ? Justement, exactement, comme ces physiciens penseurs formulent
leur concept de l'élément de la matière, et cela
assurément sans accord préétabli : l'âme, disent les
spiritualistes, est une *force simple*, une *substance immatérielle* et *immortelle*, c'est-à-dire insécable, et par

conséquent indestructible ; et Leibnitz, serrant de
plus près la définition, ajoute qu'elle est une *monade*,
c'est-à-dire une partie sans parties, une partie infinitésime, un centre géométrique dynamique. L'identité
des deux conceptions est donc parfaite. Cette rencontre inespérée de l'analyse psychologique et de l'analyse
physique et chimique qui, parties de deux points si
opposés, suivant des voies si distinctes, et s'ignorant
l'une l'autre, aboutissent un jour au même terme,
c'est-à-dire à deux solutions du problème ontologique
qui se vérifient l'une l'autre et qui n'en font qu'une,
c'est un résultat admirable, un immense événement,
j'ose le dire, dans les fastes de la pensée humaine.

Bref, la détermination objective de l'âme, telle
qu'elle est donnée par les spiritualistes métaphysiciens, et la détermination du principe élémentaire de
la matière, telle que nos physiciens (qui se croient, je
gage, des matérialistes) l'ont obtenue, ne présentant
à elles deux qu'une seule et même formule, il est raisonnable, il est au moins plausible, d'en inférer qu'une
seule substance première, qu'une seule espèce d'élément ontologique primordial existe. Qu'il soit appelé
âme, monade ou atome absolu, il importe peu ; ce qui
est important, c'est de savoir que cet élément irréductible porte en soi les attributs du sujet, les facultés
psychiques, et engendre, par ses combinaisons variées
avec les unités similaires, toutes les formes diverses
de la matière.

Il est aisé maintenant de faire la part respective du
tort et de la raison entre le Spiritualisme et le Matérialisme. Le premier a soutenu à bon droit que l'âme est

simple, immatérielle, immortelle (précisément ce que
les physiciens disent aujourd'hui de l'élément de la
matière), mais il s'est fourvoyé en jugeant que ces
attributs étaient inconciliables avec l'unité de subs-
stance entre l'âme et la matière. Il a donc inventé
l'irréductible dualité de substance, il a imaginé la
*transcendance* et a rejeté l'*immanence ;* voilà sa faute.
Le matérialisme, lui, a bien mérité pour avoir porté
le drapeau de l'unité ontologique, de l'unité de substance ; mais le salut de ce grand principe était-il
attaché à la négation de l'immatérialité et de l'indestructibilité du sujet sentant et pensant? non, pas
plus qu'à la négation de l'immatérialité et de l'indestructibilité des atomes dynamiques ou forces élémentaires de la matière. En faisant sortir l'âme de la
matière, au lieu de faire sortir la matière de l'âme,
son élément, le matérialisme a pris le produit pour
le facteur, le tout pour la partie, l'effet pour la cause.
Encore une fois, pardonnons-lui cette méprise, toute
fâcheuse qu'elle est, en faveur de sa ferme adhésion
au salutaire dogme de l'unité.

Que les Matérialistes renoncent donc à considérer
l'âme, le *moi*, le sujet, comme une force composée, et
condamnée partant à la destruction ; que les Spiritua·
listes, de leur côté, s'accoutument à voir dans ces
forces simples, immatérielles et immortelles que la
haute physique nous présente aujourd'hui comme les
éléments infinitésimaux de la matière, autant de
forces douées de subjectivité, autant de *forces-moi*,
autant d'âmes ; et dès lors, entre les deux doctrines
hostiles, la paix sera faite, l'accord sera consommé,

grâce au mutuel sacrifice que chacune d'elles aura su faire de sa part d'erreur.

Je me hâte d'aller au-devant des conclusions exagérées auxquelles les principes que je viens de poser pourraient entraîner. Que les spiritualistes y prennent garde : l'immortalité de l'âme, telle qu'elle est généralement entendue parmi eux, et telle qu'elle doit être pour fournir un appui aux conséquences d'ordre moral tirées de ce dogme (et formant en réalité toute sa valeur pratique), n'est point du tout celle que l'ontologie nous démontre. Je ne puis m'empêcher d'introduire ici une nouvelle distinction métaphysique, au risque d'abuser de la permission d'être abstrait que nos lecteurs peuvent être disposés à m'accorder.

Il y a une identité et une immortalité *substantielles* ; c'est celle de l'âme considérée en tant que monade, en tant qu'atome individuel. On conçoit en effet que tout atome individuel reste éternellement lui-même, en ce sens qu'il ne saurait jamais cesser d'être *soi* et devenir *un autre*. Mais cet atome, cette monade, cette âme individuelle, en tant que sujet sentant, pensant, aimant, voulant, connaissant, a, à un moment donné, une certaine manière déterminée de sentir, de penser, d'aimer, de vouloir, elle a un certain ensemble d'affections, d'aversions, d'idées, de connaissances et de souvenirs, qui lui sont actuellement propres et qui la différencient d'avec ses pareilles ; c'est ce qui constitue son *caractère personnel*, son *identité formelle* (1).

(1) Une comparaison prise dans un autre ordre de faits peut faciliter l'intelligence de cette distinction. Une molécule d'eau est sus-

Cela posé, si par immortalité de l'âme on entend l'inaltérable conservation de son identité formelle, je le répète, il ne faut chercher aucun argument en faveur de cette thèse dans les démonstrations de l'ontologie, et c'est abusivement que nos philosophes arguënt en sa faveur de ces démonstrations, dont ils compromettent ainsi l'autorité. Cette thèse n'est pas du ressort de la métaphysique, c'est un dogme purement religieux ; je m'expliquerai à cet égard tout à l'heure. Mais cet abus des vérités ontologiques, qui soulève contre elles les protestations du matérialisme, et perpétue un différend ne tenant en réalité qu'à un malentendu, doit être mis nettement à découvert; ce sera le moyen de le faire cesser.

Pour juger sainement la question de l'immortalité de l'âme sous ses aspects divers, il est un point capital qu'il faut préalablement fixer : il faut se demander de quelle condition dépend l'*identité formelle*, et, cette condition reconnue, se demander ensuite si celle-ci est immuable, si elle ne peut changer. Il faut procéder de la sorte, on le comprend, pour arriver à se faire une opinion nette et raisonnée, une opinion intelligente et saine, au sujet de la perpétuité inaltérable, indéfectible, de notre *forme* personnelle, cette prétention fondamentale et distinctive du spiritualisme religieux, que la philosophie s'est avisée de prendre à son compte sans avoir aucun appui à lui fournir.

ceptible des trois états : gazeux, liquide et solide. Or, y a-t-il donc identité entre cette molécule individuelle d'eau liquide, et la molécule de vapeur d'eau ou de glace qui va lui succéder par transformation ? Oui ; cependant il faut distinguer : il y a identité *substantielle*, mais il n'y a pas identité *formelle*.

Oui, assurément, l'âme est inétendue, en sa qualité de force élémentaire, en sa qualité d'atome absolu ; mais pour être privée d'étendue, elle n'en a pas moins pour cela une *situation* dans l'espace ; le point central d'une sphère est, lui aussi, inétendu, mais sa situation n'en est pas moins réelle et précise au lieu d'intersection de deux diamètres. De même de l'âme. Nous savons que, chez l'homme, tout au moins, et chez les animaux, elle est au centre d'une agglomération organisée que nous appelons le cerveau ; nous savons qu'elle n'est point ailleurs. Tel est son milieu matériel prochain. Or, si ce milieu n'a pas le pouvoir de constituer *substantiellement* l'âme, ce qu'il est absurde d'admettre, je crois l'avoir établi, en revanche c'est ce milieu qui donne à l'âme *sa forme actuelle*. Ainsi, c'est l'organisme humain qui fait de notre âme une *âme humaine*, c'est l'organisme du singe qui fait de l'âme de cet animal une *âme de singe*, comme c'est encore l'organisme de l'enfant qui fait l'*âme d'enfant*, et l'organisme de la femme qui donne à celle-ci une *âme de femme*, etc., etc. Cette proposition est-elle douteuse ? Elle me semble incontestable en présence des faits d'observation physiologique que les matérialistes s'évertuent à opposer à leurs contradicteurs et que ceux-ci s'obstinent à ne pas voir. Ces faits attestent-ils tout au moins que l'état formel de l'âme est étroitement lié à l'état de l'organisme, à l'état du cerveau notamment, au point que la moindre lésion, la moindre altération survenue dans la constitution moléculaire de cet organe peut suffire pour dénaturer complétement notre être moral, pour faire instantanément, par exemple, un idiot d'un homme de génie ; que dis-je ? pour changer sur-le-champ la personne humaine en une bête farouche, ou bien en un animal stupide, ou bien encore en quelque chose qui semble appartenir à ces formes tout à fait infimes de la vie animale qui confinent aux végétaux !

La considération d'un tel fait aurait dû inspirer plus de réserve aux spiritualistes, elle aurait dû les pénétrer de la nécessité de résoudre les objections physiologiques, objections qu'on essayerait en vain de tourner et devant lesquelles force est de s'arrêter si on ne peut réussir à les aplanir ; enfin, elle aurait dû leur suggérer la réflexion suivante qui se présente d'elle-même :

Si certains changements, relativement insignifiants, qui surviennent dans l'économie du milieu organique de notre âme suffisent pour la transformer, suffisent pour troubler et altérer son identité formelle au point de changer nos affections en aversions, au point de nous dépouiller de toutes nos lumières acquises, au point de nous faire perdre toute mémoire du passé, au point de nous faire oublier qui nous sommes, au point de nous précipiter au plus bas degré de la dégradation intellectuelle et morale, et jusqu'au pied de l'échelle animale, — si, dis-je, une simple altération dans les conditions normales de ce milieu organique de notre âme suffit pour affecter celle-ci aussi profondément dans sa forme, combien plus son identité formelle n'a-t-elle donc pas à redouter d'un changement dans son milieu matériel tel que celui que la mort lui réserve, d'un changement qui ne porte plus

seulement sur quelques détails de l'organisme, mais
qui consiste dans la destruction complète de cet organisme tout entier?

Vainement essayera-t-on de mettre en avant que
l'âme, par la mort, s'affranchit de la matière et de ses
influences : dans quel lieu de l'espace pourrait-elle
donc se rendre qu'elle n'y rencontre encore la matière,
et que cette matière ne l'y enveloppe et l'enserre de
toutes parts? Elle aura donc toujours un milieu matériel, quoi qu'il arrive; et, maintenant, est-il à supposer qu'elle gagne à passer d'un milieu organisé dans
un milieu inorganique, amorphe, alors que l'étude des
animaux nous a appris que le développement des facultés sensorielles, intellectuelles et passionnelles est
en raison du degré d'organisation de ces êtres? Est-il
surtout permis de supposer que l'âme, si profondément
altérée par la modification la plus légère qui survient
dans son milieu actuel, passera de ce milieu dans un
milieu tout autre sans que l'identité de sa forme en soit
atteinte ?

La métaphysique spiritualiste ne peut rien contre
ces difficultés, c'est un sujet, je le répète, qui n'est pas
de son ressort; mais la religion, qui l'a précédée, est
venue de bonne heure suppléer à cette impuissance du
raisonnement en apportant un système *eschatologique*
qui prétend tirer ses principes de l'expérience. C'est là
du reste une croyance qui paraît aussi ancienne que
''homme; on la rencontre au berceau de toutes les sociétés anciennes, on la trouve aussi chez toutes les
peuplades sauvages existantes ; en voici en deux mots
la théorie, telle qu'elle se laisse entrevoir dans les tra-

ditions aryennes, sémitiques et chinoises, telle qu'on peut l'entendre développer de vive voix chez les Peaux-Rouges de l'Ouest des États-Unis, et telle qu'elle s'est reproduite à diverses époques, au sein de la civilisation, sous la plume de certains adeptes.

Ce que nous appelons le corps de l'homme ne serait, suivant cette doctrine, qu'une simple et passagère enveloppe, une sorte de gangue de l'organisme véritable. Celui-ci, formé d'une matière éthérée, vivrait sous cet encroûtement comme un prisonnier dans sa prison, ou, pour prendre une comparaison plus scientifique, tel que la forme virtuelle du papillon dans son étui de chrysalide. La mort serait la mise en liberté de cet organisme permanent qui, une fois dégagé de ses entraves, irait vivre, sans cesser d'être lui-même, mais d'une vie pour ainsi dire plus vivante, au sein d'un monde d'une constitution en tout analogue à la sienne, et dont le monde que notre œil contemple n'est en quelque sorte que l'ombre.

Cette conception d'origine religieuse, je dirai, si mieux vous aimez, d'origine *superstitieuse* (Cicéron assure qu'elle est fille des visions nocturnes (1)) quelque fragile qu'elle puisse être dans le fond, a du moins un mérite, c'est d'être une réponse congruente, sinon concluante, aux objections précises de la physiologie contre le dogme de l'immortalité formelle, tandis que tous les arguments de l'eschatologie philosophique laissent la difficulté intacte et passent à côté de la question.

(1) On trouvera plus loin, page 215, en note, le passage auquel il est fait allusion ici.

J'ose le déclarer, c'est là une hypothèse qui se présente appuyée sur des présomptions analogiques, sur une sorte de vraisemblance séduisante, sur une apparence de *naturel*, et, de plus, sur des allégations de faits observés, allégations que l'état actuel de la physiologie mentale n'autorise plus à rejeter sans examen; je dis enfin que c'est une hypothèse respectable, digne d'être sérieusement discutée. Elle est d'ailleurs la seule, qu'on y songe bien, offrant à l'homme, sous une forme consistante et saisissable, je dirai plus, sous une forme raisonnable, ces consolations de l'espérance, en face de la mort, que le spiritualisme ontologique et moraliste s'efforce vainement de lui procurer.

Cette antique doctrine d'un autre monde et d'une autre vie, qui paraît être pour ainsi dire spontanée dans l'homme, et qui n'a jamais pu être entièrement étouffée par les croyances artificielles que la philosophie et la politique ont entrepris de lui substituer, exerça son prestige sur l'esprit de Fourier; il l'embrassa sans réserve, il s'appliqua à l'étendre, à la systématiser et à la rationaliser. Faut-il l'en blâmer? Je ne le pense pas. En ceci, comme sur bien d'autres points, il peut bien se faire que son jugement doive être un jour infirmé par la science; mais, la science n'étant pas encore en mesure de se prononcer, et jusque-là le champ étant ouvert aux hypothèses, Fourier a opté pour la plus raisonnable, pour la plus vraisemblable, pour la plus conforme aux indications de l'analogie et aux instincts de l'humanité. Je n'examinerai pas en ce moment de plus près cette hypothèse d'un double monde et d'une double vie. Je désirerais bien toutefois la mettre aux prises avec certaines considérations nouvelles et certains faits de physiologie peu connus qui me paraissent lui créer des difficultés redoutables, mais j'en ai dit assez, j'en ai trop dit sans doute, sur la question de l'essence et de l'immortalité de l'âme ; il est temps de passer à l'étude de ses facultés. D'ailleurs, c'est seulement par ce dernier côté que la psychologie se rattache directement et nécessairement à la science sociale.

(Les deux articles qui précèdent étaient le prélude d'une étude psychologique étendue que certaines circonstances, qu'il est inutile de faire connaître ici, empêchèrent l'auteur de poursuivre.)

# DEUX LETTRES APOLOGÉTIQUES

## SUR LE POLYZOÏSME

---

## I

A M. LE DOCTEUR SALES-GIRONS, DIRECTEUR DE LA *Revue Médicale*.

Très-honoré confrère,

N'aurais-je point qualité, par hasard, pour venir défendre le *Polyzoïsme*, que vous avez malmené si fort dernièrement? Mon droit et mon devoir, ou je m'abuse, sont clairs comme le jour, et vous ne sauriez les contester. Je ne suis pas seulement le parrain de la nouvelle doctrine (le mot *polyzoïsme* a paru pour la première fois dans une lecture sur la *Pluralité animale dans l'Homme*, que j'ai faite, l'an dernier, à la Société d'Anthropologie); j'en suis aussi le père ! je ne lui ai pas donné simplement son nom, ce serait peu ; de plus, elle me doit ses principes.

Rappelez-vous, — car, je le sais, vous faites à mes diverses publications la faveur de les lire attentivement, bien qu'elles n'aient point obtenu encore celle d'être mentionnées dans votre journal, — rappelez-vous, dis-je, que c'est à l'encontre de tous nos maîtres en physiologie, matérialistes ou spiritualistes, organicistes, vitalistes ou positivistes, que j'ai affirmé le premier, et hautement, la proposition suivante : *L'organisme humain est une association d'unités animales distinctes, individuellement pourvues de tous les éléments essentiels de la vie, mais groupées en un ensemble hiérarchique et harmonieux sous la direction suprême d'un Chef.*

M. Flourens, allant au-devant de cette conclusion avait nié, de la façon la plus catégorique et la plus entière, que la multiplicité animale, évidente dans l'organisation des animaux inférieurs, existât également chez les animaux à vertèbres; son disciple, M. Lacaze-Duthiers, le distingué professeur du Muséum, a reproduit cette déclaration du maître; M. Carpenter, en Angleterre, et, en France, MM. Cl. Bernard, Longet, Lélut, Vulpian, etc., ont posé en principe la même restriction, soit explicitement, soit d'une manière implicite; Mais, quel autre physiologiste s'est donc prononcé avant moi contre ce dogme classique? Oui, Monsieur, c'est bien à moi, à moi seul, que vous devez attribuer, je ne dirai pas tout l'*honneur*, car vous n'en voyez aucun en ceci, mais, si vous voulez, toute l'*indignité* de cette innovation audacieuse.

Permettez donc, on ne saurait attendre moins de votre loyauté parfaite, que je vienne faire entendre à vos lecteurs quelques mots de justification en faveur de cet infortuné polyzoïsme mis par vous au rang des derniers criminels. Voici, en effet, ce que vous en dites : « Ce

« n'est pas l'abrutissement de la science, c'est la dégra-
« dation du sens commun. Il vaudrait mieux dire d'un
« pareil système : ce n'est rien ! » (*Revue Médicale* du
15 novembre 1868, p. 524.)

Un premier tort que le polyzoïsme peut vous imputer,
et ceci doit me dispenser de pousser plus loin l'énumé-
ration de ses griefs, c'est de l'avoir représenté tout autre qu'il n'est en réalité ; c'est de mettre sur son compte
les erreurs d'autrui, erreurs dont il est tellement loin
d'être responsable qu'il en est l'antithèse même. Me
loger, moi et mon polyzoïsme, à l'enseigne du « Positivisme matérialiste » ! Non, cher Monsieur, je ne saurais souffrir en silence un pareil traitement, aussi injuste que cruel. Qui donc, s'il vous plaît, qui, plus que
votre humble serviteur, s'est attaché, s'est acharné (le
mot n'est pas trop fort) à démasquer les pauvretés or-
gueilleuses, les faussetés palpables, mal déguisées sous
de grossiers sophismes, de cette soi-disant philosophie
positive qui m'est toujours apparue comme la négation
même de toute philosophie ? Répondez, je vous prie.

Je ne suis point spiritualiste, je l'avoue : je repousse
l'hypothèse manichéenne de deux essences premières,
radicalement opposées et irréductibles ; mais je me déclare tout aussi peu pour le matérialisme, lequel, à mon
avis, prend le problème ontologique précisément à rebours, voyant l'effet là où est la cause, et la cause dans
ce qui est purement effet. Je ne me dis pas non plus
organiciste ; et vitaliste, pas davantage ; et c'est ainsi
que je suis hors de toutes les églises, orthodoxes ou hé-
térodoxes, et que, pour mon malheur, et pour mes pé-
chés sans doute, je me vois seul en face du monde phi-

losophique entier tourné contre moi. Que suis-je donc ?
ou plutôt qu'est-elle, cette nouvelle philosophie d'où
est sorti ce polyzoïsme que vous avez jugé digne de vos
anathèmes? L'un des vôtres, un illustre philosophe, un
médecin spiritualiste, un écrivain religieux, le célèbre
et regrettable Buchez, vous a répondu à ma place ; et
voici la même réponse, mais plus concise et plus nette,
telle que l'a donnée un autre spiritualiste, homme de
votre bord, mais critique aussi impartial qu'intelligent.
Permettez-moi de transcrire ici les conclusions de son
examen de mes travaux, publié dans la *Revue Contemporaine*, numéro du 15 avril 1863. Ces conclusions,
toute question personnelle mise à part, vous paraîtront
dignes, j'en suis sûr, d'être méditées et d'être consi-
gnées dans l'histoire de la philosophie médicale de ce
temps :

« Il est donc vrai de dire avec les *Organicistes*, » écrit
M. le professeur Alaux, « qu'il existe une matière orga-
« nique vivante : tous les éléments du corps sont des
« forces conscientes, principes de vie, susceptibles d'ê-
« tre assujetties à un principe supérieur, de manière à
« former un système organique, ou de devenir elles-
« mêmes, chacune pour sa part, un principe supérieur,
« centre d'un système organique. Et il est vrai de dire,
« avec les *Vitalistes*, comme avec les partisans de cette
« doctrine célèbre, que, sous le nom de *Duodynamisme*,
« combattit ici même M. le docteur René Briau, dans
« une étude claire et forte, où il défendait l'animisme
« contre les uns et contre les autres, qu'il y a une ou
« plusieurs forces distinctes de l'âme : ce sont des âmes
« subordonnées, principes de systèmes subordonnés,

9.

« dont l'ensemble constitue tout le système du corps
« humain. Il est vrai enfin de dire, avec les *Animistes,*
« que l'âme est le principe de la vie du corps, car elle
« fait un seul corps vivant d'une foule de moindres corps
« vivants, mais qui ne vivraient pas dans l'état où ils se
« trouvent s'ils ne vivaient l'un par l'autre, liés par une
« solidarité profonde, dont l'âme reine est l'unique
« principe : *anima forma corporis,* dit la théologie.

  « Les trois solutions qui se disputent le terrain de la
« science à propos de ce difficile problème sont mises
« d'accord par une quatrième, laquelle se rattache à la
« grande école leibnitzienne, car elle n'est, comme le
« fait remarquer M. Buchez, qu'une variété de la mo-
« nadologie. »

Cette *quatrième solution,* synthèse conciliatrice de
toutes les antinomies ontologiques, c'est celle que j'ai
présentée, dès 1855, dans mon *Électrodynamisme Vital*
(sous le pseudonyme de *Philips*), puis dans mes *Essais
de Physiologie philosophique* (Paris 1866), et tout dernièrement dans une brochure intitulée : *La Philosophie
physiologique et médicale à l'Académie de Médecine,* où se
trouve un Mémoire que j'ai lu il y a deux ans à l'Académie, ainsi qu'une Réponse au Rapport qui en avait
été fait par M. le Dr. Chauffard. L'appréciation de Buchez, à laquelle l'écrivain de la *Revue Contemporaine*
fait allusion, est relative à un travail présenté par moi
à la Société médico-psychologique, et dont le célèbre
philosophe avait été chargé de rendre compte; il por-
tait ce titre : *De l'Influence réciproque de la Pensée, de
la Sensation et des Mouvements Végétatifs.*

Cependant, ne murmurons pas trop contre la desti-

née : si le sentier du novateur est loin d'être semé de
roses, je commence, quant à moi, à recueillir quelques
doux dédommagements pour les dures épines de cette
carrière. Si, jusqu'à ce jour, j'ai eu péniblement à lut-
ter contre la détraction, et, qui pis est, contre le silence,
j'ai eu aussi de précieux suffrages à enregistrer çà et là.
Et voici maintenant que le dernier numéro de votre
honorable *Revue* m'apporte une nouvelle consolation,
une satisfaction bien vive, à laquelle, je le confesse, se
mêle un grain d'orgueil triomphateur.

Votre recueil m'apporte donc l'heureuse nouvelle
que mes idées viennent de conquérir un de leurs plus
dignes et plus robustes adversaires, une intelligence
vraiment métaphysicienne, et à mon avis l'une des meil-
leures dont la philosophie française ait le droit d'être
fière. M. Tissot, dont j'avais discuté vivement le système ontologique dans mes *Essais* (voir p. 136 et suivantes), vient de publier dans vos colonnes une profession de foi dans laquelle il me donne gain de cause ;
car cette profession de foi nouvelle de mon ancien an-
tagoniste est la proposition même que je soutenais contre lui il y a deux ans et que je tourne et retourne à
satiété depuis plus de quinze ans dans tous mes écrits.
Permettez-moi de transcrire ici quelques-unes des déclarations les plus remarquables contenues dans la lettre de votre éminent correspondant :

« ... La *matière*,... principe parfaitement inconnu en
« soi,... n'est, avec le principe pensant lui-même, qu'une
« espèce d'un genre supérieur. C'est dans les profon-
« deurs insondées, et peut-être insondables, de ce genre
« commun, qu'est, à mon avis, le secret de la concilia-

« tion du matérialisme et du spiritualisme... Au fond,
« tout est simple et en quelque sorte spirituel : mais il
« y a, dans ce spiritualisme universel, de profondes et
« incontestables différences dans les *manifestations*
« (c'est M. Tissot qui souligne). C'est par ce côté-là que
« les thèses du matérialisme et du spiritualisme repren-
« nent leur raison d'être. Mais c'est beaucoup, c'est
« immense de les avoir réduites à ce point. »

Ce genre supérieur, qui réunit l'esprit et la matière
comme congénères, c'est l'*atome absolu*, c'est ce que
les grands physiciens penseurs de notre époque appellent encore un *centre de forces*, principe inétendu, immatériel, auquel ils ramènent toute la matière (voir
l'*Éloge historique de Faraday*, par M. Dumas). Dans la
discussion que je rappelais tout à l'heure, j'ai soutenu,
et contre M. Tissot, parlant au nom du spiritualisme
animique, et contre un de ses contradicteurs, avocat du
matérialisme, que l'idée d'*esprit* et l'idée de *matière* se
résolvent logiquement, se confondent et s'identifient
dans cet irréductible concept, dans cette *force-prin-
cipe*, et qu'en cette force simple, élément commun et
unique de toute substance, élément insécable et impérissable, résident, d'une manière intrinsèque et exclusive, tous les attributs du moi, toutes les propriétés
constitutives de l'âme. Et en quoi donc l'éminent philosophe de Dijon se sépare-t-il aujourd'hui de cette
doctrine? En rien, car ses restrictions sont de pure
forme, et tout au plus pour ménager une transition entre ses deux opinions, l'ancienne et la nouvelle, dont
l'une, à vrai dire, n'est que le développement logique
de l'autre.

M. Tissot est donc avec moi contre vous, et j'en suis
heureux et fier, c'est naturel; mais ma satisfaction
reste incomplète : laissez-moi donc m'unir de cœur
aux paroles qui terminent la lettre de mon illustre allié, pour espérer avec lui que la vérité à laquelle il a
noblement rendu les armes vous subjuguera aussi à
votre tour.

Et, en attendant, je vous prie d'agréer, cher et très-
honoré confrère, l'expression de mon dévouement et
de mes sentiments les plus distingués.

24 décembre 1868.

## II

AU DIRECTEUR DES *Annales Médico-psychologiques.*

La Chaldette-les-Bains (Lozère), le 25 août 1869.

Mon cher Directeur,

Je viens répondre à une critique, et vous m'en ac-
corderez le droit, j'en suis sûr, qui m'est adressée dans
les *Annales médico-psychologiques* de juillet dernier (me
trouvant en voyage, elles me sont parvenues tardivement).

Il faut que M. Foville ait lu mon mémoire sur le
*polyzoïsme* (1) avec bien peu d'attention et bien peu de

(1) Voir ma publication récente ayant pour titre : *Les origines
animales de l'Homme éclairées par l'anatomie et la physiologie
comparatives.*

bienveillance pour y avoir découvert les inconséquences qui m'attirent ses reproches. Notre collègue termine son appréciation de mon étude par ces mots : « En vérité, s'est-il écrié, il est facile de triompher « quand on s'en prend ainsi à des ennemis absents. » Que notre honorable collègue me permette de lui retourner son observation; elle lui est applicable on ne peut mieux, vous allez en juger.

Voici en deux mots quelle est la thèse que j'ai développée dans le mémoire dont il s'agit.

Je pose en fait que chacun des centres nerveux du cordon médullaire est un petit cerveau, et qu'il possède comme tel tout ce qu'il y a d'essentiel dans les attributions du grand centre céphalique lui-même; autrement dit, je soutiens que ces centres nerveux subordonnés sont les siéges d'autant de centres psychiques en tout comparables au centre psychique qui occupe le cerveau, et que nous appelons *le moi*.

En second lieu, j'ai avancé qu'à chacun de ces cerveaux inférieurs correspond une portion de l'organisme total qui elle-même est un véritable organisme entier, en ce sens qu'une telle partie réunit tous les éléments essentiels du mécanisme vital. Et enfin j'ai ajouté que ces organismes élémentaires, dont chacun a pour cerveau un centre médullaire distinct, sont les représentants, sont les homologues exacts des *zooniles* ou animaux élémentaires dont tout animal individuel, chez les invertébrés, n'est qu'une agrégation, n'est qu'une *colonie* (Lacaze-Duthiers), au dire unanime des naturalistes contemporains.

Or, ces propositions, émises pour la première fois

par moi, il y a quinze ans (1), ne devaient rencontrer que peu de faveur auprès de nos physiologistes officiels (lesquels changent visiblement d'opinion ou de tactique à cet égard depuis quelque temps (2)), et j'avais dû m'appliquer à étayer mon principe de toutes les preuves, directes ou indirectes, que la science pouvait me fournir. J'avais employé entre autres l'argument suivant :

Reconnaître, disais-je, que les centres nerveux des systèmes réflexes sont assimilables au cerveau sous le triple rapport histologique, organologique et physiologique, ainsi que de nos jours tout le monde l'admet, et nier en même temps, comme le fait la physiologie classique, que ces cerveaux inférieurs soient pourvus de l'activié psychique, c'est-à-dire de la conscience, du *moi*, est aussi irrationnel que de faire du *moi* l'attribut propre du cerveau de l'homme à l'exclusion du cerveau de toutes les autres espèces animales.

L'école de Descartes et celle de Buffon, continuais-je, ont énergiquement et obstinément soutenu le «pur automatisme des bêtes »; et aujourd'hui une telle opinion est rejetée par tous les savants comme une erreur grossière. Eh bien, en soutenant le *pur automatisme* des systèmes réflexes, c'est-à-dire en soutenant que le cerveau céphalique est le seul qui possède la conscience, le sentiment, la volonté, le moi, et que les petits cerveaux médullaires sont des mécanismes inconscients, la physiologie du dix-neuvième siècle

(1) Voir mon ouvrage intitulé : *Électro-dynamisme vital* (sous le pseudonyme de *J.-P. Philips*). 1 vol. in-8. Paris, 1855.

(2) Consulter, entre autres documents récents, le *Discours* de réception de M. Cl. Bérnard à l'Académie française. (Voir ci-après p. 162.)

commet à son tour une autre inconséquence choquante en tout pareille à celle qu'elle reproche si justement à la physiologie du siècle passé.

Tel était mon raisonnement assez clairement exposé, je crois. Eh bien, M. Foville a vu là une tentative absurde dont le but serait d'établir que les physiologistes contemporains ont tort en professant l'automatisme des bêtes! Et alors mon critique indigné de s'exclamer en ces termes :

« Mais où M. Durand (de Gros) a-t-il jamais vu ou
« entendu soutenir les énormités auxquelles il s'atta-
« que ?... Qui a jamais soutenu que les animaux, sur-
« tout les animaux supérieurs, n'eussent pas à un cer-
« tain degré des facultés intermédiaires à la sensation
« et à l'action, et comparables par conséquent, sinon
« assimilables, à la pensée et à l'intelligence? etc., etc. »

Soit dit encore une fois pour que notre honorable collègue le comprenne bien, il ne s'agissait pas pour moi d'accuser la physiologie contemporaine de croire à l'automatisme des bêtes ; tout au contraire, mon argumentation consistait à lui démontrer qu'elle tombe dans une grande inconséquence en condamnant avec mépris les anciens partisans de l'automatisme des bêtes d'une part, et, d'autre part, en posant elle-même en principe l'automatisme des centres nerveux de la moelle. Est-ce clair?

Rappelons en passant à M. Foville, qui semble l'avoir oublié, que ce préjugé scientifique, connu sous le nom d'automatisme des bêtes, et qualifié par lui d'*énormité*, était bien l'opinion de la science officielle au dix-huitième siècle. Réaumur ne fut-il pas traité d'*imbécile* par le grand Buffon, pour avoir osé se séparer sur ce point de la doctrine orthodoxe d'alors ?

Et maintenant, mon cher Directeur, je ne trouve plus rien d'étonnant à ce que M. Foville, envisageant mes idées à travers un verre qui possède à un tel point la *propriété de défigurer les objets*, n'ait pu réussir à apercevoir *les caractères et les conséquences que j'attribue au polyzoïsme humain*. Si mon honorable critique est véritablement désireux de s'éclairer à cet égard, il n'a qu'à se donner la peine de relire mon mémoire dans les *Bulletins de la Société d'Anthropologie* avec le soin qu'il a négligé d'apporter à une première lecture sur laquelle il s'est cru en droit de me juger et de me condamner. Pour décider M. Foville à me donner cette juste réparation, je crois utile de mettre sous ses yeux les lignes suivantes dans lesquelles la *Revue Anthropologique* (*the Anthropological Review*) de Londres, n° d'avril 1869, p. 196, résume son appréciation de mon travail :

« *Polyzoïsme*, tel est le titre d'une communication « très-intéressante de M. Durand (de Gros). Si l'auteur « de ce travail réussit à établir sa théorie, nul doute « qu'elle ne produise dans la science une révolution « d'une importance immense, car elle renverse ce qui « depuis longtemps était passé à peu près à l'état de « dogme, etc. »

(« Polyzoism » is the title of a most interesting paper by M. Durand (de Gros). If the author of the contribution can establish his theory, it will undoubtedly be a revolution in science of immense importance : for it would reverse what has been considered almost a dogma for a long period, etc. »)

# M. CLAUDE BERNARD PSYCHOLOGUE

L'esprit qu'on veut avoir gâte celui qu'on a.

BOILEAU.

———————

Nous n'avons jamais marchandé l'éloge à M. Claude Bernard ; car, en ce qui touche à la plus grande partie de ses travaux, il n'a pas de plus sincère admirateur que nous. Mais, à l'occasion, nous ne lui avons pas non plus épargné le blâme (1). Son discours de réception à l'Académie française est pour nous une invitation nouvelle et pressante d'user à l'égard de l'illustre savant de notre habituelle franchise, de cette indépendance et de cette impartialité d'appréciation qui ne font acception de personne ; car, en nous, le critique ne connaît d'autre ami que le vrai, et, s'il a des haines vigoureuses, c'est contre le faux, contre le faux qui triomphe et qui se drape dans la renommée et les honneurs.

Le Discours de M. Bernard est un manifeste de physiologie philosophique, et un tel acte n'eût pas manqué d'avoir un grand retentissement parmi les physiologistes et les philosophes, si les premiers étaient moins

(1) Voir nos *Essais de physiologie philosophique.*

étrangers à toute philosophie, et si les seconds n'é-
taient, sauf quelques exceptions très-rares, tout aussi
peu familiarisés avec les connaissances physiologiques.
C'est en effet une doctrine nouvelle, radicalement nouvelle dans la science académique et dans la bouche de
l'illustre professeur, que celle qu'il est venu proclamer
à la plus haute tribune de l'Institut. Quelle est l'essence de cette conception, dont l'objet est la loi fondamentale du mécanisme de la vie ainsi que les rapports
généraux existant entre les organes et les forces premières qui les animent? Quels sont et le principe et
l'origine de cette théorie, et de quels éléments s'est-elle
enrichie ou appauvrie en s'éloignant de sa source et
quittant son lit naturel pour entrer dans le canal intellectuel du célèbre expérimentateur, canal si bien fait
d'ailleurs pour la répandre et la faire pénétrer chez
tous les esprits? Nous allons examiner rapidement ces
points divers.

La profession de foi de M. Bernard contient, entre
autres déclarations, la suivante :

« La physiologie », dit-il, « établit clairement que la
« conscience a son siége exclusivement dans les lobes
« cérébraux ; mais quant à l'intelligence elle-même, si
« on la considère d'une manière générale et comme une
« force qui harmonise les différents actes de la vie, les
« règle et les approprie à leur but, les expériences phy-
« siologiques nous démontrent que cette force n'est
« point concentrée dans le seul organe cérébral supé-
« rieur, et qu'elle réside, au contraire, à des degrés di-
« vers, dans une foule de centres nerveux inconscients,

« échelonnés tout le long de l'axe cérébro-spinal, et
« qui peuvent agir d'une façon indépendante, quoique
« coordonnés et subordonnés hiérarchiquement les
« uns aux autres. » ( Discours à l'Académie française,
dans la *Revue des Cours scientifiques* du 29 mai 1869. )

L'intelligence, définie « une force qui harmonise les
différents actes de la vie, les règle et les approprie à leur
but, etc. » ; mais c'est du stahlisme pur, sans que l'auteur s'en doute ! Non, c'est pis encore ; car si Stahl pré-
tendait que l'âme est l'ouvrière des opérations de la vie
végétative, sans s'expliquer autrement, et si ses disciples modernes, les animistes de l'école de M. Tissot ou
de M. Bouillier, cherchent à lever la grosse difficulté
de leur doctrine en représentant l'âme, en tant que
ressort présumé des fonctions nutritives, comme une
force sans conscience, c'est à l'illustre physiologiste
contemporain qu'il était réservé d'expliquer la vie par
l'action d'une *intelligence inconsciente !* Et dire que notre
physiologiste psychologue n'a pas ressenti le moins du
monde le choc renversant de ces deux idées si incompatibles !

Oui bien, non content de faire présider l'intelligence
à la digestion, à la circulation, à la saccharification, etc.,
M. Bernard la sépare réellement, tout ce qu'il y a de
plus réellement, c'est-à-dire anatomiquement, de la
conscience ; et de ces deux attributs de l'esprit il fait
deux locataires de l'encéphale séparés l'un de l'autre
par d'épaisses cloisons, l'un habitant le bel étage de la
demeure cérébrale, l'autre se voyant relégué au rez-de-
chaussée de la maison et jusque dans les caves et les

appartenances. « La conscience », assure-t-il, « a son
« siége exclusivement dans les lobes cérébraux », et il
ajoute : « L'intelligence n'est pas concentrée dans le
« seul organe cérébral supérieur, elle réside, au con-
« traire, à des degrés divers, dans une foule de centres
« nerveux inconscients... »

Ce passage suscite encore une réflexion : M. Bernard
entend-il donc dire que c'est *une même* intelligence
*individuelle* qui résiderait à la fois, et par ubiquité, dans
les lobes cérébraux et dans chacun des « centres échelonnés tout le long de l'axe cérébro-spinal » ? Une
telle proposition, pour quiconque possède les premiers
éléments de la psychologie, est évidemment absurde,
au même titre que celle de l'intelligence inconsciente.
J'aime mieux m'imaginer que M. Bernard a attaché à
ses paroles la seule signification qu'il soit possible de
leur supposer : en déclarant que l'intelligence n'est pas
concentrée sur un seul point du système nerveux,
mais qu'elle réside à la fois dans les différents organes
centraux du système, à des degrés divers, l'éminent
physiologiste aura voulu dire sans doute que *des intelligences de degrés divers* résident dans nos divers centres
nerveux ; tout comme en disant que l'intelligence
n'est pas particulière à un seul homme, mais est dé-
partie à tous, on entend attribuer à chaque homme une
intelligence entière et propre, et non un fragment
d'une intelligence commune.

Mais si tel est le sens de la déclaration de M. Bernard,
— et nous venons de voir que, si elle a un sens, elle
ne saurait en avoir un autre, — cette déclaration est
une affirmation solennelle du *polyzoïsme*; et ce principe

nouveau, pour lequel j'étais seul à combattre depuis quinze ans, aura trouvé ainsi un deuxième champion dans l'illustre et puissant chef des physiologistes français.

Que M. Bernard renonce, s'il a pu concevoir une telle pensée, à se figurer l'intelligence comme une substance diffuse dont tout l'axe cérébro-spinal serait pénétré, tel qu'une éponge est imbibée par un liquide ; une telle conception est une interprétation psychologique grossière, barbare, puérile, d'un fait d'observation physiologique dont nous avons donné le premier une explication péremptoire. Que M. Bernard rejette également l'erreur manifeste d'une intelligence en dehors du *moi*, cette autre énormité psychologique dont on ne peut se rendre compte que par l'ignorance de la valeur des mots. Enfin, que M. Bernard dégage sa pensée des ténèbres qui l'enveloppent encore, et du tissu de méprises et d'incongruences où elle est enlacée comme en un réseau ; qu'il formule ensuite cette pensée, libre d'erreurs et d'entraves, avec précision et avec franchise, et le grand académicien est dès lors l'adepte et l'avocat irrésistible de ma théorie de la constitution polyzoïque de l'organisme humain ; avec moi, alors, et à l'encontre de toute la science classique et de tous les systèmes de philosophie présents et passés, il soutient que l'homme individuel ne renferme pas un *moi* unique, mais qu'il renferme une collection hiérarchique de *moi* distincts correspondant à la collection hiérarchique des centres nerveux.

Oui, soit dit sans aucune ironie, M. Cl. Bernard est en voie de se faire mon disciple ; la citation qui précède le démontre, et la suivante en est le complément décisif :

« ..... De cette manière », poursuit l'orateur, « s'ex-
« plique ce fait étrange d'une grenouille décapitée qui
« écarte avec sa patte la pince qui la fait souffrir (1).
« On ne saurait admettre que ce mouvement si bien
« approprié à son but soit un acte volontaire du cer-
« veau ; il est évidemment sous la dépendance d'un
« centre qui, siégeant dans la moelle épinière, peut
« entrer en fonction, tantôt sous l'influence centrale
« du sens intime et de la volonté, tantôt sous l'influence
« d'une sensation extérieure ou périphérique.

« Chaque fonction du corps possède ainsi son centre
« nerveux spécial, *véritable cerveau inférieur*, dont la
« complexité correspond à celle de la fonction elle-
« même. Ce sont là les *centres organiques*, ou *fonction-*
« *nels*, qui ne sont point encore tous connus, et dont la
« physiologie expérimentale accroît chaque jour le nom-
« bre. Chez les animaux inférieurs, ces centres incons-
« cients constituent seuls le système nerveux ; etc. » (*Ib.*)

De cet exposé expérimental et des conclusions théoriques qui l'accompagnent élaguons l'absurdité parasite
que nous avons déjà mise à nu, celle de l'*inconscience*

(1) Le docteur Carpenter, dans ses *Principles of Human phy-*
*siology* (7e éd., p. 583), donne une variante de cette expérience, qui
fait encore mieux ressortir le caractère sensitif, volitif et intellectif
des mouvements procédant des centres nerveux de la moelle :
« Si l'on décapite une grenouille et si ensuite on appplique de
« l'acide acétique sur le condyle interne de son fémur, l'animal
« essuiera l'acide avec sa patte du même côté ; mais si cette patte
« vient à être amputée, la grenouille, après quelques efforts in-
« fructueux et une courte période d'hésitation, exécutera la même
« action avec la patte du côté opposé. »

de l'intelligence, de la volonté et de la sensibilité ; ensuite redressons-y cette expression malsonnante de
« sensation extérieure ou périphérique », autre bar-
barisme psychologique qui atteste que le grand savant
(qui sera peut-être aussi un jour un grand philosophe,
mais ne l'est point encore) en est toujours à confondre,
malgré des avertissements réitérés, la *sensation*, fait
subjectif, avec l'*impression*, fait objectif.

Les formules de M. Bernard ainsi épurées conformément aux règles du bon sens philosophique, son jugement sur l'expérience de la grenouille décapitée revient rigoureusement à dire que, dans cet animal sans
tête, qui cherche à écarter avec sa patte la pince qui
le fait *souffrir*, le membre ainsi mis en mouvement
agit sous l'influence d'une sensibilité, d'une volonté et
d'une intelligence constituant un *moi*, une individualité psychique, une âme particulière, autre que l'âme
cérébrale, et ayant pour siège, pour cerveau propre,
l'un des centres nerveux de la moelle, l'un de ces centres du système réflexe, qui sont de « VÉRITABLES CER-
VEAUX INFÉRIEURS ».

Examinons quelques autres points de la profession
de foi psycho-physiologique du savant récipiendaire.

C'est avec une satisfaction aussi vive que naturelle
que nous avons entendu M. Cl. Bernard venir mettre
le poids de son témoignage du côté d'une autre de nos
thèses, qui se rattache du reste à celle dont il vient
d'être question. Il s'agit de ma théorie de l'*organe* et
de la *fonction*, publiée pour la première fois en 1855,

dans un gros volume in-8° portant pour titre *Électro-dynamisme vital*, et rééditée depuis dans plusieurs autres ouvrages, et, entre autres, dans les *Essais de physiologie philosophique*, sans que mention en ait été faite dans aucun des traités que la physiologie de l'Académie et de la Faculté a produits durant ce long intervalle.

Nous avions écrit : par *fonction*, il faut entendre toute *opération entière* du travail vital, c'est-à-dire toute opération de l'économie constituant la mise en rapport des centres vitaux avec les agents physiologiques du dehors, et ayant pour résultat la modification de ceux-ci par les premiers, ou, *vice versâ*, la modification des premiers par les seconds.

J'ajoutais : la fonction ainsi définie, j'appelle *organe entier* la réunion des pièces organiques essentielles qui concourent à l'exercice de la fonction, c'est-à-dire qui servent de moyen mécanique entre les deux *pôles fonctionnels*, entre la puissance et la résistance, entre le centre dynamique vital et l'agent physiologique externe. Et maintenant, disais-je, une expression générale commune est applicable à la composition de tous les organes; les éléments essentiels de chacun d'eux peuvent se ramener aux termes suivants :

1° Un *centre nerveux*, organe sécréteur de la force nerveuse, et siége d'un *centre psychique*, d'un *moi* distinct ;

2° Un organe conducteur de l'action vitale, le *nerf;*

3° Un *apparatus* périphérique, ou *organe différentiel*, mettant chaque nerf spécial en rapport exclusif avec son *agent* correspondant.

« Chaque fonction du corps possède son centre ner-
« veux spécial, véritable cerveau inférieur, etc. »; ainsi
s'exprime à son tour M. Bernard faisant de la sorte
adhésion à l'un des points les plus originaux et les plus
saillants de ma doctrine organologique.

Espérons que ce premier pas tout facile dans la voie
que nos sueurs ont ouverte et aplanie, ne sera pas le
dernier : espérons que M. Cl. Bernard arrivera par
degrés à embrasser dans son entier, dans sa totalité
systématique, notre formule analytique de l'Organe et
de la Fonction, et qu'il ne se passera pas trop de temps
avant qu'il réédite sous ses puissants auspices notre
distinction de l'*organe différentiel,* dont l'originalité et
les applications fécondes n'attendent que son suffrage
pour être dignement reconnues.

. . . . . . . . . . . . . . . . .

La haute ambition de M. Claude Bernard, lui qui
marche à la tête d'une *science conquérante* (c'est ainsi
qu'il caractérise la physiologie), devrait, ce me semble,
dédaigner d'arracher subrepticement et par parcelles
l'héritage de voisins obscurs et faibles qui n'ont pas
l'éclat de la renommée et des hautes positions offi-
cielles pour les protéger contre l'usurpation ; que ne
s'approprie-t-il leur domaine d'un seul coup, en bloc,
sans lui faire subir un morcellement destructeur? Tel que
l'aigle, aigle lui-même, il devrait fondre sur sa proie,
et l'enlever entière et vivante au bout de ses serres.

Autrement dit, M. Bernard, à notre humble avis,
entend mal les intérêts de sa gloire : il estropie, il écar-
telle, il met en lambeaux les idées d'autrui pour les
leur ôter; prendre le tout dans son intégrité, sans en

briser l'unité, sans le défigurer, sans le gâter, ferait
mieux l'affaire de tout le monde : celle du ravisseur
d'abord, dont la conquête ne serait plus illusoire. Et, de
son côté, l'auteur dépouillé aurait moins à souffrir (et
par suite il crierait un peu moins peut-être), n'ayant
pas le double chagrin de se voir enlever l'honneur de
son œuvre, et de voir cette œuvre déshonorée.

En parlant des moteurs instinctifs, qu'il place très-
justement dans les centres nerveux supérieurs du système réflexe, M. Cl. Bernard s'exprime ainsi :

« Il y a donc », dit-il, « des intelligences innées ; on
« les désigne sous le nom d'*instincts*. Ces facultés infé-
« rieures des centres fonctionnels et des centres ins-
« tinctifs.... »

Encore un non-sens psychologique des plus choquants.
*Intelligence innée!* quel sens raisonnable pourrait-on
trouver, en effet, à une telle expression, alors surtout
qu'on prend soin de nous prévenir que, par intelligence, on entend, non pas un *acte*, mais une *faculté*, la
faculté de comprendre? Y aurait-il donc certaines facultés intellectuelles qui ne seraient pas innées, c'est-
à-dire qui seraient un produit tout artificiel de la discipline?

Non, chacun sait, et cela est élémentaire, que les
facultés mentales, de même que les fonctions, sont
parties constitutives de l'être humain, que l'éducation et l'exercice ont seulement le pouvoir de les modifier, de les fortifier, de les instruire, et qu'il y aurait
folie à croire qu'à l'aide d'un procédé quelconque on
les puisse faire surgir du néant.

Pousser le manque de critique psychologique aussi loin, et décider avec cette assurance, cette autorité, des questions dont on ne comprend pas même l'énoncé, n'est-ce point bien fait pour nous surprendre de la part d'un si éminent adepte de la méthode positive? Du reste, M. Bernard renonce bravement au bénéfice du doute, et il interdit au bénévole critique toute complaisance dont celui-ci pourrait vouloir user à son égard à la faveur d'un texte équivoque ; il nous expose son erreur sans voiles, et semble même se complaire à nous la découvrir dans ce que sa nudité a de plus choquant, de plus cru. Il poursuit en ces termes :

« .... Aussi », dit-il, « allons-nous voir, à mesure que « les fonctions des sens et du cerveau s'établissent, appa- « raître dans ce dernier des centres nerveux fonctionnels « et intellectuels de nouvelle formation réellement ac- « quis par le fait de l'éducation. » Il dit ailleurs en précisant, pour qu'on ne s'y trompe pas : « Parmi tous « les centres nerveux acquis, celui de la parole est sans « contredit le plus important. »

*Des centres nerveux réellement acquis par le fait de l'é-ducation !* Cette fois, ce ne sont plus seulement des *facultés* que l'art peut créer en notre âme, ce sont des *organes* qu'il peut ajouter à notre corps ! Est-il bien possible que M. Bernard ait voulu dire ce qu'il a dit? car ici il ne se borne pas à nier l'évidence psychologique, c'est aux vérités les plus matérielles et les plus élémentaires de la physiologie elle-même qu'il vient jeter un démenti....

Que de fautes encore, et contre la grammaire psychologique et contre le rudiment physiologique, n'au-

rions-nous pas à relever dans cette seule phrase, si
nous l'examinions en détail! Quoi de plus vicieux,
quoi de plus illogique, de plus faux, que l'opposition
ou le rapprochement établi entre les *fonctions des sens*
et les *fonctions du cerveau*? entre les *centres fonctionnels*
et les *centres instinctifs*? entre les *centres nerveux fonc-*
*tionnels* et les *centres nerveux intellectuels*? De telles
fautes sont de celles qui sautent aux yeux, et ce serait
presque faire injure à l'intelligence du lecteur que de
les analyser.

Empruntons encore au Discours de M. Bernard quelques citations qui pourront se passer de commentaire
après ce qui vient d'être dit :

« L'organisation nerveuse de l'homme », dit-il, « se
« ramène définitivement à quatre ordres de centres : les
« centres fonctionnels [qu'est-ce que des centres *fonc-*
« *tionnels*? Y aurait-il donc des centres sans fonctions?
« Par cette expression si singulièrement choisie, l'au-
« teur, j'imagine, a entendu désigner les centres ner-
« veux qui président aux opérations de la vie végéta-
« tive] les premiers formés, touts inconscients [n'ou-
« blions pas que, tout *inconscients* qu'il les prétend,
« M. Bernard leur accorde la sensibilité, la volonté *et*
« *l'intelligence*] et doués de manifestations irrésistibles
« et fatales; les centres intellectuels acquis [des orga-
« nes acquis !] d'une manière volontaire et libre [et
« le *déterminisme*, donc? M. Cl. Bernard, qui, comme
« on sait, s'en est fait le champion, et je suis loin de
« l'en blâmer, aurait-il donc sacrifié cette conviction
« scientifique sur l'autel des saines doctrines philoso-

10.

« phiques de l'Académie française? Il faut le penser],
« mais devenant par l'habitude plus ou moins automa-
« tiques et involontaires. Enfin, au sommet de toutes
« ces manifestations se trouve l'organe cérébral supé-
« rieur du sens intime auquel tout vient aboutir. C'est
« dans ce centre de l'unité intellectuelle qu'apparaît
« la conscience [l'intelligence ne fait donc plus bande
« à part de la conscience, comme il a été dit plus
« haut?] qui, s'éclairant sans cesse aux lumières de
« l'expérience de la vie, etc... » (*Loc. cit.*, p. 405.)

Écoutons bien cette définition de la Conscience :
« Maintenant, quelle idée le physiologiste se fera-t-il
« sur la nature de la conscience ? il est porté d'abord
« à la regarder comme l'expression suprême et finale
« d'un certain ensemble de phénomènes nerveux et
« intellectuels [les phénomènes intellectuels ne sont
« donc plus des phénomènes nerveux? mais alors pour-
« quoi supposer nerveux ceux de la conscience? et
« n'est-ce pas une idée bien baroque de concevoir la
« conscience comme un amalgame d'intelligence et
« de nerfs?], car l'intelligence consciente supérieure
« [on voit encore par ce passage que M. Bernard ad-
« met bien réellement une intelligence inconsciente]
« apparaît toujours la dernière, soit dans le dévelop-
« pement de la série animale, soit dans le développe-
« ment de l'homme. Mais, dans cette évolution, com-
« ment concevoir la formation du sens intime et le
« passage, si gradué qu'il soit, de l'intelligence in-
« consciente à l'intelligence consciente ? [Est-ce clair,
« cette fois!] Est-ce un développement organique na-

turel et une intensité croissante des fonctions céré-
« brales qui fait jaillir l'étincelle de la conscience, res-
« tée à l'état latent jusqu'à ce qu'une organisation
« assez perfectionnée puisse permettre sa manifesta-
« tion [ici M. Bernard côtoie de très-près une vérité
« de premier ordre presque universellement méconnue
« des physiologistes], et est-ce pour cette raison que
« nous voyons la conscience se montrer d'autant plus
« lumineuse, plus active et plus libre qu'elle appartient
« à un organisme plus élevé, plus complexe, c'est-
« à-dire qu'elle coexiste avec des appareils intellectuels
« inconscients [des appareils intellectuels, *hélas!* —
« des appareils intellectuels inconscients, *holà!*] plus
« nombreux et plus variés?... » (*Ibid.*)

Ailleurs :

« ... Il y a, dans toutes les fonctions du corps vivant,
« sans exception, un côté idéal et un côté matériel.
« [*Idéal* et *matériel*, encore là une antithèse difficile à
« saisir.] Le côté idéal de la fonction se rattache par
« sa forme à l'unité de plan de création ou de con-
« struction de l'organisme, tandis que son côté maté-
« riel répond, par son mécanisme, aux propriétés de
« la matière vivante. » (*Ib.*)

« Le côté idéal de la fonction se rattache par sa
forme... » La forme de quoi? de la fonction, ou de son
côté idéal? Et, soit dans un cas, soit dans l'autre, que
faut-il entendre ici par la *forme* en tant qu'opposée à
*mécanisme*? Et comment comprendre que la Forme,
dans la fonction, fasse dépendre celle-ci de l'*Idéal*,
c'est-à-dire, comme on nous l'explique, de l'*unité de*

*plan de la création*, et que, par son Mécanisme, la fonction appartienne à la *Matière*? Et même, en admettant que le terme *forme* associé au terme *fonction* comme régime, puisse signifier autre chose que le terme *mécanisme*, n'est-il pas d'observation vulgaire que c'est par son mécanisme organique que la fonction se distingue des simples propriétés de la matière brute dont ces organes sont formés?

En vérité, il faut le croire, M. Cl. Bernard aura ambitionné les lauriers littéraires et philosophiques de M. Charles Robin. La confusion et l'incorrection dans les idées comme dans le style qui distinguent le célèbre micrographe positiviste à un si haut degré, sont passées tout entières sous la plume de notre illustre physiologiste de l'Académie française. Des hommes d'autant d'esprit ne devraient-ils pas avoir celui de se taire sur des matières dont ils ignorent jusqu'au premier mot?

Voici maintenant la caractéristique différentielle des *sciences physiologiques* et des *sciences métaphysiques*, d'après notre auteur :

« Les sciences physiologiques », dit-il, « rattachent « l'étude des facultés intellectuelles aux conditions or- « ganiques et physiques qui les expriment, tandis que « les sciences métaphysiques négligent ces relations « pour ne considérer les manifestations de l'âme que « dans la marche progressive de l'humanité ou dans « les aspirations éternelles de notre sentiment. » (*Loc. cit.*, p. 406.)

Encore une opposition irrationnelle que celle de la physiologie et de la métaphysique. La physiologie, et

la physique proprement dite elle-même (malgré l'antithèse des mots), ont leur métaphysique, la métaphysique n'étant pas autre chose que la théorie des principes,
soit qu'on les considère universellement, absolument,
soit qu'on les considère relativement à un ordre donné
de connaissances spéciales.

Au fait, le sens que M. Cl. Bernard donne ici abusivement au mot *métaphysique* est celui de *psychologie*.
Or les spéculations du psychologue ne consistent pas à
« ne considérer les manifestations de l'âme que dans la
marche progressive de l'humanité, ou dans les aspirations éternelles [que fait ici ce mot *éternelles ?*] de notre sentiment. » Si l'illustre physiologiste, au lieu
d'entreprendre d'inventer la philosophie à nouveaux
frais et de toutes pièces, sans avoir égard à ce qui s'en
était dit et fait avant lui, eût condescendu à prendre
connaissance des quelques principes, assez rares, il est
vrai, mais d'autant plus faciles à apprendre, sur lesquels les philosophes sont parvenus à se mettre d'accord, il aurait su que ce qui distingue l'observation
psychologique, c'est qu'elle opère par la réflexion de
l'esprit sur lui-même, autrement dit, par voie subjective ; tandis que l'analyse physiologique des opérations
mentales procède objectivement, c'est-à-dire en étudiant l'esprit dans ses manifestations et ses moyens
organiques. Or il se trouve précisément que Flourens,
dans ses travaux de psychologie, assez mauvais d'ailleurs, avait insisté particulièrement sur cette distinction, qui est un pont-aux-ânes philosophique ; son
panégyriste (le Discours de M. Bernard était consacré
à l'éloge de M. Flourens, qu'il a remplacé à l'Acadé-

mie française), pour s'épargner de fâcheuses bévues,
n'avait donc qu'à rester un peu moins étranger aux
œuvres de celui dont il célébrait les mérites scientifiques et littéraires.

Les citations qui précèdent suffisent pour faire apprécier les qualités du morceau de littérature didac-
tique par lequel M. Cl. Bernard a inauguré son fauteuil
à l'Académie française ; je demanderai maintenant
pourquoi les conceptions philosophiques dont ce style
est le vêtement si bien adapté n'auraient pas à leur
tour la vertu d'ouvrir à l'illustre et heureux récipiendaire les portes d'une troisième académie, celle où le
docteur Lélut représente si dignement la psychologie
physiologique à côté de MM. Paul Janet, Ch. Lévêque,
Franck, Vacherot, etc..... Pourquoi pas? *Audaces for-
tuna juvat.*

# LE LIBRE ARBITRE ET LES MÉDECINS

## OBSERVATIONS SUR LA THÈSE DU DOCTEUR GRENIER

La brochure (1) dont je vais dire quelques mots est une thèse d'étudiant qui a eu la singulière fortune de susciter un orage dans les régions de la politique, et, chose non moins sérieuse, de provoquer l'État à intervenir pour apprécier et redresser les doctrines de notre enseignement médical.

La question du *libre arbitre* relève-t-elle de la science du médecin? rentre-t-elle logiquement dans le cadre de ses études, et sied-il à une faculté de médecine d'admettre ses candidats à soutenir devant elle l'opinion, quelle qu'elle soit, qu'ils peuvent s'être faite sur un tel sujet? La mesure qui a frappé M. Grenier et ses examinateurs a répondu par la négative; mais autre, j'imagine, sera la réponse de tout médecin comprenant les hautes attributions de son art et ayant à cœur d'en voir la dignité maintenue.

Oui, certes, le médecin a le droit, et, qui plus est,

(1) *Étude médico-psychologique du libre arbitre humain*, par J. P. Grenier. Paris, 1868, 1 br. in-8, de 104 pages (chez Adrien Delahaye, place de l'École de-Médecine).

c'est pour lui un devoir professionnel, d'examiner, de
sonder, d'agiter le problème philosophique de la liberté morale; en effet, on paraît l'avoir oublié, au
nombre des obligations, si honorables, mais si lourdes,
que la société lui impose, il compte celle d'éclairer la
justice sur ce même problème chaque fois qu'un tel
problème, sortant de l'abstraction pure, vient à se formuler dans les faits, vient à prendre corps dans un cas
légal. Quand les actes d'un homme tombent sous
l'appréciation de la justice, civile ou criminelle, et que
juges et jurés se prennent à douter si cet homme a
agi, oui ou non, dans l'exercice de ce qu'on nomme
son *libre arbitre*, c'est nous qu'on appelle, nous seuls,
pour venir mettre fin à cette perplexité, pour venir
prononcer en dernier ressort une décision d'où dépen-
pendent la fortune, la liberté, l'honneur et la vie des
citoyens, — et il nous serait interdit de nous rendre
compte de ce que le monde entend par ce mot de libre
arbitre ; et l'examen des principes de cette branche
principale de la médecine légale serait interdit dans
les écoles où nous nous préparons à remplir les rigoureux devoirs de notre état! Une telle prétention tombe
devant le bon sens. Il est de la logique la plus élémentaire que celui à qui incombe le mandat de juger de la
présence ou de l'absence actuelle d'une certaine condition mentale chez un individu déterminé sache d'abord
en quoi une telle condition consiste, abstraction faite
de tout cas particulier, c'est-à-dire qu'il connaisse les
lois du diagnostic psychologique dont on le requiert
de faire l'application.

On objecte qu'il existe sur la question du libre arbitre une opinion toute faite, une doctrine établie, loi fondamentale de la morale et de l'ordre social, que la médecine légale est tenue, elle aussi, de respecter et de prendre pour règle. A ceci je serais, pour ma part, disposé à répondre : « Cette doctrine (ceci soit dit sans vouloir en rien préjuger pour le moment, quant au fond) est une croyance *à priori* dont les principes théoriques ont été établis, sont exposés et défendus, par la théologie et la métaphysique, sans que la science médicale ait pris à cette œuvre aucune part ; que les docteurs dont la société tient la théorie pour vraie et indiscutable reçoivent aussi d'elle la mission d'en faire l'application qu'elle comporte aux difficultés de la pratique judiciaire ; que les tribunaux prennent leurs experts de psychologie légale parmi les docteurs en théologie ou les docteurs en philosophie, et qu'elle laisse le médecin à ses malades ; car la raison, la conscience et la dignité de celui-ci lui défendent de choisir pour guide, dans l'exercice de son grave ministère, les injonctions de la foi aveugle au lieu des lumières du savoir raisonné. »

Le travail de M. le docteur Grenier n'aurait-il d'autre mérite que celui d'être une ferme revendication des droits naturels de la médecine sur le domaine des sciences morales, qu'il aurait acquis un titre à la sympathie du corps médical. Oui, nous le répétons, le sujet de cette thèse tant blâmée était légitime, car il constitue incontestablement un point de science médicale. A notre avis, l'auteur n'aurait fourni prétexte à la censure, et à la mesure dont il a été frappé, que si, en traitant cette question, licite, mais délicate et scabreuse, il se fût livré à des intempérances de langage et à des provocations inutiles, alors que, plus que jamais, il convenait d'apporter dans la discussion la réserve et la modération qui sont le propre du véritable esprit scientifique. L'auteur de l'*Étude sur le libre arbitre* a-t-il manqué à ces hautes et strictes convenances ? Non : le ton de cet écrit laisse bien sans doute à désirer parfois, mais c'est là un défaut de forme qu'il faut mettre sur le compte de l'inexpérience du jeune écrivain ; le sentiment qui respire dans tout son travail est celui d'un zèle sincère de la vérité et d'une bienveillance générale qui n'exclut point les adversaires de doctrine.

La brochure de M. Grenier peut se diviser en deux parties. Dans la première, il présente un résumé instructif des opinions et systèmes divers auxquels a donné naissance la notion du libre arbitre depuis l'époque, d'ailleurs assez ancienne, où cette question est entrée dans les préoccupations de la philosophie. L'auteur fait ressortir sans peine le caractère arbitraire et contradictoire de ces jugements, et il nous signale les conséquences malfaisantes, parfois atroces, que l'inexorable logique des théoriciens en a tirées pour la morale positive, pour le droit pénal, pour les institutions politiques et sociales. OEuvre de fausse science et de barbarie, ce confus amalgame de décisions dogmatiques de toute sorte qui constitue la doctrine orthodoxe du libre arbitre, ne saurait en vérité s'imposer à l'esprit du médecin, formé à l'austère discipline des sciences certaines; et le médecin ne saurait accepter de tels principes comme règle absolue de sa conduite professionnelle.

Dans la seconde partie de son écrit, l'auteur fait appel

aux connaissances physiologiques et pathologiques
pour en obtenir la clef de ce mystère de la psychologie et de la morale, que les controverses des théologiens et des philosophes semblent n'avoir eu pour effet
que de rendre plus impénétrable encore. Certes, c'est
une des plus funestes et moins pardonnables erreurs
de la métaphysique, d'avoir voulu résoudre à elle seule
les problèmes de psychologie et d'éthique sans consulter la science de l'organisme humain sur les fonctions de l'organe de la pensée. Mais est-ce à dire pour
cela que le physiologiste et le pathologiste réunis puissent à eux deux réaliser ce que le psychologue métaphysicien a follement tenté d'accomplir avec ses insuf-
fisantes lumières ? M. Grenier juge bien fondée une
telle prétention, qui est celle, il faut le dire, de toute
la corporation des physiologistes contemporains, à
quelques très-rares exceptions près. Nous croyons,
nous, que c'est encore une fâcheuse illusion. Cette illusion, nous l'avons souvent fait remarquer (1), se montre
toute nue dans un fait que chacun peut aisément constater ; ce fait, c'est une radicale impuissance à exposer l'analyse des fonctions nerveuses dans un langage
qui ne soit à la fois inintelligible et absurde ; et cette
impuissance, fruit d'une insuffisance de notions psychologiques et ontologiques, se découvre avec la plus
indigente nudité dans les œuvres de nos premiers maîtres. Si ceux-ci ont quelque droit de sourire en con-
sidérant l'ignorance confiante et sereine avec laquelle
nos psychologues de profession font table rase des don-

(1) Voir nos *Essais de physiologie philosophique*, pages 120, 131,
333, 448, 533, et *passim*.

nées les plus positives de la physiologie qui viennent démentir leurs dogmes accrédités, ils leur offrent à leur tour mainte occasion de représailles.

Pour arriver à se rendre compte du mécanisme psychologique, de son jeu et de ses effets, il y a deux choses, deux ordres de faits à observer concurremment ; il y a les faits subjectifs, c'est-à-dire ce que notre esprit peut étudier en soi-même, dans son for intérieur, par une réflexion de la pensée sur elle-même; il y a ensuite les faits objectifs, c'est-à-dire ceux qui s'observent par l'exercice externe de nos sens, et constituent ce que nous appelons notre organisme ainsi que les agents du dehors qui mettent en jeu cet organisme, le modifient, et agissent par lui sur notre état psychique.

Ces deux études complémentaires ont été poursuivies jusqu'ici isolément et sont restées étrangères l'une à l'autre ; aussi n'ont-elles produit chacune qu'une science boiteuse. Ce n'est pas avant que psychologues et physiologistes aient appris à s'écouter mutuellement et à s'entendre pour mettre en commun leurs acquisitions respectives, que la psychologie et la morale pourront se constituer scientifiquement. Mais aussi, j'en ai la conviction, ce moment venu, les malentendus qui divisent les écoles en matérialistes et spiritualistes, en confesseurs et en négateurs du libre arbitre, seront bien près de se dissiper. Ceci est une thèse que je me propose de développer un jour, et je compte profiter de cette occasion pour m'acquitter plus dignement envers M. Grenier. Je ne veux pas cependant poser la plume sans avoir signalé l'importante conclusion qui termine son estimable essai.

Le matérialisme et le fatalisme professés par notre confrère ne sont pas de ceux qui éteignent les généreux élans et les nobles espérances : après avoir invoqué les précieux témoignages de la science contemporaine pour établir que l'être moral, comme l'être physique, est soumis, d'une manière invincible, à l'action modificatrice des milieux, notre auteur en conclut fort intelligemment que le devoir et l'intérêt de la société lui prescrivent de donner le pas à la morale préventive sur la morale répressive, c'est-à-dire d'améliorer de toutes ses forces l'organisation sociale de façon à substituer, à des conditions totalement délétères pour la moralité, des conditions nouvelles favorables à la pratique du bien. Sur ce point, nous donnons notre entière et cordiale adhésion aux vues et aux vœux du docteur Grenier.

# L'AME DEVANT LA SCIENCE

## RAPPORT A LA SOCIÉTÉ MÉDICO-PSYCHOLOGIQUE DE PARIS

... Tum cumprimis, ratione sagaci
Unde anima atque animi constet natura videndum.
LUCRÈCE, L. I, v. 131.

———————

Messieurs,

Le dernier numéro des *Annales médico-psychologiques* récemment publié m'a appris que dans votre séance du mois de juillet, à laquelle je n'étais pas présent, la Société m'avait chargé de lui rendre compte d'un livre intitulé : *L'âme, démonstration de sa réalité déduite des effets du chloroforme et du curare sur l'économie animale, par M. Ramon de la Sagra, membre correspondant de l'Institut* (1).

Je me suis mis à l'œuvre aussitôt pour m'acquitter de cet honorable mandat, mais non sans regretter de l'avoir ignoré si longtemps et d'avoir pu paraître coupable d'une négligence qui serait sans excuse en présence du mérite de l'ouvrage et des titres scientifiques de l'auteur. Voici mon travail :

(1) Un vol. in-18, librairie Germer Baillère.

c

# I

Le livre de M. Ramon de la Sagra m'a paru instructif et digne d'intérêt ; et j'éprouve d'autant plus de plaisir à vous le faire connaître, que cet écrit, à côté d'opinions que je serai forcé de combattre, affirme avec énergie certains principes qui me sont particulièrement chers, et que pendant longtemps j'ai défendus seul.

Bien irréfléchie, bien aveugle à mon sens est la médecine si elle ne voit pas que la constitution d'une saine métaphysique s'offre en ce moment comme une condition *sine quâ non* de ses développements futurs ! La métaphysique, qu'une certaine école s'est plu à confondre avec les divagations des métaphysiciens, est en soi, c'est-à-dire quant à son domaine et quant à son but, une science légitime et positive entre toutes ; car elle est la science des principes, et tout système de connaissances dont les principes restent obscurs, indéterminés, incertains, repose, cela est évident, sur une base non scientifique, une base mouvante, sur laquelle on ne saurait bâtir que des édifices éphémères (1).

(1) Nous trouvons les déclarations suivantes dans une puissante discussion de la philosophie d'Hamilton ; par John Stuart Mill, le représentant le plus éminent du positivisme anglais. et dans lequel nous venons d'être aussi heureux que surpris de rencontrer un métaphysicien de première force :

« England is often reproached by continental thinkers with indifference to the higher philosophy. But England did not always deserve this reproach and is already showing by no doubtful sym-

La pathologie est une de ces sciences : elle ignore
ses principes, et, qui plus est, elle se pare en quelque
sorte de cette ignorance. Mais n'en est-elle pas cruelle-
ment punie, condamnée qu'elle est à se débattre im-
puissante dans les entraves d'une inextricable logomachie? Il s'agissait dernièrement à l'Académie de
médecine de juger une question en apparence des
plus simples ; elle consistait à savoir si une certaine
disposition convulsive produite artificiellement chez les
animaux comportait ou ne comportait pas la dénomination d'Épilepsie. Les uns opinaient pour l'affirma-
tive, d'autres se prononçaient pour la négative.

Toutefois, du choc de ces opinions ne jaillit pas la
solution cherchée, mais il en sortit un autre enseignement qui n'eût pas été sans fruit s'il ne fût passé ina-

ptom, that she will not deserve it much longer. Her thinkers are
again beginning to see, what they had only temporarily forgotten,
that the difficulties of Metaphysics lie at the root of all science;
that those difficulties can only be quieted by being resolved, and
that until they are resolved, positively whenever possible, but at
any rate negatively, we are never assured that any human know-
ledge, even physical, stands on solid foundations. » (*An Exami-
nation of Sir William Hamilton's Philosophy*, by JOHN STUART
MILL, 3ᵉ édit. Londres, 1867, p. 2.)

(Les penseurs du continent reprochent souvent à l'Angleterre son
indifférence en matière de haute philosophie. Cependant l'Angleterre n'a pas toujours mérité ce reproche, et elle montre déjà, par
des signes qui ne sauraient laisser aucun doute, qu'elle est décidée
à ne pas le mériter plus longtemps. Les penseurs commencent de
nouveau à s'apercevoir, ce qu'ils avaient momentanément oublié,
que *les difficultés de la métaphysique sont à la racine de toutes
les sciences ; qu'on ne peut se soustraire à ces difficultés qu'en les
résolvant, et que d'ici à ce qu'elles soient résolues, positivement
quand ce sera possible, mais tout au moins d'une manière négative,
nous ne serons jamais assurés qu'aucune connaissance humaine,
même dans l'ordre physique, repose sur des fondements solides.*)

perçu : c'est que la question débattue et toutes questions analogues sont insolubles et dénuées de sens, étant formulées dans des termes non définis qui laissent à chacun pleine licence de les interpréter à sa guise.

Et par quel miracle, en effet, aurait-on réussi à se mettre d'accord sur le point de savoir si le cas proposé était ou n'était pas de l'épilepsie, alors que ce mot *épilepsie* manquait d'une signification arrêtée, et que les différents contendants le prenaient dans des acceptions différentes?

Le débat devait être stérile et interminable comme serait celui de deux astronomes qui, sans s'être préalablement mis d'accord sur la valeur conventionnelle du mot soleil, et l'un entendant effectivement désigner le soleil par ce nom, tandis que ce même nom serait appliqué par l'autre à la lune, je suppose, mettraient en discussion si le soleil est un corps radieux ou un corps radiant, s'il tourne autour du globe terrestre, ou si c'est la terre qui tourne au-devant de lui, etc. Vaines paroles, efforts perdus, que tous les efforts et que toutes les paroles qui seraient alors prodigués de part et d'autre pour arriver à une entente sur ce point de science et pour en dissiper l'obscurité !

Or ce n'est pas le mot épilepsie seulement qui est équivoque et vague en pathologie. Non certes; c'est aussi la plupart des dénominations nosologiques, et c'est enfin et surtout le terme premier du vocabulaire médical, le mot MALADIE.

Ce terme est encore à l'état d'énigme, le sens en est douteux et changeant, nul ne sait au juste ce qu'il signifie, et c'est sur un tel brouillard que tous les systè-

mes de médecine ont été bâtis. Il n'est donc point
exagéré de dire, et il faut oser dire cette humiliante
vérité, que *la pathologie ignore jusqu'au premier mot de
ce qu'elle enseigne !*

Et que dirons-nous, Messieurs, de la physiologie, de
notre glorieuse Physiologie Expérimentale, si fière de
sa supériorité? Il y a quinze ans, nous nous sommes
permis d'imprimer que cette science, faute d'avoir
défini ses termes premiers, faute d'avoir établi ses notions fondamentales avec précision et solidité, était
encore dans sa période de confusion limbique. Comme
il fallait s'y attendre, venant d'un simple et humble
mortel, ce jugement, que nous avons plusieurs fois
réimprimé depuis, n'éveilla que des sourires; mais
voici qu'un physiologiste académicien, le physiologiste
le plus renommé de l'époque, trouve bien d'épouser
notre opinion et de la faire sienne; espérons que le
monde savant, cette fois, va lui faire un meilleur accueil. « En physiologie », a écrit M. Cl. Bernard dans
son *Rapport sur les progrès de la physiologie générale en
France*, « nous en sommes aujourd'hui au temps où
« en était l'alchimie avant la fondation de la chimie. »

Si effectivement la physiologie n'est pas constituée,
qu'on le sache, c'est qu'elle a dédaigné jusqu'ici de se
donner son vrai fondement, celui qui consiste dans la
définition de ses termes principaux, dans une analyse
rigoureuse et approfondie des notions qui se cachent
sous ces termes et que ces derniers enveloppent dans
leur propre obscurité. Se figure-t-on que la science
des organes et des fonctions en soit encore à ne pas
connaître ce qu'est une fonction, ce qu'est un organe?

Rien de plus vrai pourtant : elle ne sait rien de ces choses et, qui pis est, n'en veut rien savoir. De telles préoccupations passent pour ne pas être scientifiques : c'est de l'abstraction, dit-on, c'est de la métaphysique ; car notre physiologie expérimentale est loin d'avoir répudié la devise que son fondateur lui a donnée dans ces mémorables paroles : « Des expériences », s'écriait Magendie, « rien que des expériences, *sans aucun mélange de raisonnement* (1) ! »

A plus forte raison encore cet expérimentalisme radical se prononcera-t-il contre toute immixtion ontologique et psychologique. Il y a deux ans, la médecine enseignante, par l'organe d'un des professeurs les plus autorisés de l'École de Paris, formulait la déclaration de principes suivante, assurément digne d'être conservée dans les annales de la science : « A la question : « Ôtes-vous spiritualiste ou matérialiste, voire même « animiste? je répondrais simplement : je suis patho- « logiste, ces gros mots ne sont pas à l'usage de notre « science. Elle n'a rien à voir dans les idées qu'ils repré- « sentent, dans les questions qu'ils soulèvent. La théo- « logie et la psychologie ne nous regardent pas (2). »

J'en demande tous les pardons à M. le professeur Béhier, — car c'est lui que nous venons d'entendre, — mais c'est juste le contre-pied de ses dires qu'il nous faudra prendre pour avoir l'expression exacte de la vérité. Oui, assurément, la psychologie regarde la mé-

(1) *Éloge de Magendie*, par Cl. Bernard. *

(2) Leçon d'ouverture de M. le docteur Béhier, professeur à l'É-cole de Médecine de Paris, dans la *Gazette des Hôpitaux* du 14 fé-vrier 1867.

decine, et à tel point que, sans médecine pas de
psychologie, et sans psychologie pas de médecine.

La science du psychologue, en effet, n'est qu'un
fragment de science, un avorton de science, une
science boiteuse et menteuse, tant que le psychologue
reste étranger à la connaissance des liens physiologiques qui unissent le moral et le physique l'un à l'autre
par une dépendance si étroite ; aussi longtemps qu'il
néglige d'étudier le mécanisme organique par l'intermède duquel la pensée s'exerce et entre en rapport
avec son objet ; aussi longtemps qu'il refuse de s'initier
aux lois de cette intime solidarité qui fait dépendre,
qui fait souffrir ou fait profiter notre état psychique
des modifications bonnes ou mauvaises survenant
dans notre état somatique ; aussi longtemps, en un
mot, qu'il dédaigne de se faire physiologiste et pathologiste, aimant mieux suivre la direction tracée par un
certain Manuel de Philosophie universitaire où l'in-
compétence psychologique du médecin est magistralement prononcée (1).

Et, à son tour, comment l'homme dont c'est la mission de soigner les maladies mentales, dont c'est la
mission de décider les questions judiciaires de responsabilité morale et de libre arbitre, serait-il à la hauteur
de ses graves devoirs s'il s'interdisait de connaître l'é-
conomie de cette organisation psychique dont il est
appelé à rétablir l'harmonie troublée, dont il est appelé à apprécier l'état chez les personnes, et à constater, s'il y a lieu, les désordres (2)?

(1) *Manuel de Philosophie* de MM. Saisset, Jacques et Jules Simon.
(2) « L'esprit dépend si fort du tempérament et de la disposition

Et comment conçoit-on encore que le physiologiste puisse arriver à comprendre le mécanisme du système nerveux de la vie de relation sans s'occuper des facultés et des actes psychiques, qui sont la raison même d'un tel mécanisme et qui peuvent seuls nous indiquer la fonction, nous expliquer la disposition et l'agencement de ses rouages divers?

Le philosophe qui conteste les attributions psychologiques du médecin, et le médecin qui en consent l'abandon, font l'un et l'autre acte d'inintelligence profonde. Et ils ne se trompent pas d'une manière moins grave, Messieurs, et ils n'égarent pas la science dans une erreur moins funeste, quand ils soutiennent encore que les questions ontologiques ne sont pas de notre ressort. Ou de telles questions sont insolubles et oiseuses, ou c'est au médecin surtout qu'il appartient de les éclairer : toutes les grandes difficultés de la physiologie, de la pathologie et de la thérapeutique se rattachent au grand problème ontologique, et en même temps c'est dans la médecine que sont les données de ce problème souverain (1).

Nous le disons depuis de longues années en nous efforçant de le faire comprendre, et vous nous permettrez de le répéter ici : la théorie générale de la Fonction et de l'Organe donne la clef de toutes les grandes questions en suspens dans la Physiologie, la

« des organes du corps, que, s'il est possible de trouver quelque
« moyen de rendre communément les hommes plus sages et plus
« habiles qu'ils ne l'ont été jusqu'ici, c'est dans la médecine qu'il
« faut le chercher. » DESCARTES. (Discours de la méthode, 6e partie.)

(1) « Il n'appartient qu'à celui qui a pratiqué la médecine d'é-
« crire de la métaphysique. » DIDEROT.

Pathologie et la Thérapeutique ; or cette analyse nous met en présence de la distinction des deux principes essentiels qui concourent dans le mouvement vital, comme aussi dans tout autre mouvement dans la nature : le principe qui meut et le principe qui est mû, celui qui sent et celui qui est senti ; ou, en d'autres termes, le Sujet et l'Objet, l'Esprit et la Matière.

C'est surtout dans l'analyse critique des actions nerveuses de la vie animale que le physiologiste se voit amené tout droit, et bon gré, mal gré, en face de l'antinomie ontologique. Force est en effet au plus pur expérimentaliste, au plus grossier matérialiste, de compter ici avec les notions de sensibilité, d'intelligence, de conscience, de subjectivité, d'objectivité, de facultés, de sensation, de perception et d'impression, de sujet et d'objet. Quoi qu'il fasse, et quoi qu'il en ait, il ne peut échapper à la nécessité d'user de ces mots. Cependant, pour les employer avec discernement, les comprendre d'abord, s'en faire une idée juste et nette, serait nécessaire ; c'est-à-dire qu'il faudrait dégager les notions que ces mots impliquent, élucider ces notions ténébreuses et les amener à l'état de connaissances claires et précises. Mais, je le répète, cette étude nous mène au cœur de l'ontologie, et l'homme de la physiologie actuelle ne craint rien autant que de s'entacher de métaphysique. Que fera-t-il alors ? Il se décidera à parler quand même et à tout hasard une langue dont les délicates nuances et les distinctions fines et rigoureuses échappent entièrement à son esprit qui ne s'est habitué qu'au rude maniement des faits bruts ; et il arrive que ce langage au sens inconnu projette son obscurité sur les faits eux-mêmes que l'observateur a sous les yeux.

Ces faits deviennent équivoques, confus, inintelligibles, à l'instar des expressions qui les représentent; le savant le plus exercé ne s'y reconnaît bientôt plus, et les explications et formules auxquelles il essaye de les soumettre ne sont, notre devoir est de le dire, qu'un pôle-mêle de méprises, de contre-sens et de non-sens. Je ne sache rien qui soit humiliant pour l'orgueil expérimentaliste et positiviste à l'égal de ces tristes essais d'analyse physiologico-psychologique.

Notre auteur, qui est un philosophe doublé d'un savant, a été vivement frappé de cette impuissance de la science d'observation à se diriger dans l'étude des fonctions cérébrales, à en saisir les lois les plus simples et les plus apparentes, à les exposer avec quelque logique; et il a reconnu comme nous la cause de cette infirmité scientifique dans l'oubli et le dédain de toute critique métaphysique chez nos modernes savants.

Mais si M. Ramon de la Sagra a mis le doigt sur la plaie, nous en apporte-t-il le remède? Redresse-t-il les erreurs, comble-t-il les lacunes qu'il signale avec tant d'à-propos? Il nous montre les névrologistes errant de la façon la plus malheureuse pour avoir omis de fixer les notions ontologiques qui leur servent de point de départ; mais l'auteur a-t-il réussi à donner ces déterminations, à établir ces principes dans lesquels l'analyse physiologique posséderait enfin l'indispensable et sûre boussole qui lui avait manqué jusqu'à ce jour?

J'ai le regret de l'avouer, cette partie de l'œuvre de

M. Ramon de la Sagra me satisfait moins que ses aperçus critiques.

Cependant, hâtons-nous de le dire, et veuillez en
prendre bonne note, le travail dont il est ici question
nous est présenté par l'auteur comme un simple fragment détaché d'une étude plus considérable, encore
inédite. Espérons que la publication nouvelle qui vous
est annoncée viendra combler nos *desiderata*. Mais en
attendant, ce n'est qu'en lui-même que nous devrons
apprécier le livre qui fait l'objet de ce Rapport, et notre
devoir sera d'en signaler les imperfections avec le
même soin que les mérites.

L'auteur nous déclare tout d'abord le but qu'il se
propose. Son entreprise est ambitieuse, mais il l'expose
sans détour et avec une franchise virile. L'objet de son
livre est de démontrer la *réalité de l'âme*, et c'est dans
la considération des phénomènes de l'anesthésie qu'il
prendra ses preuves.

Nous devons commencer par exprimer un regret ;
c'est que notre philosophe, qui a si bien senti et fait si
vivement ressortir cette faute capitale des physiologistes de ne point définir les termes sur lesquels rou-
lent leurs démonstrations , ait négligé de prêcher
d'exemple. M. Ramon de la Sagra ne nous apprend
nulle part ce qu'il entend au juste par l'âme, quelle
est l'idée précise que ce mot représente pour lui. Aussi,
avant de discuter, et ses preuves de la réalité de l'âme,
et ses critiques des erreurs où sont tombés suivant lui
les savants pour avoir méconnu cette vérité première,
nous croyons indispensable de suppléer nous-mêmes
à cette omission de l'auteur ; c'est-à-dire de commen-

cer par indiquer aussi nettement que possible ce qu'il a dû entendre par le mot âme, à en juger d'après le contexte de sa dissertation.

Les mots, on ne saurait trop le répéter avec tous les traités de logique (dont les auteurs ne sont pas toujours les derniers, malheureusement, à transgresser leurs sages préceptes dans la pratique), les mots, dis-je, n'ont qu'une valeur conventionnelle, et, tant qu'un mot n'est pas expressément défini, discuter sur la chose que ce mot est censé représenter, c'est égarer, et nous-mêmes, et ceux qui nous écoutent, dans un dédale d'énigmes et de méprises; c'est épaissir de ténèbres factices l'obscurité inhérente aux questions qu'on entreprend d'élucider.

L'*âme* sera donc tout ce qu'on voudra, car un tel vocable, ainsi que tout autre mot du dictionnaire, peut être appliqué à la représentation d'une idée quelconque, d'un objet quel qu'il soit; seulement, celui à qui il plaira de consacrer ce signe à telle ou telle application sera tenu de préciser cette application arbitraire, de la faire connaître nettement, et de se conformer ensuite rigoureusement à la convention établie.

« Il n'y a rien de plus permis », dit Pascal, « que de « donner à une chose, qu'on a clairement désignée, « un nom, tel qu'on voudra ; il faut seulement prendre « garde qu'on n'abuse de la liberté qu'on a d'imaginer « des noms en donnant le même à deux choses diffé- « rentes. Ce n'est pas », ajoute Pascal, « que cela ne « soit permis, pourvu qu'on n'en confonde pas les

« conséquences, et qu'on ne les étende pas de l'une à
« l'autre. Mais si l'on tombe dans ce vice, on peut lui
« opposer un remède très-sûr et très-infaillible, c'est
« de substituer mentalement la définition à la place
« du défini, et d'avoir toujours la définition si présente,
« que, toutes les fois qu'on parle, par exemple, de
« nombre pair, on entende précisément que c'est ce-
« lui qui est divisible en deux parties égales, et que ces
« deux choses soient tellement jointes et inséparables
« dans la pensée, qu'aussitôt que le discours exprime
« l'une, l'esprit y attache immédiatement l'autre ; car
« les géomètres et tous ceux qui agissent méthodique-
« ment, n'imposent de noms aux choses que pour
« abréger le discours, et non pour diminuer ou chan-
« ger l'idée des choses dont ils discourent ; car ils pré-
« tendent que l'esprit supplée toujours la définition
« entière aux termes courts, qu'ils n'emploient que
« pour éviter la confusion que la multitude des pa-
« roles apporte. » (*Pensées* de Pascal, art. 1ᵉʳ.)

Je cite tout au long ce passage, le salutaire précepte
qu'il renferme n'ayant jamais été plus nécessaire et
en même temps plus négligé que dans le sujet qui
nous occupe. Où sont en effet ceux qui, se conformant
à la recommandation de l'illustre géomètre, se donnent jamais le soin d'avoir présente à l'esprit la définition du mot âme quand ils font usage de ce mot ?
Ils sont rares ; aussi ce n'est pas « pour éviter la confusion » que ce mot paraît être employé : de même
que le mot *Dieu*, auquel il est étroitement allié, il semble n'avoir été créé que pour accroître le trouble des
idées. Cependant, il en est de ce terme comme des

termes les plus obscurs de la science; ils recouvrent
les vérités les plus importantes, et c'est pour cela que
les vagues notions que les hommes y ont rattachées
méritent d'être étudiées.

Voyons donc ce qui se cache au fond de cette vieille
dénomination d'âme. Je dois renoncer à donner ici
l'histoire de ce mot, c'est-à-dire des idées plus ou
moins disparates qu'il a représentées tour à tour ou
concurremment. Ce serait toutefois une étude bien
instructive, mais il faut savoir se borner. Je vais donc
m'attacher simplement à dégager dans son expression
essentielle, et aussi rigoureusement que possible, la
commune acception entrevue sous le nom d'âme, mais
sous des aspects plus ou moins opposés, et avec une
pénétration diverse, par la généralité des psychologues
et des ontologistes.

Il est une *âme* dont la réalité est admise unanime-
ment et sans conteste; c'est celle qui représente la catégorie formée de l'ensemble des facultés de sentir et
de penser. Cette âme n'est niée par personne, par les
matérialistes pas plus que par les spiritualistes, et pas
plus que ne sont niées l'irritabilité, la contractilité ou
la motilité. Ce principe scientifique, sur lequel tout le
monde est d'accord, sert de base à la Psychologie Descriptive ou d'observation (la *psychologie expérimentale*
des auteurs), et c'est là un terrain neutre où les deux
écoles peuvent travailler de concert sans rien sacrifier
des croyances qui les divisent ; et même on peut voir
aujourd'hui ce champ livré à une culture intelligente et
active, à laquelle concourent les disciples de Reid et
les disciples de Gall, des spiritualistes français, tels

que votre regretté collègue Adolphe Garnier, et des positivistes anglais de diverses nuances, tels que MM. Bain, Bailey, Stuart Mill, Herbert Spencer; et où la médecine aliéniste de tous les pays commence à prendre la part qui lui revient dans une telle œuvre, une part éminente.

Cependant, le vrai philosophe, le physiologiste, le médecin, ne peuvent longtemps se borner à constater simplement des phénomènes psychiques, à les décrire et à les classer; la connexion si manifeste, si intime, si importante, qui tout d'abord s'observe entre ces phénomènes et l'organisme, et le cerveau d'une manière toute spéciale, conduisent naturellement, logiquement, et j'ajoute *inévitablement*, à s'imposer une tâche nouvelle. Quelle est la relation exacte qui unit ces actes aux organes? Quelle est la cause vraie de ces actes, c'est-à-dire quelle idée doit-on se faire de leur origine, de la puissance dont ils sont les effets, et du *modus agendi* de cette puissance? Telle est la question que notre intelligence est amenée forcément à se faire, et c'est surtout au physiologiste qu'elle s'adresse impérieusement, car, avant de l'avoir résolue, je l'ai déjà dit ailleurs, il est pour celui-ci une multitude de difficultés fondamentales qu'il ne lui est pas possible de démêler; sans cette solution, il ne peut arriver à une notion exacte de la fonction et de l'organe, il ne peut arriver à tirer l'analyse des actions nerveuses du labyrinthe de méprises et de contradictions où elle s'est enfermée. Tandis que le psychologue peut à la rigueur se borner à faire de la psychologie descriptive, le physiologiste ne peut faire de la physiologie sans interroger et faire parler l'étiologie psychologique, la psychologie ontologique.

Et maintenant, c'est ici qu'éclate le procès entre le matérialisme et le spiritualisme, c'est ici que le mot âme revêt un sens nouveau, et que la réalité de l'âme, ainsi entendue, devient un grave sujet de litige. Pour l'un, les actes psychiques, les faits de sentir et de penser sont essentiellement et entièrement dus à des propropriétés correspondantes inhérentes à la *matière cérébrale*, tout comme les contractions musculaires ont leur cause et leur explication adéquates dans la contractilité de la fibre musculaire. C'est ainsi que s'expriment les philosophes de l'école positiviste française, qui sont, quoi qu'ils en disent, les plus purs comme les plus savants interprètes du matérialisme contemporain. « Le cerveau pense comme le foie sécrète la bile », disent-ils encore pour donner à leur pensée une expression franche et catégorique. Et quelle masse de faits, si imposante et si irrésistible en apparence, n'apportent-ils pas à l'appui de leur proposition ! Ces faits sont tellement indéniables, et sur une première et superficielle vue paraissent si probants, si décisifs, que l'ignorance, l'aveuglement invétéré des préjugés, ou la mauvaise foi semble seule capable de résister à l'éloquence de pareilles preuves.

A l'évidence de *fait* alléguée par le matérialisme, les spiritualistes opposent une évidence de *raison*, et soutiennent, avec une conviction non moins résolue, que la sensibilité et la pensée, que la conscience, en un mot, ne peut appartenir intrinsèquement à une parcelle de matière quelconque, et est attachée à

une substance distincte du corps, à une substance immatérielle, c'est-à-dire inétendue; et c'est cette substance qu'ils appellent l'*âme*.

Telle est l'âme, dont la réalité forme le sujet du débat qui met aux prises les deux écoles.

Je crois, quant à moi, que les considérations mises
en avant de part et d'autre ont une valeur scientifique
réelle; mais les conséquences respectives qu'on en déduit me paraissent outrées, et c'est par suite de cet
abus que ces deux ordres de propositions ont l'air de
mutuellement s'exclure, quand, dans le fond, telle est
du moins ma manière de voir, ils se complètent.

J'ai vu en Afrique une montagne dont les deux ver-
sants offrent entre eux un saisissant contraste. D'un
côté, ce sont de délicieux vergers, des coteaux riants,
des vallons ombreux où courent de frais ruisseaux,
c'est un pays enchanté; de l'autre, ce ne sont que des
rochers abruptes, des pentes arides et coupées par des
ravins affreux. Spiritualistes et matérialistes me font
l'effet de deux voyageurs qui, venant d'explorer ma montagne, mais chacun d'eux sous un seul et différent aspect,
se figureraient et décriraient ce qu'ils ne connaissent
pas d'après ce qu'ils ont observé, et porteraient sur le
tout deux jugements contradictoires, tous deux vrais cependant en tant que restreints à leur véritable objet res-
pectif, mais l'un et l'autre ayant le défaut capital d'embrasser les deux faces d'un ensemble, quand, en réalité,
ils ne s'appliquent, l'un comme l'autre, qu'à une seule.

Plus sages, nos voyageurs se fussent bornés à décrire
ce qu'ils avaient observé, si mieux ils n'avaient aimé
se livrer de part et d'autre à une exploration entière,

ce qui eût achevé de mettre d'accord et leurs impressions et leurs récits. Que les explorateurs de la montagne ontologique agissent de même : qu'ils en fassent
tout le tour, qu'ils la parcourent en tout sens, et nous
aurons alors une ontologie synthétique où les opinions simplistes et antinomiques du matérialisme et
du spiritualisme viendront se concilier et se réunir
en une harmonieuse unité.

Dans toutes les sciences dites positives, tout le monde
en est aujourd'hui d'accord, le fait d'observation, le fait
d'expérience, telle est la seule base certaine de toute
connaissance scientifique, de toute connaissance sûre,
en qui l'homme puisse mettre sa confiance sans danger. Je partage pleinement cet avis. Oui, j'adopte ce
principe, j'y adhère sans réserve, en le prenant dans
son énonciation générale. Oui, je regarde le fait d'expérience comme la seule notion directement donnée,
et la seule qui soit l'attestation irréfragable et infaillible du vrai réel. Mais combien nos expérimentalistes
ne se montrent-ils pas superficiels dans leur critique
de la connaissance, en croyant voir le fait d'expérience
là où ils nous le montrent! « Le soleil est un disque
lumineux qui tourne au-dessus de nos têtes, de l'est à
l'ouest, en douze heures en moyenne. » Voilà une vérité d'observation s'il en fût, semble-t-il, et que le témoignage unanime des hommes a proclamée pendant des
milliers d'années; comment se fait-il pourtant que la
science ose nous dire que cette vérité établie par l'observation est une erreur démontrée par la raison? Et comment se fait-il que tout le monde, ainsi que la science,
finisse par donner tort sur ce point à l'observation?

Ce qu'il est rigoureusement vrai d'affirmer, ce qui
est le fait d'observation véritable, qu'on le comprenne
bien, ce n'est pas celui qui s'énonce en disant : « Le
soleil est un disque, etc. »; c'est le fait qui devrait s'é-
noncer ainsi : « J'ai la sensation d'un disque brillant
que je désigne par le nom de soleil, et telle qu'elle me
fait apparaître ce disque comme se mouvant de l'est à
l'ouest, etc. »

Voilà, Messieurs, dans quels termes l'expérimentaliste doit renfermer l'affirmation de son expérience,
s'il veut rester dans les strictes limites de la donnée
expérimentale, c'est-à-dire dans l'absolue certitude.

Je vois tomber une pomme, le bruit d'un coup de
canon frappe mon oreille : d'après la loi de l'empi-
risme, je ne puis rigoureusement dire : « Je vois tomber une pomme », si ce n'est dans le sens de : « j'ai la
sensation de voir tomber une pomme. » Et je ne puis
non plus affirmer légitimement que « j'entends un
coup de canon », si ce n'est dans l'acception étroitement
réservée de : « j'ai la sensation du son d'un coup de
canon. »

Bref, je donne mon adhésion au principe posé par
nos empiriques : on ne peut affirmer comme certain
que le fait expérimental; mais je rappelle ces philosophes à l'observance de leur loi, et je leur déclare qu'ils
la méconnaissent dans l'application totalement. Ce
qu'ils nous présentent comme des faits *observés*, ce ne
sont en réalité, en toute rigueur, que des faits *conjec-
turés;* ce ne sont pas des observations, ce sont des inductions qu'ils tirent de l'observation, sans qu'ils se
rendent compte de cette opération de leur esprit. J'ai

la sensation d'un disque lumineux de 30 ou 40 centi-
mètres de diamètre, cheminant dans le ciel du levant
au couchant, voilà ce qui est absolument vrai, voilà
ce que je suis entièrement en droit d'affirmer, toujours
d'après le principe posé par la doctrine expérimentaliste de la certitude. Mais si je dis : « Un disque che-
mine dans le ciel, etc. », j'affirme au delà de ce que je
sais, et je m'expose à me tromper ; et, à preuve, c'est
que je me trompe en effet dans l'espèce. Et si en
disant : « Une pomme tombe », je ne me trompe pas
(en supposant qu'en effet je ne me trompe pas en
ceci), ce n'est pas que mon jugement ne dépasse les
limites de la certitude empirique, ce n'est pas que je ne
fasse une induction et une conjecture ; non, mais c'est
que cette conjecture a rencontré juste, voilà tout.

Inutile, je crois, de multiplier les exemples à l'appui
de cette thèse : j'ai telle et telle sensation, j'ai telle et
telle idée, j'ai telle et telle émotion, voilà la seule connaissance qui soit immédiate et certaine, voilà l'unique
vérité proprement expérimentale et digne de créance
absolue.

Laissez-moi m'appuyer ici sur l'opinion d'un savant
aliéniste, avec lequel je n'ai pas toujours le bonheur
de me trouver en accord d'idées et de sentiments, mais
dans lequel je me complais, je l'avoue, à contempler
le rare et trop rare exemple d'un physiologiste, d'un
savant accrédité, ayant une entente parfaite des choses
de la métaphysique. « Nous ne sommes sûrs, ce qui
« s'appelle sûrs, *clamante conscientia*, c'est le cas de le
« dire, que de notre propre sensibilité », dit M. Lélut
dans sa *Physiologie de la Pensée* (Paris, 1862, 2ᵉ édition,

12

p. 101). Le mot *sensation* eût remplacé ici, je crois, avec avantage, le mot *sensibilité;* mais cette sentence n'en est pas moins un axiome doré, digne d'être tracé sur le frontispice de tous les laboratoires qui servent de sanctuaire à notre philosophie soi-disant expérimentale et positive.

Je sens, je pense, telle est donc notre seule certitude, certitude immédiate, vraiment expérimentale et seule digne de ce qualificatif. De ce fait primitif, de ce fait, je le répète, seul d'observation réelle, seul de certitude indubitable, un grand fait secondaire découle par voie d'induction : le fait d'une *cause* de laquelle émanent cette sensation et cette pensée.

Et cette cause se dédouble en deux facteurs : le Sujet et l'Objet; c'est-à-dire : ce qui sent et pense, ce qui est senti et pensé. Mais au fond ce ne sont là que deux vues de l'esprit, deux hypothèses, qu'il n'existe aucun moyen de vérifier (1).

(1, Nous croyons devoir citer ici, à l'appui de nos opinions, le jugement d'un auteur illustre en grand crédit chez les hommes de science, le chef du positivisme anglais. On lit ce qui suit dans l'excellente traduction française, due à M. Louis Peisse, du *Système de Logique,* de John Stuart Mill (1er vol., p. 85) : « Il n'y a pas la « moindre raison de croire que ce que nous appelons les qualités « sensibles de l'objet soient le type de quelque chose d'adhérent à « la chose, ou qui ait quelque affinité avec sa nature propre. Une « cause, en tant que cause, ne ressemble pas à ses effets, un vent ne « ressemble pas à la sensation de froid, ni le chaud à la vapeur « d'eau bouillante. Pourquoi donc la matière ressemblerait-elle à « nos sensations? Pourquoi la nature intime du feu ou de l'eau res- « semblerait-elle à l'impression que ces objets font sur nos sens? et « sur quels principes sommes-nous autorisés à conclure des effets « quelque chose touchant la cause, sauf ceci, qu'elle est une cause « adéquate à ces effets? *On peut donc établir comme une vérité*

Cependant, et tout en se disant bien que le fait de sentir et de penser, le fait de conscience en un mot, est en toute rigueur le seul fait vraiment positif et hors de conteste, et que les deux conceptions corrélatives du sujet et des objets ne sont après tout que des idées d'idées, nous nous dirons que toute la science est fondée sur cette création idéale, et que les rapports ou lois intrinsèques que la logique établit entre ces idées ne sont pas moins nécessaires et impératives, et n'en ont pas moins de puissance vis-à-vis de nous, que si elles régissaient véritablement les réalités supposées, les réalités apparentes qui nous sont représentées par leurs concepts; de telle sorte que, en ce qui a rapport à la conduite de la vie, la question de la réalité absolue devient oiseuse. Analysons donc les idées des choses comme si les choses, au lieu d'être une fiction ou tout au moins une notion d'ordre purement logique, étaient la réalité même; le résultat de nos spéculations et notre conduite à tenir seront les mêmes dans tous les cas.

« évidente par elle-même et admise par tous les auteurs dont il y « ait maintenant à tenir compte, que nous ne connaissons du monde « extérieur et ne pouvons en connaître absolument rien. »
Citons encore ici les paroles d'un autre savant anglais des plus illustres, heureusement rappelées par M. Ramon de la Sagra. Sir Humphry Davy, dans un de ses Mémoires sur les effets physiologiques du protoxyde d'azote, décrit ainsi l'état mental où il s'est senti à l'issue d'une expérience qu'il venait de faire sur lui-même de l'action de ce gaz :
« Je me promenais, dit-il, dans l'appartement, indifférent à ce « qui se disait autour de moi. Enfin, je m'écriai, avec la foi la « plus vive et l'accent le plus pénétré : « Rien n'existe que la pen- « sée! l'univers n'est composé que d'idées, d'impressions, de plaisirs « et de souffrances! »

Or, l'idée de ce qui est en moi, qui est moi, l'idée du sujet, et l'idée de ce qui est hors de moi, de ce qui n'est pas moi, l'idée des objets, comportent sans doute un caractère commun, celui de *force;* mais aux objets seuls nous attachons un autre caractère, celui de l'*étendue.* Les objets se présentent donc à notre conception comme une catégorie essentiellement formée des qualités de force et d'étendue, et cette catégorie a été désignée par l'appellation de *matière.*

Et maintenant, une nouvelle question se présente pour celui qui poursuit dans ses derniers confins l'analyse de la connaissance. Quel rapport y a-t-il entre le *moi*, entre le sujet, et cette matière? Nos expérimentalistes, nos prétendus empiriques, dont l'esprit illusionné lâchant la proie pour l'ombre laisse échapper la seule réalité vraie, la seule vraie donnée de l'expérience, le phénomène subjectif, pour se jeter sur un douteux reflet de cette vérité, la réalité objective; nos expérimentalistes, dis-je, n'hésitent pas à fondre le sujet dans l'objet, dans la matière, car cette matière, c'est la seule chose qu'ils aperçoivent, leur faible discernement analytique ne leur ayant pas permis de s'aviser de leur être propre, de l'être sentant et pensant, bien autrement certain que la chose sentie et pensée, laquelle n'en est qu'une émanation inductive. Incapables de se rendre compte de la filiation de leurs idées, ils prennent l'idée mère pour l'idée fille, et l'idée fille pour l'idée mère. Aveugles à cette évidence que l'idée du monde sensible et intelligible, l'idée de la matière, naît de la sensation et de l'intelligence, ils renversent le rapport naturel de ces deux termes, et font de la sensation et de l'intelligence un produit de la matière ; et, méprise plus prodigieuse encore, ce produit, pour eux, est contingent, éventuel, la matière ne le réalise que dans certains cas, dans certaines conditions rares, exceptionnelles; de telle sorte que, à leur sens, le seul essentiel et nécessaire se métamorphose en accident !

Mais descendons de quelques degrés de ces hauteurs abstraites où, comme au sein d'une atmosphère trop subtile, l'esprit respire difficilement, se sent mal à l'aise, et ne peut soutenir une station prolongée.

Les matérialistes soutiennent donc que les phénomènes subjectifs, autrement dit *psychiques*, sont un effet de la matière, c'est-à-dire le résultat du concours de certaines parties matérielles. Sans s'élever aux considérations les plus transcendantes de la métaphysique, leurs contradicteurs trouvent dans l'ordre mathématique, et dans un ordre de faits encore moins abstrait, des arguments victorieux contre cette thèse. Les spiritualistes affirment que l'âme, c'est-à-dire la cause efficiente et intrinsèque des actes psychiques, ne peut se concevoir autrement que comme une substance simple, inétendue, et, conséquemment, immatérielle. Ils disent, ou pourraient dire : « Le fait psychique, le fait de conscience se passe sans doute dans l'espace, dans un espace circonscrit et déterminé, dans ce que nous appelons le corps, et particulièrement dans cette portion du corps nommée le cerveau; mais le point précis où ce fait se passe, le siège intime de la conscience, ne saurait être un point matériel, ce ne peut être qu'un point rigoureusement géométrique. En

12.

effet, tout le monde conviendra qu'il serait absurde de dire que la conscience, que le centre des opérations psychiques de Jacques, se trouve dans Pierre; car Jacques et Pierre étant deux individus distincts, s'il y a conscience chez l'un et chez l'autre, cela fait deux consciences distinctes, deux consciences étrangères l'une à l'autre, et cela ne saurait constituer une conscience unique et identique. Or, n'est-il pas évident que cette impossibilité mathématique de faire participer deux individus à une seule et même conscience est tout entière dans l'impossibilité de diviser la conscience individuelle par un intervalle quelconque, sans faire deux consciences distinctes et différentes de cette conscience unique, c'est-à-dire sans détruire son individualité, son identité? »

Ainsi, le fait de conscience ne peut avoir pour gîte qu'un lieu inétendu, car si ce lieu était étendu, chacune des parties de ce lieu serait elle-même siége de conscience, c'est-à-dire siége d'une conscience individuelle nécessairement autre que celle qui siégerait dans chacune des autres parties; d'où forcément autant de consciences, autant de centres de perceptions psychiques que de divisions possibles dans le lieu présumé de la conscience. Ce lieu, le lieu de la conscience individuelle, de l'unité psychique, du moi, ne peut être donc qu'inétendu, il ne peut être qu'immatériel. Donc, ce n'est pas la matière, ce n'est pas un assemblage de parties étendues qui peut sentir, qui peut penser, ce n'est pas la matière, qui peut être sujet de sensation et de pensée; et dès lors il devient tout aussi peu exact, tout aussi naïf de croire que le cerveau sent et pense que d'attribuer à l'électro-aimant d'un télégraphe électrique la conception des idées exprimées dans le télégramme.

Ainsi, le principe conscient, le principe psychique est une force distincte de la matière, l'âme est distincte des organes, l'âme est une force inétendue. Mais s'ensuit-il donc, ainsi que le prétendent les spiritualistes, que l'âme ou esprit et la matière soient l'une vis-à-vis de l'autre dans le rapport de deux principes antagonistes, primordiaux et réciproquement irréductibles? Assurément non. Décomposons l'idée de la matière, et cette analyse nous donne des éléments qui se confondent avec l'idée de l'âme elle-même. En effet, la conception de la matière comme une force étendue se ramène rigoureusement à la conception d'un assemblage, d'une pluralité de forces simples, de forces inétendues.

Veuillez suivre ce raisonnement : Toute portion de matière est essentiellement et nécessairement constituée par une réunion de parties, car si elle n'avait point de parties elle ne serait pas matière. Mais la réunion de ces parties suppose une force motrice qui les rapproche et les retient ensemble. Cette force motrice est donc antérieure à l'agrégation qu'elle détermine et soutient; mais en même temps elle est nécessairement présente dans la plus petite parcelle imaginable de matière. Dès lors, en supposant la matière divisée à l'infini, nous concevons qu'elle se résout et se détruit par la séparation de ses éléments. Mais que reste-t-il après cet anéantissement idéal de la matière? ou, si l'on veut, qu'existe-t-il avant l'existence de la matière?

Je réponds : Ce qui lui est constamment, éternellement antérieur, c'est-à-dire les forces motrices qui la précèdent et la produisent.

Les éléments constituants de la matière sont donc ces forces elles-mêmes, c'est-à-dire des forces inétendues, simples, indestructibles, immortelles, et la conception mathématique de la matière se trouve de la sorte coïncider exactement et se confondre entièrement avec la conception mathématique de l'âme, telle que le spiritualisme l'a formulée.

Là, Messieurs, est la solution de l'antinomie ontologique, solution conciliatrice qui met d'accord les deux doctrines ennemies en les complétant l'une par l'autre. Avec le matérialisme, reconnaissons qu'il n'y a qu'une substance, et reconnaissons en même temps que le spiritualisme était fondé à soutenir que le principe de la pensée est une substance immatérielle.

L'immatériel fait le fond tout entier de la matière ; ce sont les physiciens eux-mêmes qui, en suivant leurs propres voies d'analyse, sont arrivés aujourd'hui à cette conclusion. Un de nos écrivains les plus distingués (1) écrivait il y a quelque temps : « Plusieurs « physiciens du premier ordre admettent aujourd'hui « que les molécules matérielles ne sont que des centres « géométriques d'attractions ou de répulsions... et « M. Berthelot, dans un mémoire récent, présentait « une théorie de la matière toute mathématique et « tout abstraite, etc. » Et maintenant voici ce que nous apprend un illustre chimiste français de l'opinion

(1) M. H. Taine. Voir ci-dessus, p. 125.

d'un très-illustre chimiste anglais sur le sujet qui nous occupe : « Il ne croyait même pas », dit M. Dumas en parlant de Faraday, « à l'existence de la matière, « loin de lui tout accorder... Ce que l'on appelle la ma- « tière n'était à ses yeux qu'un assemblage de centres « de forces. » DUMAS. (*Éloge historique de Faraday.*)

Oui, les corps ne sont que des assemblages de cen- tres dynamiques, de forces pures; et le corps vivant n'est lui-même qu'un assemblage de ces forces, mais il en est un assemblage *systématique*, et elles y sont or- ganisées. Quant à l'âme, elle n'est elle-même qu'une de ces forces constituantes; mais en elle se centralise l'organisation tout entière dont elle fait partie, elle en est le lien général, la clef de voûte, le chef.

Le corps agit sur l'âme, et l'âme réagit sur le corps; et, comme les spiritualistes le croient, c'est bien entre l'immatériel et le matériel, entre l'inétendu et l'étendu, entre le simple et le multiple, entre l'impérissable e t le périssable, que le conflit de la vie a lieu; car, d'un côté, nous avons une force simple, un centre dynami- que individuel, comme eût dit Faraday, une monade, comme disait Leibnitz; de l'autre, nous avons une agrégation de centres dynamiques, une agrégation de forces simples, agrégation qui n'existe que par le rapprochement et la combinaison de ses éléments, et qui se trouve anéantie par leur séparation.

Mais les matérialistes n'en sont pas moins fondés à soutenir que la matière, considérée dans son élément composant (je ne dis pas *intégrant*), n'est pas d'une autre nature que l'esprit, car cet élément est lui-même esprit, et le conflit mutuel du corps et de l'âme n'est, je le répète, que le conflit d'une force simple avec un assemblage d'autres forces simples ses pareilles.

Nous possédons maintenant une définition, un principe précis et lumineux, qui peut nous permettre de comprendre la question que M. de la Sagra s'est proposé de résoudre ; qui peut nous permettre de juger avec intelligence, et les solutions de ce philosophe, et les doctrines des physiologistes auxquelles s'adressent ses critiques. Le résultat de cet examen sera, si je ne m'abuse, de constater l'insuffisance de conceptions antagonistes ayant toutes plus ou moins leur part de vérité, et par conséquent une raison d'être, mais réclamant une conception supérieure et plus large qui les mette d'accord en leur apportant leur complément nécessaire.

Au nombre des griefs énumérés par M. R. de la Sagra contre la philosophie, ou plutôt contre le manque absolu de philosophie, de nos physiologistes, il en est de très-réels ; mais le critique n'a pas assez précisé ses motifs de reproche. Or il n'aurait pu le faire qu'à la condition d'avoir déterminé avec justesse et netteté l'opposition des deux notions d'esprit et de matière, d'âme et d'organisme, précaution première et indispensable qu'il a trop négligée, ainsi que nous l'avons dit en commençant.

Confondre la *sensation*, acte subjectif, acte de conscience, avec l'*impression*, acte de la matière ambiante sur la matière de l'organisme, sur les nerfs ; attribuer la sensibilité, en tant que faculté subjective, en tant que propriété de la conscience, l'attribuer, soit à des nerfs, soit à la matière vésiculaire du cerveau, soit à toute autre partie corporelle, d'une manière intrinsèque ; s'oublier, avec certains auteurs, jusqu'à poser en fait l'existence d'une sensibilité dénuée de perception, et parler, ainsi que le fait un savant médecin cité par M. R. de la Sagra, parler, dis-je, de *douleurs dont on n'a pas conscience !* tout cela est assurément de la barbarie philosophique s'il en fût. Au point de vue de la rigueur ontologique, un tel langage, de telles énonciations sont quelque chose de véritablement monstrueux (1).

Cependant, le matérialisme physiologique n'est pas seul à avoir tort en ceci ; ses adversaires et ses critiques ont aussi leur part dans ces erreurs. N'envisageant, de côté et d'autre, les questions que d'une manière fragmentaire, n'en voyant, les uns, que ce que l'observation immédiate leur en découvre ; les autres, que certains rapports dont une analyse rationnelle les amène à comprendre la nécessité, leurs contradictions réciproques n'ont d'autre effet que de les confirmer dans leurs jugements respectifs. Ce serait aux philosophes, dont le point de vue domine celui de la pure science d'observation, et dont c'est le métier d'ensei-

(1) Cicéron, dans le passage suivant, se montre bien supérieur sur ce point capital de psychologie et de physiologie à nos physiologistes et psychologues :

*Nos enim ne nunc quidem oculis cernimus ea quæ videmus. Neque enim est ullus sensus in corpore ; viæ quasi quædam sunt ad oculos, ad aures, ad nares, a sede animi perforatæ ; itaque sæpe aut cogitatione aut aliqua vi morbi impediti, apertis atque integris et oculis et auribus, nec videmus, nec audimus, ut facile intelligi possit animum et videre et audire, non eas partes quæ quasi fenestræ sunt animi. (I. Tuscul., 46.)*

guer la méthode, ce serait leur devoir de chercher le
nœud du différend qui les sépare des physiologistes,
pour arriver à le délier. Mais la philosophie ne fait
que serrer ce nœud de plus en plus en refusant de
descendre de ses hautes abstractions pour suivre les
savants dans leurs analyses; pour se familiariser avec
les données complexes des questions que la nature vivante et réelle leur pose; pour les aider à pénétrer le
sens profond et caché de ces questions; pour s'instruire
à son tour, en face de la pratique, des complexités et
des multiples difficultés du problème de l'homme, que
le pur spéculatif ne soupçonne pas; et pour arriver,
par ce concours de lumières complémentaires, à la solution inutilement poursuivie de part et d'autre.

Nous allons voir que sous les plus grossiers barba-
rismes psychologiques de la langue des physiologistes
et des médecins, se laissent entrevoir des vérités nouvelles d'un grand prix, des vérités cherchant à se faire
jour, mais auxquelles, dans son insuffisance philosophique, le savant n'a pu parvenir à donner une forme
logique, un corps viable.

Oui, certes, une sensation sans conscience, c'est-à-
dire une sensation qui ne se sent pas, c'est contradictoire dans les termes; et une *douleur non perçue* est une
énormité. Mais les métaphysiciens, au lieu de se borner à accueillir avec un sentiment de révolte ou de
dédain ce malsonnant langage, ne devaient-ils pas plutôt
se dire que des savants illustrés par nombre de découvertes ne peuvent être des insensés, et que les faits
physiologiques énoncés par eux sous une forme illogique peuvent n'en avoir pas moins de valeur pour cela,

n'en être pas moins très-réels, n'en être pas moins
très-fidèlement observés, tout en ayant été défigurés
en passant par des intelligences que leurs habitudes
toutes matérielles ont rendues peu propres à des notions d'un ordre nouveau?

Ainsi, en affirmant que le *sensorium commune* s'étend
du cerveau tout le long de la moelle, et jusqu'à son
extrémité inférieure, en affirmant l'existence de sensations sans perception et de douleurs non senties, et
autres propositions semblables qui font frémir les philosophes, la Physiologie Expérimentale défend contre
la Philosophie une découverte des plus importantes
pour la science de l'organisation humaine, une découverte capitale, et certainement l'une de celles qui feront le plus d'honneur au savoir contemporain.

Cette découverte, les expérimentateurs, livrés aux
seules ressources de leur esprit, ne peuvent venir à
bout de la dégager pleinement; aux préjugés vulgaires,
dont ils ne sont nullement exempts, joignant un manque absolu de critique métaphysique, ils sont dans
l'impuissance de saisir la signification vraie des faits
placés sous leurs yeux. Et d'autre part les métaphysiciens, dont le devoir serait de s'instruire de ces faits
par une enquête personnelle afin d'en trouver la clef,
les rejettent *à priori* comme faux, sur le seul énoncé.
En travail d'une vérité nouvelle, la science expérimentale ne peut accoucher sans l'aide de la métaphysique;
et celle-ci refuse son concours...!

Un médecin aliéniste (nous l'avons déjà cité plus
haut) qui réunit à un degré remarquable les aptitudes
et les connaissances philosophiques à celles du patho-

logiste et du physiologiste, M. Lélut, exemple rare!
n'ayant entrevu aucun moyen de conciliation possible
entre les témoignages de l'observation physiologique
et ceux de la raison métaphysique, a pris parti pour
cette dernière. L'intuition métaphysique a été si vive
et si impérative dans cet esprit, qu'en lui l'observateur
s'est rendu au philosophe.

Cependant, un tel sacrifice n'était pas nécessaire.
Au lieu de juger les faits d'après les formules impro-
preset, si l'on veut, ridicules, dont l'expérimentalisme,
dans son ignorance philosophique, les a affublés, et de
répudier ces faits, ainsi travestis, comme incompatibles
avec l'évidence rationnelle, il eût mieux valu laisser
là les mots, aller droit à la chose, l'envisager sans pré-
vention, l'accepter telle qu'on la trouvait, telle qu'elle
était, et s'appliquer ensuite à résoudre la contradiction
(qui ne pouvait être qu'apparente) éclatant entre cette
vérité d'observation certaine et une vérité d'intuition
non moins certaine. En suivant cette voie, l'auteur de
la *Physiologie de la Pensée* fût arrivé à un résultat scientifique et philosophique que d'autres ont atteint et auquel je ne me sens pas personnellement assez étranger
pour en pouvoir parler tout à mon aise.

Que l'encéphale est siége de conscience, siége de
sensibilité et de pensée, c'est ce que tout le monde
reconnaît aujourd'hui, qu'on soit physiologiste ou psychologue, qu'on soit matérialiste ou spiritualiste. Et
cette vérité est si certainement établie, qu'une tête de
chien décapité, une tête complétement isolée du tronc,
a continué, c'est M. Cl. Bernard qui nous l'assure (1),

(1) Voir la *Revue des Deux Mondes*, du 16 décembre 1807. Nous

à offrir des signes irrécusables de sensibilité et d'intelligence durant l'espace de temps assez long où la vie y était artificiellement entretenue par la transfusion d'un sang artériel étranger.

Et caput abcissum, calido viventeque trunco,
Servat humi voltum vitalem oculosque potentes,
Donec reliquias animæ reddidit omnes.

Une autre expérience, et celle-ci ce sont tous les physiologistes qui l'ont répétée, démontre d'une manière non moins ostensible que si la tête séparée du tronc peut continuer à manifester l'entière possession du pouvoir de sentir, de comprendre et de vouloir, le tronc isolé de cette tête nous offre, de son côté, toutes les marques extérieures de la présence de ce même pouvoir.

En face de ces irrécusables témoignages de l'expérience, beaucoup de physiologistes, et des plus célèbres, n'ont pas hésité à en conclure que la sensibilité, l'intelligence et la volonté ne résident pas uniquement dans l'encéphale; que ces puissances existent aussi dans la moelle épinière. Ici une difficulté se présentait,

citerons encore une expérience semblable de M. Brown-Séquard, mentionnée comme il suit dans la *Gazette médicale* de Paris, du 9 avril 1870 : «... Enfin, un jour, ayant décapité un chien de son « laboratoire, il (Brown-Séquard) injecta dans la tête séparée du « tronc du sang oxygéné et défibriné. Cette tête inerte s'anima « sous l'influence de cette injection, et les yeux se tournèrent vers « Brown-Séquard, lorsque celui-ci prononça le nom du chien. De « cette expérience l'éminent physiologiste se croit en droit de con- « clure que, si on pouvait remplacer le cœur par un système pro- « pre à entretenir la circulation, on pourrait prolonger la vie dans « cette tête décapitée. »

difficulté toute superficielle pourtant; mais elle a suffi pour troubler nos savants et les dérouter.

L'encéphale étant simplement isolé de la moelle épinière par une section, une compression ou une altération pathologique quelconque de cet axe nerveux, voici, après cela, ce qui s'observe : tandis que les membres recevant leur innervation de la portion de la moelle isolée répondent aux excitations dont ils sont l'objet par des réactions motiles d'un caractère visiblement intentionnel, volitif, intelligent, ou dénotant de la douleur, la région de la tête, quoique vivante et animée, et jouissant de son intégrité psychique, ne semble participer en rien aux actes de conscience manifestés dans l'autre région du corps; et quand, dans certains cas pathologiques, l'expérience a pu être faite sur l'homme, on a eu alors une preuve irréfragable que tel est bien réellement le fait, le sujet déclarant se sentir étranger aux actes de sensation et de volition apparentes manifestés par ses membres (1).

En présence de cette conjoncture perplexe, en présence de deux faits qui semblent en contradiction directe l'un avec l'autre, les physiologistes se sont di-

---

(1) On lit dans les *Principles of Human Physiology* du docteur W. Carpenter, 7e édition. Londres, 1869, p. 583 :

« L'auteur », écrit M. Carpenter en parlant de lui-même, « est informé par son ami M. Paget, que parmi les notes laissées par John Hunter, se trouve la relation d'un cas de paraplégie dans lequel Hunter, paraît-il, aurait été témoin de mouvements réflexes des jambes où la sensation n'avait aucune part. Quand on demandait au malade s'*il sentait* l'irritation au moyen de laquelle les mouvements étaient excités, il faisait cette réponse significative, tout en regardant ses membres : « Non, Monsieur, mais si bien *mes jambes*, comme vous voyez. »

visés. Les uns, et c'est je crois le plus grand nombre,
ont adopté un moyen terme étrange, qui a soulevé
contre eux, comme je l'ai dit plus haut, la révolte du
sens métaphysique : ils ont admis une *sensibilité sans
conscience*.

Et qu'on n'aille pas penser que ce soit un infime
vulgaire scientifique qui aurait embrassé une telle opinion; loin de là, ce sont des savants au nombre desquels figurent des noms comme ceux de Claude Bernard et de Longet, ce qui est tout dire (1).

C'est à l'adresse de ce groupe de physiologistes que
M. Lélut a formulé le reproche que voici, reproche en
soi parfaitement inattaquable, et que nous nous sommes
plu à citer :

« Il y a une première proposition », a écrit M. Lélut,
« un premier fait plutôt, à énoncer, que ne contestera
« aucun philosophe, mais que méconnaissent et obs-
« curcissent, comme nous l'avons déjà vu, de la ma-
« nière la plus étrange, un grand nombre de physiolo-
« gistes. Il n'y a sensibilité que là où il y a sentiment,

(1) Depuis que les lignes qui précèdent ont été écrites, M. Cl. Bernard a cru devoir aggraver encore ses torts à l'égard de la psychologie rationnelle, disons mieux, à l'égard de la psychologie
raisonnable. Son *Discours* de réception à l'Académie française
contient, entre autres propositions éminemment peu philosophiques,
la déclaration suivante : « La conscience a son siége exclusivement
« dans les lobes cérébraux; l'intelligence n'est pas concentrée dans
« le seul organe cérébral supérieur, elle réside au contraire, à des
« degrés divers, dans une foule de centres nerveux inconscients. »
Voilà donc cette fois l'intelligence elle-même (ce n'est plus seulement la sensibilité) qui peut se trouver isolée de la conscience; et
les centres de la moelle épinière sont *intelligents*, mais ne sont pas
*conscients!...* Après cela, il n'y a plus, comme on dit vulgaire-
ment, qu'à tirer l'échelle ! — Voir ci-dessus, p. 162.

« conscience, le moindre degré de conscience. Ce sont
« là notions vulgaires qu'on ne devrait pas avoir à
« rappeler. » (*Physiologie de la Pensée*, 2ᵉ édit., Iᵉʳ vol.,
p. 101.)

Cependant les faits, ces faits que certains physiologistes expliquent par la *sensibilité sans conscience*, n'en
existent pas moins; ils sont là, et M. Lélut, excellent
métaphysicien, est en même temps un physiologiste
observateur trop instruit, trop expérimenté et trop ju-
dicieux pour songer à les nier. Quel parti prendra-t-il
donc, lui et le groupe qu'il représente? Dans les actes
révélateurs d'une sensibilité et d'une volonté étrangères au cerveau, d'une sensibilité et d'une volonté
spinales, ils ne verront qu'une apparence trompeuse,
qu'un vain simulacre de l'exercice de tels pouvoirs;
ils n'y verront qu'une réaction purement mécanique
des centres de la moelle, un effet de pure *excitabilité*
simulant la sensibilité. Ce sont des mouvements *réflexes*, disent-ils encore; ce sont des actes *automati-
ques*, et rien de plus, assurent-ils. « L'automate est
excité », disait Gratiolet, « il ne sent point. L'excitabi-
« lité appartient à la moelle; la *sensibilité* dépend d'un
« autre appareil, le cerveau. » (*Anatomie comparée du
Système Nerveux*, t. II, p. 6.)

Rien de plus arbitraire, rien de plus insoutenable
qu'une pareille distinction. Avec un peu d'attention,
chacun pourra voir, s'il veut bien soulever pour un
moment le bandeau du préjugé, chacun, dis-je, reconnaîtra que la thèse de l'automatisme appliquée à
l'interprétation des actes de sensibilité et de volonté
apparentes propres au système nerveux spinal a tous

les défauts, toutes les faiblesses de la même thèse appliquée par Descartes, et par Buffon à sa suite, à l'explication des actes analogues de sensibilité et de volonté apparentes se rattachant au cerveau des bêtes.

Pour les deux grands hommes que je viens de nommer, le cerveau du chien était un pur automate, autant que la moelle épinière de l'homme est un pur automate aux yeux de Gratiolet et de M. Lélut. Ceux-ci posent pour règle que, au cerveau appartient la sensibilité; à la moelle, l'excitabilité. Pareillement, l'Histoire naturelle du XVIIIᵉ siècle disait : « Au cerveau de la Bête appartient l'excitabilité; au cerveau de l'Homme seul appartient la sensibilité (1). »

(1) Le plaidoyer suivant contre le dogme du « pur automatisme des bêtes » se lit dans les *Lettres Philosophiques sur l'intelligence et la perfectibilité des Animaux*, de Georges Leroy (édit. de 1802, p. 231) :

« M. de Buffon », dit ce pauvre Leroy, « dans son *Discours sur les Animaux*, p. 23, T. IV, de l'édition in-4°, s'exprime ainsi : « L'animal est au contraire un être purement matériel, qui ne pense ni ne réfléchit, et qui cependant agit, et semble se déterminer. Nous ne pouvons pas douter que le principe de la détermination ne soit dans l'animal un effet purement mécanique, et absolument dépendant de son organisation, etc. »

Leroy reprenant : « Quoi! s'écrie-t-il, nous sommes témoins d'une suite d'actions dans lesquelles se marquent visiblement la sensation actuelle d'un objet, une autre sensation rappelée par la mémoire, la comparaison entre elles, une impulsion alternative qui en est le siége évident, une hésitation sensible, enfin une détermination, puisqu'il s'ensuit une action qui n'aurait pas lieu sans elle; et, pour expliquer ce qui est si simple, ce qui est si conforme à ce que nous éprouvons nous-mêmes, nous aurons recours à des ébranlements mécaniques incompréhensibles? Assurément nous ignorons ce qui produit la sensation, et en nous-mêmes et dans tous les êtres animés. Il y a bien d'autres choses que nous sommes condamnés à ignorer : mais, le phénomène une fois donné, nous en connaissons

Aujourd'hui, Messieurs, est-il un vrai savant qui
ne rougit d'avoir pu partager le grossier préjugé du
« pur automatisme des bêtes », à la suite du grand
Buffon lui-même? Un jour, et ce jour, j'en ai la confiance, n'est plus éloigné, le pur automatisme de la
moelle épinière aura le même sort et sera rejeté à son
tour de la science, d'une voix unanime, comme une
dernière superstition philosophique dont chacun re-
grettera et s'étonnera d'avoir été longtemps le tribu-
taire.

La vérité est, Messieurs (et si je parle ce langage
assuré, c'est que mes affirmations reposent sur une
montagne de preuves auxquelles la critique a vainement essayé de faire brèche), la vérité, je le répète,
c'est que la moelle épinière, telle que le cordon ganglionnaire des animaux articulés, forme une série de
centres nerveux, de petits cerveaux, pourvus comme
le grand cerveau lui-même de tous ses attributs essentiels; c'est-à-dire que chacun de ces centres nerveux
spinaux est, comme le centre nerveux encéphalique, le
siége du principe qui sent, comprend, s'émeut et veut,

« les produits, et il me paraît impossible de les confondre avec les
« résultats mécaniques, quelque multipliés qu'on les suppose. »

Ainsi, il y a à peine cent ans de cela, la science académique soute-
nait l'opinion absurde du pur automatisme des bêtes, avec la même
assurance qu'elle met aujourd'hui à soutenir le pur automatisme des
énergies motrices de la moelle; et il se trouva un modeste observateur qui, n'étant pas même académicien, et n'écoutant que le bon
sens, osa combattre ce préjugé stupide des oracles de la science, et
à cet effet eut à mettre en œuvre tout un appareil d'argumentation
que nous sommes réduits à reproduire mot pour mot à notre tour,
et en plein déclin du dix-neuvième siècle, à l'encontre d'un préjugé
et en faveur d'une vérité en tout semblables — Voir ci-dessus, p. 160.

le siége d'un centre psychique, le siége d'un moi distinct, le siége d'une âme, pour appeler les choses par leur nom.

N'est-il pas absurde, tranchons le mot, de dénier à ces centres nerveux histologiquement, organologiquement et fonctionnellement semblables au cerveau, et offrant comme lui les marques extérieures de la présence du pouvoir sentant et voulant ; n'est-il pas absurde, n'est-il pas du dernier arbitraire de leur refuser la possession réelle de ce pouvoir?

Je l'affirme donc hautement, — après l'avoir surabondamment prouvé dans plusieurs écrits, et par des preuves dont la solidité a défié toute contradiction, — l'organisme humain, l'organisme des Vertébrés, ainsi que l'organisme des Invertébrés (où le fait est trop patent pour qu'on ait cru pouvoir le nier), l'organisme humain, disons-nous, n'est pas la résidence d'un moi unique régnant sur un désert; ce que nous appelons le *moi*, notre moi, notre âme, n'est que le chef, — *primus inter pares*, — de toute une hiérarchie d'individualités psychiques échelonnées depuis les ganglions encéphaliques et la moelle allongée, jusqu'à l'extrémité inférieure de l'arbre spinal.

Cette grande vérité établie, les deux doctrines en lutte pour l'explication des actions réflexes caractérisées par l'apparence de la sensibilité et de la volonté, sont mises d'accord entre elles. Oui, il y a sensibilité et volonté dans la moelle, dirai-je, et en une multitude de points de cette moelle; mais si les actes de ces *sensoria* et de ces volontés particuliers ne s'attestent pas à la conscience cérébrale, il ne s'ensuit pas qu'ils

13.

soient en eux-mêmes inconscientiels. Ils ne sont conscients, et ne peuvent être conscients que vis-à-vis d'eux-mêmes.

Les sensations et les volitions de Paul peuvent-elles donc être présentes en la conscience de Pierre? Il serait absurde de le supposer. Et, secondement, de ce que Pierre n'a pas conscience des sensations éprouvées par Paul, il serait insensé d'en conclure que Paul a des sensations dénuées de conscience, ou que ces sensations ne sont pas réelles, mais purement apparentes, et que Paul n'est qu'un pur automate.

*Oui*, encore une fois, il y a un siége et siége multiple de sensation et de volition dans la moelle, dirons-nous avec les uns ; et, avec les autres cette fois, nous ajoutons : *non*, il n'y a pas de sensation et de volition sans conscience, pas plus qu'il n'existe de cercle carré ou de clarté noire.

Et enfin nous résumons ce débat, et nous concluons en érigeant un principe lumineux et conciliateur, en affirmant cette loi fondamentale de l'organisation de l'homme, jusqu'à ce jour méconnue, qui peut se résumer en un mot : POLYZOÏSME.

Cette solution, qui n'est pas une hypothèse d'expédient, mais une rigoureuse interprétation des faits, découlant librement de ces faits de soi-même, et avec une nécessité logique et une clarté d'évidence auxquelles rien ne résisterait si l'aveugle obstination du préjugé ne résistait à tout; cette solution générale vient lever une foule de difficultés secondaires de toute sorte, jusqu'ici le désespoir du physiologiste, du psychologue et du médecin.

La dissertation de M. R. de la Sagra va nous fournir l'occasion d'en examiner à cette lumière un certain nombre des plus importantes.

Cependant, avant d'entrer dans la discussion des doctrines de détail, il nous reste encore à fixer quelque grand principe.

Notre savant auteur s'élève avec force contre la localisation organique des facultés de l'âme. Suivant une opinion généralement reçue, cette hypothèse lui paraît du matérialisme pur.

Certes, la manière dont les physiologistes s'y prennent pour énoncer cette thèse donne prise grandement à la critique métaphysique. Fractionner matériellement le moi, et en disperser les facultés aux quatre coins de l'organisme, c'est assurément, nous l'avons compris, une erreur grave, une énormité. Toutefois, de cette nouvelle erreur psychologique des physiologistes, nous dirons ce que nous avons déjà dit de celle que nous venons de discuter sous le nom de *sensibilité sans conscience :* ici encore nous avons affaire à une vérité d'observation très-réelle, mais envisagée par la science à travers le trouble de son discernement métaphysique, c'est-à-dire confusément aperçue et rendue en un langage impropre qui la défigure.

La critique métaphysique, dans ce cas comme dans le précédent, au lieu de venir en aide aux hommes d'observation, au lieu de venir s'instruire de leur découverte, et les aider à s'en rendre un compte exact, a jugé le fait, suivant sa coutume, sur la formule vi

cieuse de l'expérimentalisme, *e prima facie*, et l'a rejetée sans autre examen.

De là il est résulté que les expérimentalistes ont tenu
à leur thèse plus fort que jamais, et ont senti s'accroître leur éloignement pour cette métaphysique qui prétend à décider de tout *à priori*, et qui, rencontrant
dans les découvertes de la science des vérités de fait
inconciliables avec ses dogmes préétablis, prend super-
bement sur elle de déclarer ces faits nuls et non avenus.

Les Métaphysiciens sont parfaitement fondés à soutenir que le fractionnement matériel du moi, et le
partage réel de ses facultés entre les diverses parties
du corps sont une impossibilité évidente, une incon-
gruité; mais ils ont tort de ne pas soupçonner une
vérité sous cette erreur, et de ne se pas mettre en
peine de la découvrir et de la dégager en faisant concourir à cette fin l'analyse expérimentale et l'analyse
rationnelle.

Oui, l'âme, le moi est matériellement insécable;
aucun intervalle, aussi petit qu'on le suppose, ne
peut exister entre les facultés composantes de notre
être psychique; cet être psychique, ce moi, cette âme,
ne peut, nous l'avons montré, se concevoir dans l'espace que comme occupant un lieu inétendu, une
situation pure, à l'instar de l'atome absolu, à l'instar
du centre mathématique.

Et, d'autre part, l'observation physiologique met
hors de doute qu'une corrélation fonctionnelle spéciale
et distincte unit respectivement les différentes facultés
de l'âme à des régions distinctes de l'encéphale, et
jusqu'aux différents viscères.

Ces deux propositions ne semblent-elles pas contradictoires? Elles le paraissent assurément, mais la contradiction n'est qu'apparente : une des plus belles tâches de la Physiologie Philosophique est de nous donner le mot de cette énigme.

Je sais tout ce qui a été dit contre la doctrine de Gall, et aux objections qu'elle a rencontrées j'en pourrais ajouter moi-même de nouvelles; mais pouvons-nous nier la division cérébrale des organes de la sensation? Pouvons-nous nous refuser à reconnaître que les impressions visuelles, les impressions auditives, olfactives, gustatives, tactiles, etc., vont à l'âme par des voies nerveuses distinctes et suivant des directions distinctes? Pouvons-nous ne pas reconnaître que l'appareil génital est en corrélation élective et précise avec la faculté psychique de l'amour, et que la même corrélation élective et exclusive s'observe entre certaines autres facultés passionnelles et certains muscles de la vie animale ou de la vie végétative, l'état d'excitation de celles-là amenant invariablement chez ceux-ci un état de contraction, de tonicité ou de relâchement?

Ce serait contester les vérités les mieux établies. Mais alors, dira-t-on, les divisions immatérielles de l'âme, les divisions d'une chose inétendue, peuvent donc présenter une correspondance et une proportionnalité exactes avec les divisions de l'étendue, avec les circonscriptions matérielles de l'organisme? et tout d'abord une pareille supposition se présente comme un défi à l'évidence mathématique. Et pourtant, Messieurs, il n'en est rien; la conciliation de ces deux concepts n'est pas rationnellement impossible, et, qui

plus est, elle constitue un problème fort légitime, tout
à fait sérieux, contre lequel il y a à faire converger les
rayons de la Métaphysique et ceux de la Physiologie.
C'est là, du reste, ce que plusieurs physiologistes philosophes ont tenté, et entre autres l'illustre Johannes
Mueller, dans un ouvrage classique (*Manuel de Physiologie*) qui se trouve entre les mains de tous nos étu-
diants. On y lit ce qui suit :

« L'hypothèse d'Herbart, relativement aux monades
« et à la matière, explique l'action de l'âme sur la
« matière, sans que cette âme soit elle-même matière,
« puisqu'il ne s'agit plus que d'un être simple agissant
« sur d'autres êtres simples. Mais quand on cherche à
« expliquer la formation dans la monade mentale d'i-
« dées d'objets qui occupent de l'étendue dans l'es-
« pace, en conséquence de changements survenus
« dans les parties de l'organisme, et l'action de cette
« même monade sur des sommes entières de fibres
« organiques, on rencontre des difficultés insolubles.
« Le problème de tous les temps a été de concevoir
« comment l'affection des parties du corps occupant
« une certaine position relative, par exemple celle de
« particules de la rétine rangées les unes à côté des
« autres, peut procurer à l'âme, qui est simple et non
« composée de parties, la perception d'objets ayant de
« l'étendue dans l'espace et une forme particulière. »
(*Manuel de Physiologie* de Jean Mueller; édition française de M. Littré, II⁰ volume, page 538.)

Laissez-moi vous citer maintenant un autre physiologiste (vous me dispenserez de le nommer) auquel le

remarquable morceau que je viens de reproduire inspirait les considérations suivantes :

« La question », dit ce physiologiste, « ne me paraît « pas insoluble au même degré qu'à l'auteur des lignes « qu'on vient de lire. Je crois même que, renfermée « dans les termes où il l'a posée, elle est susceptible « d'une réponse vraiment satisfaisante.

« Supposons une sphère englobant une série d'autres « sphères concentriques de plus en plus petites. Géo- « métriquement parlant, il est certain qu'une telle « série peut se prolonger à l'infini ; en d'autres termes, « l'on conçoit l'existence d'une sphère indéterminée « surpassant en petitesse la plus petite sphère déter- « minée imaginable.

« Or, cette mathématique impossibilité d'arriver par « la pensée à un dernier terme dans cette progression « sans fin de petitesse possible, c'est précisément ce « qui a donné lieu au concept de l'*infinitésime* ou *infi- « niment petit*. Car l'idée de l'infini est essentiellement « négative, privative, comme cela a été soigneusement « expliqué par Leibnitz (1).

« Ainsi, cette négation de la possibilité d'une réduc- « tion dernière de la sphère s'est convertie dans notre

---

(1) *Ego philosophice loquendo non magis statuo magnitudines infinite magnas quam infinite parvas, seu non magis infinitesimas quam infinituosas ; utrasque per modum loquendi compendiosum pro mentis fictionibus habeo ad calculum aptas*, dit Leibnitz. Et ailleurs, pour nous faire saisir le vrai sens, la valeur exacte de la notion de l'infinitésime, pour nous en faire comprendre l'application, l'utilité et la sûreté, il dit de cette notion : *in errorem inducere non posse cum pro infinite parvo substituere sufficiat tam parvum quam quis velit ut error sit minor data, unde consequitur errorem dari non posse.*

« esprit, pour la commodité de la pensée et de l'ex-
« pression, en un objet fictif que nous nommons la
« sphère infinitésime. Cela posé, quand nous affirmons
« que la sphère infinitésime est indivisible, insécable et
« inétendue, cela revient à dire, — nous ne devons pas
« perdre ceci de vue un instant — cela revient à dire
« que toute sphère déterminée, si petite que l'imagi-
« nation se la représente, ayant été réduite et ramenée
« par la pensée aussi près de son centre qu'il plaira,
« une sphère reste encore néanmoins autour de ce centre.

« La sphère peut donc être réduite sans fin, mais ne
« saurait être détruite jamais. Il est dès lors quelque
« chose d'essentiellement central qui recule à mesure
« qu'on s'en approche davantage, et qui échappe à toute
« division, à toute mesure, à toute destruction. Tel est
« le point central de la sphère ou sphère concentrique
« infinitésime.

« Or, nous concevons l'âme comme ayant les pro-
« priétés géométriques de ce centre de sphère. . . . .
« Venons maintenant à la grande difficulté devant la-
« quelle Jean Mueller ne juge pas qu'il y ait mieux à
« faire que de s'incliner. Comment les divers points
« de la surface d'un corps, de la surface de la rétine,
« par exemple, peuvent-ils être représentés par autant
« de points de l'âme avec des situations relatives sem-
« blables? Comment une étendue peut-elle être repré-
« sentée, figurée, par une chose inétendue? Tel est le
« paradoxe à résoudre. Ainsi que le fait observer
« J. Mueller, l'esprit humain travaille à cette œuvre,
« et toujours en vain, depuis qu'il pense.

« Je reviens à ma *figure* géométrique. Toutes les

« sphères déterminées sont semblables, et la sphère
« infinitésime est semblable aussi à la sphère détermi-
« née; et, bien qu'elle-même inétendue, elle peut of-
« frir, sur sa surface infiniment petite, toutes les di-
« visions possibles tracées sur la surface finie d'une
« sphère quelconque. Il n'y a pas là de contradiction.
« En effet, les divisions tracées sur la surface d'une
« sphère ne sont-elles pas déterminées par des séries de
« points et des angles centraux? Et qu'est-ce que ces
« points? Ce sont les extrémités périphériques des
« rayons. Mais les rayons ont aussi un bout central : tous
« ont leur pied dans le centre de la sphère. *Le centre*
« *de la sphère présente donc tous les points de la surface de*
« *la sphère.* Les mêmes angles centraux qui divisent
« celle-ci, divisent aussi celui-là en un pareil nombre
« de secteurs, lesquels, forcément, sont semblables à
« ceux de la sphère. Qu'on le comprenne donc, le
« champ optique rétinal peut correspondre, ligne par
« ligne et point par point, à un champ optique sen-
« sorial exactement semblable, bien que celui-ci soit
« *absolument inétendu.*

« L'âme peut ainsi être l'image du corps et l'image
« de l'univers entier sans s'étendre pour autant au delà
« du périmètre d'un point mathématique (1). » (*Essais*

(1) Notre éminent collègue M. Paul Janet, dans son livre intitulé
*l'Ame et le Cerveau,* où d'ailleurs il mentionne avec bienveillance
nos travaux, donne un extrait (tronqué et très-fautif) du passage
que nous venons de reproduire, et il en critique ensuite la doctrine.
L'identification de l'âme à un centre mathématique pèche, dit-il, en
ce que l'âme est une substance réelle, tandis que le point central
d'une sphère est une conception tout idéale. Voici ma réponse :
Toute sphère réelle a un point central non moins réel, c'est-à-dire

*de Physiologie Philosophique*, par J.-P. Durand (de Gros), page 537.)

L'âme est immatérielle, inétendue, comme les spiritualistes l'affirment, et en même temps ses différentes facultés correspondent respectivement à des parties distinctes de l'organisme, ainsi que le matérialisme le soutient.

un lieu infiniment petit situé entre les deux rayons composant un même diamètre. Si par réel on entend quelque chose de matériel, quelque chose d'étendu, alors sans doute le point central de la sphère n'est pas réel ; mais l'âme, à ce compte, ne serait pas réelle non plus !

Et d'ailleurs quelque chose est-il réel, si ce n'est la *force?* Or, métaphysiciens et physiciens sont aujourd'hui d'accord pour considérer la force comme inétendue ; ces derniers l'assimilent à un centre géométrique, comme on l'a vu d'après quelques citations données plus haut ; et voici maintenant comment s'exprime à ce sujet la métaphysique par l'organe de M. Ch. Lévêque, le distingué collègue de M. Janet à l'Académie des Sciences morales. Il s'agit des actions moléculaires auxquelles les physiciens rapportent le dynamisme des corps :

« Reste à savoir », dit M. Lévêque, « si ces forces actives sont ma-
« térielles ou immatérielles. Les métaphysiciens n'ont pas à se poser
« cette question [ils se la posent néanmoins, et l'on a vu qu'ils la
« résolvent dans le même sens que les métaphysiciens]. La méta-
« physique se la pose ; bien plus, elle la résout. Leibnitz déclare que
« ces forces sont des monades, c'est-à-dire des substances essentiel-
« lement simples. Leibnitz a-t-il raison? Pour notre part, nous
« avons beau faire, notre raison se refuse absolument à comprendre
« qu'une force active soit composée. En effet, qu'elle le soit, et aussi
« peu que possible : par exemple, de deux éléments sans plus ; puis-
« que ces deux éléments de la force sont deux, ils sont distincts.
« Cela posé, de deux choses l'une : ou bien toute la force réside dans
« l'un des deux éléments, et dans ce cas le second élément n'est
« pas partie intégrante de la force, ou bien la force réside à la fois
« dans les deux éléments, et, dans ce cas, les éléments étant dis-
« tincts, il y a deux forces distinctes, et non pas une seule. Dans
« l'un et l'autre cas, la force est nécessairement immatérielle. »
(*La Science du Beau*, par Ch. Lévêque, I, 340.)

Que M. Ramon de la Sagra cesse donc de considérer la localisation cérébrale des facultés psychiques comme une négation du dogme de l'immortalité de l'âme, et de fortifier la physiologie dans ses tendances matérialistes en niant fort gratuitement, au nom d'un *à priori* métaphysique, certains faits d'observation avérés.

Les divers points de la discussion engagée entre la métaphysique, honorablement représentée par M. R. de la Sagra, et les doctrines matérialistes des physiologistes, se rattachent tous aux vérités directrices que nous venons d'indiquer. Ces vérités vont, je l'espère, répandre une lumière sur ce débat, un véritable combat de nuit jusqu'à présent; et, grâce à cette lumière, il nous sera donné d'apprécier avec justice et justesse les prétentions rivales de ces doctrines, de faire à chacune sa légitime part, et, qui mieux est, de les réconcilier.

Occupons-nous d'abord des opinions émises relativement au siége somatique des différentes facultés de l'âme. Ces opinions recouvrent des faits bruts que l'observateur n'a su comprendre qu'à moitié, et qu'il a énoncés dans un langage dont la raison du métaphysicien s'est offensée; il s'agit maintenant de les soumettre à la critique combinée de l'analyse expérimentale et de l'analyse rationnelle.

On lit ce qui suit dans le *Traité de Physiologie* de M. le professeur Longet :

« On ne s'est pas borné », dit ce professeur, « à dire « qu'en général les passions ont leur siége dans les

« principaux viscères, ou dans les ganglions du grand
« sympathique, on a assigné à chaque organe une
« passion déterminée. Richerand place dans les en-
« trailles le sentiment de la maternité; les grandes
« pensées viennent du cœur, dit Vauvenargues; d'au-
« tres y logent le courage. D'après Quintilien, *pectus*
« *est quod nos disertos facit.* Suivant certains auteurs,
« *splene rident, felle irascuntur, jecore amant, pulmone*
« *jactantur, corde sapiunt.....* En retrouvant chez les
« animaux plusieurs des passions dont l'homme nous
« offre l'exemple, en les voyant transportés de courage,
« animés par la fureur, les uns frappés de terreur et
« de mouvements antipathiques insurmontables, les
« autres attirés par un attachement qui ne finit qu'a-
« vec la vie, et victimes parfois d'une tristesse que leur
« laisse une amitié brisée, on se demande de quel
« principe dérivent les passions. Prennent-elles nais-
« sance dans l'âme, ou dans les organes? Questions
« obscures sur lesquelles la philosophie et l'histoire
« naturelle n'ont pas encore prononcé. » (*Traité de
Physiologie, par Longet, professeur de Physiologie à la
Faculté de Médecine de Paris, membre de l'Institut,* etc.;
2° édit., t. II, p. 593.)

Oui, en vérité, ô Monsieur le Professeur, de telles
questions sont obscures, puisqu'elles portent sur des
termes sans définition, sur des idées aussi insaisissables que le brouillard, et dont vous ne vous mettez
nullement en peine de fixer le sens, de préciser les limites. L'obscurité est grande, je vous l'accorde, mais
elle n'est pas là où vous la voyez : elle n'est pas dans
les choses, elle est dans votre esprit. Ce ne sont pas les

objets, qui sont obscurs; c'est votre vue, qui est trouble; c'est votre méthode, toute vicieuse et sans logique aucune, qui met sur vos yeux des lunettes fausses et vous fait voir tout de travers.

La page que nous venons de transcrire, et où l'auteur affiche pourtant de grandes prétentions philosophiques, est assurément peu faite pour relever dans l'estime des vrais philosophes le discernement de nos physiologistes en matière de psychologie. Le célèbre professeur de la Faculté de Médecine de Paris se pose très-sérieusement, très-ingénument, la question de savoir si les passions prennent naissance dans les organes, et telle et telle passion dans tel et tel organe, ou si elles sont les fruits de l'âme elle-même; ou, autre alternative, si elles sont un produit mixte de l'âme et de l'organisme....! Mais avant de faire justice de ces doutes étranges, il est intéressant d'en noter l'origine : si M. Longet hésite sur le point de savoir si certaines facultés de l'âme résident dans l'âme ou hors de l'âme — *risum teneatis, amici* — c'est, il a soin lui-même de nous l'apprendre, par cette considération grave, à savoir que ces mêmes facultés se rencontrent chez les brutes, — chez un chien, — de même que chez l'homme! Or, suivez le raisonnement, placer dans l'âme « le courage », « la fureur », « la terreur », « l'attachement », « la tristesse », et autres passions communes à l'homme et aux animaux, c'est accorder une âme aux animaux....., *proh pudor!* Et M. Longet d'hésiter et de reculer devant une telle conséquence, pour nous révéler que la superstition surannée du « pur automatisme des Bêtes » compte encore un fidèle soutien parmi nous et jusque dans le sein de la science officielle, jusque dans le sanctuaire de la physiologie expérimentale.

Le vrai peut quelquefois n'être pas vraisemblable.

Voici, Messieurs, les vérités qu'une critique rigoureuse peut extraire de cet amas d'idées indigestes où des faits réels, dénaturés et rendus méconnaissables par une interprétation vicieuse, prennent le visage du faux et de l'absurde. Pour peu qu'il eût voulu faire usage de sa sagacité en cette circonstance, M. Longet n'eût pas manqué de s'apercevoir que les Passions « prennent naissance dans les organes, dans les viscères », de la même manière que les Sensations prennent naissance dans les organes des sens. Ce professeur ne jugerait-il pas très-sévèrement l'instruction et le discernement de l'élève qui, appelé à s'expliquer sur le mécanisme de la sensation visuelle, je suppose, resterait en balance sur la question de savoir si cette sensation « prend naissance » dans l'œil ou dans le sensorium ? M. Longet ne manquerait pas d'apprendre à ce physiologiste novice et naïf que l'œil est un appareil servant à recueillir les images, et à en transmettre l'impression au nerf optique; il ajouterait que ces impressions de la lumière déterminent l'excitation du nerf spécial, et qu'enfin cette excitation, se propageant de proche en proche jusqu'au siége du sensorium, y détermine le phénomène subjectif qui s'appelle voir.

Nous nous permettrons, à notre tour, de faire observer à M. Longet, et à ceux de ces distingués confrères qui nous parlent le même langage, que les viscères

où nous sentons la peur, la joie, l'amour, la haine, etc.,
sont le siége de ces passions, absolument comme le
globe de l'œil est le siége de la sensation visuelle,
comme la pulpe des doigts est le siége de la sensation
tactile : ce sont des organes récepteurs d'impressions
destinées à des nerfs spéciaux en rapport particulier
avec les facultés sensorielles spéciales. Comment notre savant physiologiste, qui respecte l'autorité de Descartes au point de croire, sur sa parole, que l'homme
seul a une âme et que les bêtes n'en n'ont pas, comment
est-il sourd aux enseignements du maître, alors que ces
enseignements se trouvent d'accord avec la science et
la saine raison ? « Le siége principal des passions »,
dit Descartes, « en tant qu'elles regardent le corps, est
« dans le cœur, *parce que c'est le cœur qui en est le plus*
« *altéré; mais leur place est dans le cerveau en tant*
« *qu'elles affectent l'âme,* parce que l'âme ne peut souf-
« frir immédiatement que par lui. » (*Lettre à Régius*
(*Leroy*), dans les *Œuvres de René Descartes,* édition de
M. Cousin, t. VIII, p. 515.)

Oui, sachons-le bien, les diverses facultés passionnelles, — à l'instar des facultés sensorielles, — ont
leurs *organes périphériques spéciaux,* organes où les
émotions retentissent et *se font sentir,* tout comme les
sensations se font sentir dans leurs organes externes, à
l'extrémité des doigts, par exemple, où nous assignons
leur siége par l'effet d'une illusion dont nous sommes
détrompés par la critique scientifique du phénomène.
Cette loi de l'organisation, que j'ai signalée et exposée
sous toutes ses faces, d'abord dans mes conférences,
en 1853, et depuis dans des publications successives,

diverses, dont la première date de quinze ans, cette loi est grosse d'applications de tout genre; je me borne pour le moment à vous dire qu'elle donne la clef du mécanisme physiologique si mystérieux des maladies mentales dites sympathiques.

Les pathologistes, en partant des notions obscures qui ont égaré M. Longet, de même que celui-ci se demande si les facultés mentales résident dans les viscères, pourraient se demander, à leur tour, si la folie a son siége dans le cœur, le foie, les entrailles, etc. (1).

(1) Sauf de trop rares exceptions, et ceci soit dit avec tout le respect dû à des savants dont le mérite est d'ailleurs considérable, les pathologistes de l'âme, les aliénistes, ne se montrent pas moins en défaut que les physiologistes sur le terrain de la psychologie critique. Je pourrais en donner pour preuve mille concluants exemples; qu'il me suffise de citer le morceau suivant extrait d'un ouvrage classique, d'un *Manuel complet de médecine légale* :

« De tout temps, les philosophes ont distingué, dans l'organisme
« humain, deux ordres de facultés : les facultés intellectuelles, dont
« le jeu produit le phénomène de la pensée, et dont le cerveau est
« l'organe; et les facultés affectives ou morales, qui sont le prin-
« cipe de la volonté et de l'activité humaines, mais qui n'ont pas un
« centre fixe et constant, comme l'est pour l'intelligence le foyer
« cérébral. C'est l'absence, l'abolition, ou la lésion générale ou par-
« tielle de ces facultés, qui constituent l'aliénation mentale. »
(*Manuel complet de Médecine Légale*, par Briand et Chaudé, p. 520.)

Mettant hors de cause cette définition de l'aliénation mentale, sur laquelle il y aurait pourtant quelque chose à dire, je me contente de faire remarquer que si M. Longet et autres physiologistes se méprennent au point d'ôter à l'âme, au moi, certaines facultés psychiques pour en faire largesse aux viscères, du moins se sont-ils interdit la fantaisie par trop désordonnée de promener ces passions d'un bout du corps à l'autre, en vraies nomades, pendant que, seule, l'intelligence resterait fixe et sédentaire en sa demeure cérébrale...!

Autre spécimen de notre psychologie médicale :
« Les passions violentes, qu'elles soient *innées* comme l'amour, la
« pour, la colère; qu'elles soient *acquises* comme l'orgueil, l'amb.

Posée dans ces termes, la question serait psychologiquement absurde, et, physiologiquement parlant, incompréhensible; mais, ramenée à sa juste expression, elle nous indique un principe qui devrait devenir le guide constant du diagnostic aliéniste.

Ces considérations nous amènent à rappeler en passant une autre loi, celle de l'*Équivalence pathogénique des facteurs fonctionnels*, dont nos critiques, railleurs impuissants, ont trouvé plus à leur goût de se rire que de la discuter, et dont la science, lente à accueillir les vérités nouvelles déshéritées de tout haut patronage, dédaigne jusqu'à ce jour de tirer profit (1). Connaître cette loi, c'est savoir que la modification primitive d'où résulte un état mental déterminé peut porter indifféremment sur deux ordres d'organes, sur l'organe central de la faculté psychique modifiée, ou sur un organe périphérique. Sans doute, le foie, ou tout autre viscère thoracique ou abdominal, peut être le siége d'une vésanie, mais à la condition qu'en s'expri-

« tion, l'envie, la cupidité, le fanatisme, obscurcissent, il est vrai, « le libre discernement des actes et atténuent la responsabilité mo- « rale, mais ce serait aller trop loin que d'assimiler la passion à « une folie légère. » (*Traité pratique des Maladies Mentales*, par le docteur L.-V. Marcé, professeur agrégé à la Faculté de Médecine de Paris, médecin des aliénés de Bicêtre. 1 vol. in-8, p. 632.)

La peur, la colère, *passions innées!* l'orgueil et l'ambition, *passions acquises!* Telle est la façon dont la médecine aliéniste entend l'analyse et la classification des facultés et des affections de l'âme, et elle se persuade qu'elle fait de la psychologie positive... Et pourtant c'est un savant et habile praticien, c'est l'auteur d'un Traité de pathologie mentale d'ailleurs excellent, qui professe dans ce livre de telles énormités psychologiques en toute sécurité d'esprit. *Ab uno...*

(1) Voir mon écrit intitulé : *La Philosophie physiologique et médicale devant l'Académie de médecine.* Paris 1868.)

14

mant de la sorte l'on entendra simplement que ce viscère est le siége d'*impressions* malsaines qui réagissent sur le cerveau et sur l'âme, en vertu d'une relation nerveuse élective.

Et l'on pourra dire également, sans heurter les faits ni la raison, que les viscères sont des siéges de passions, si par là on veut indiquer que ces parties sont le lieu spécial de retentissement de certains états passionnels, c'est-à-dire les organes périphériques spéciaux des facultés mentales correspondantes.

Et enfin, il sera permis de dire en toute vérité, et sans que la psychologie rationnelle ait à s'émouvoir, il sera permis d'affirmer *que le cerveau pense*, étant convenu une fois pour toutes qu'une telle formule est l'équivalent de la suivante : Le cerveau est l'organe de réception et de transmission des impressions destinées à mettre en jeu le principe de la pensée, c'est-à-dire un mécanisme dont le rôle est de mettre en rapport avec l'âme les stimulants qui sollicitent ses aptitudes diverses, et les font entrer en action.

Métaphysiciens, renonçons donc à nous inscrire en faux, purement et simplement, contre le dire des physiologistes nous affirmant que le cerveau pense, ou autres propositions analogues ; un tel démenti serait sans force pour les convaincre. Apprenons-leur plutôt à se rendre fidèlement compte de faits qu'ils conçoivent et rendent inexactement ; et, à cette fin, commençons par acquérir nous-mêmes une connaissance intime de ces faits, au lieu de les nier d'une manière absolue et sans examen.

Nous invitons tout spécialement M. R. de la Sagra à revenir sur certains jugements de ce genre. Ému des prétentions outrées du matérialisme, il se porte à son tour à l'excès contraire; des affirmations plus que téméraires lui échappent, qui étonneraient moins si notre auteur ne joignait la compétence du physiologiste à celle du philosophe. « Les facultés intellectuelles », dit-il quelque part, « sont complétement indépendantes du monde extérieur » (page 175). Ailleurs, il écrit : « Les facultés intellectuelles ne peuvent être affectées par la matière » (p. 184). Et dans un troisième passage : « Le développement des organes est en raison des facultés, qui ne dépendent pas d'eux. »

En voulant redresser les fausses conceptions de la science expérimentale, la science rationnelle à son tour se met dans son tort vis-à-vis de l'observation. Oui, certes, dirai-je à M. de la Sagra, la matière, et plus particulièrement cette portion de matière que nous nommons l'organisme, et qui forme le milieu matériel immédiat de l'âme, a une action sur cette âme, une action puissante, décisive. C'est là une vérité capitale, et elle est éclatante. Pour ne pas la voir, la morale et la médecine ont besoin de s'entasser sur les yeux les mille et un bandeaux du préjugé; et en refusant de reconnaître ce principe, et d'en faire leur fanal dans l'application, ces sciences mènent la pratique à un abîme d'erreurs, erreurs désastreuses pour les intérêts humains dont elles ont charge.

Si prétendre que l'âme soit le produit du cerveau, soit une sécrétion de la matière vésiculaire cérébrale, est contredit par l'évidence métaphysique, en revanche

ce n'est pas un moins audacieux défi à l'évidence expérimentale de nier que la manière d'être propre, que
la modalité caractéristique de toute âme individuelle
dérive pour une part majeure de la manière d'être des
organes encéphaliques et autres viscères.

L'état mental de tout individu, soit chez l'homme,
soit chez les autres animaux, ne se modifie-t-il point
suivant les modifications de l'organisme ? Les dispositions intellectuelles et morales de l'adolescent sont-
elles donc les mêmes que celles de l'enfant ou du
vieillard ? Les changements, normaux ou anormaux,
ordinaires ou accidentels, qui se produisent dans
notre économie végétative, le développement ou la
suppression des organes génitaux, leur surexcitation
ou leur paralysie, les maladies du foie, du cœur, ou
d'autres viscères, etc., sans parler des lésions propres
du cerveau, tous ces changements physiques ne se
traduisent-ils donc pas par autant de changements plus
ou moins étendus, plus ou moins profonds, dans l'intelligence et le caractère ? Cette évidence est si irrésistible qu'elle a arraché l'aveu suivant à la timide orthodoxie spiritualiste de M. Longet :

« Pour l'homme », écrit ce professeur, « comme pour
« la femme, des idées nouvelles naissent à mesure que
« des organes nouveaux se développent, que des fonc-
« tions nouvelles s'établissent. » (*Traité de Physiologie*,
2ᵉ édit., t. II, p. 932.)

Ainsi, en soutenant que l'âme est indépendante des
organes, M. Ramon de la Sagra soutient une erreur de
fait, erreur patente, erreur des plus graves; et j'ajoute
que c'est une erreur gratuite, car la thèse antimaté-

rialiste ne saurait en tirer aucun profit. Il ne s'agit pas, en effet, pour le triomphe de cette cause philosophique, d'établir l'absence de toute relation dynamique entre l'esprit et la matière, puisque c'est l'idée même du conflit de ces deux puissances qui seule fait naître l'idée de leur distinction. Cette distinction, telle est la chose dont il s'agit de démontrer la vérité, la nécessité. D'ailleurs l'auteur ne déclare-t-il pas fort judicieusement, dans un autre passage, que « l'esprit et la matière sont inséparables »; à quoi il ajoute (et ceci me paraît une vérité moins incontestable) : « le premier (l'esprit) ne pouvant fonctionner et agir qu'avec l'aide de la seconde (la matière) » ?

A juger de la véritable pensée de M. Ramon de la Sagra par le contexte général de sa dissertation, on est porté à croire qu'il n'entend pas refuser à la matière tout empire sur l'âme : il semble parfois vouloir simplement donner à entendre que cet empire ne s'exerce que sur la seule sensibilité, et que toute impression matérielle agit sur l'intelligence et les facultés affectives par l'intermède des sensations. Mais cette fois encore, même ainsi restreinte, la prétention de notre philosophe spiritualiste est contraire à l'expérience. Et d'ailleurs, sa prétention serait-elle fondée, que la démonstration à laquelle il vise n'en serait pas pour cela plus avancée.

Les impressions faites sur les organes des sens ne sont-elles donc pas matérielles? Et les nerfs conducteurs qui les reçoivent et en transmettent les effets ne sont-ils donc pas matériels? Et ne sont-ils donc pas matériels aussi les centres nerveux auxquels se rendent

14.

ces nerfs et où se passe le fait psychique de la perception sensible? — Assurément. Donc le principe spiritualiste n'a rien à gagner à ce que les agents matériels
n'agissent sur l'âme que par son côté sensoriel. Et ce
côté sensoriel appartient bien à la conscience, au moi,
à l'âme, à l'esprit; il y appartient bien d'une manière
aussi essentielle et aussi exclusive que le côté intellectuel et passionnel, quoi qu'en disent, pour la confusion de leur philosophie, les adversaires du sensualisme, assimilant ce dernier au matérialisme. Mais
disons, à la décharge de notre auteur, qu'il n'appartient pas à cette famille d'esprits philosophiques de
mince étoffe : à maintes reprises, il s'élève avec une
logique pleine d'énergie contre leur méprise grossière.

Dès lors, puisque la matière touche le sensorium,
elle touche l'âme, et conséquemment le spiritualisme
n'a pas le moindre intérêt à ce que soit niée l'influence
directe des agents matériels et des organes sur l'intelligence et sur les passions.

D'ailleurs, je le répète, cette inutile entreprise trouve
sa condamnation dans l'expérience. Toutes les facultés
de l'âme, c'est-à-dire l'intelligence et les modes passionnels, de même que les modes spéciaux de sentir,
sont passibles de l'action directe des spécifiques matériels.

De même que la faculté optique est sous l'influence
directe des organes optiques et de la lumière, pareillement la faculté passionnelle appelée l'amour est sous
l'influence directe des organes génitaux et des aphro-
disiaques; et l'activité intellectuelle peut être stimulée
par l'ingestion d'une décoction de café, tout comme

l'activité visuelle peut être mise en jeu par le choc d'un rayon de soleil sur la rétine.

Cette vérité méconnue porte dans ses flancs une révolution immense et féconde pour la morale et la médecine; mais les yeux de nos savants et de nos philosophes, aveugles volontaires, s'obstinent à rester fermés à cette lumière que je m'évertue, depuis dix-huit ans, à faire luire devant eux (1).

En voulant établir « la réalité de l'âme », M. Ramon de la Sagra a fait fausse route, c'est incontestable; il a manqué le chemin qui mène droit à ce but, et il s'est engagé dans un faux-fuyant qui en éloigne, qui aboutit à un résultat tout opposé.

« L'existence d'une âme », dit-il, « n'est prouvée « d'une manière incontestable que par les cas où les « facultés intellectuelles, indépendantes des sens par « l'action de l'éther, continuent de fonctionner pen· « dant que le corps est torturé, éprouvant des sensa· « tions délicieuses de jouissance et de bonheur, dans « un monde absolument divers. »

En vérité, c'est être trop peu difficile sur la valeur des témoignages quand il s'agit d'un procès de cette importance. L'indifférence actuelle de l'âme à des impressions violentes faites sur certaines parties du corps prouve simplement une chose, c'est qu'une solution de conti-

(1) Voir nos divers ouvrages : *Électro-dynamisme vital*, 1 vol. in-8. Paris, 1855; *Cours de braidisme*, in-8. Paris, 1860; *Essais de Physiologie philosophique*, in-8. Paris, 1866; la *Philosophie physiologique et médicale à l'Académie de Médecine*, in-8. Paris, 1868.

nuité fonctionnelle est créée par l'anesthésie entre les
nerfs et le cerveau, et empêche les impressions dont
ils sont le siége de se propager jusqu'au sensorium.

Mais, chose étrange, l'auteur n'attend pas que les
contradicteurs objectent cette explication à son argument ; cette explication, c'est lui-même qui la donne,
et il la pousse jusqu'à une fâcheuse exagération.
« L'altération organique des nerfs conducteurs des im-
« pressions », dit-il, « les empêche d'arriver aux cen-
« tres nerveux pour être perçues et devenir sensa-
« tions. *Ainsi s'explique clairement l'insensibilité produite*
« *par l'éther, sans recourir à aucune action hypothétique*
« *et illogique de cette substance sur les centres nerveux* »
(p. 103).

Si je comprends notre savant académicien, il fait
dépendre l'indemnité de l'âme de l'indemnité du
cerveau, la première, d'après lui, n'étant à l'abri
de l'anesthésie que parce que le second ne peut être
anesthésié. Cette prétendue immunité anesthésique
des centres nerveux est à tel point la condition essentielle de l'immunité de l'âme, dans la pensée de l'auteur, qu'il n'hésite pas, pour sauver cette imaginaire
prérogative de l'âme, à rejeter, sans raison et contre
toute raison, comme « hypothétique et illogique » la
possibilité d'une action de l'éther sur le cerveau. On
avait cru entrevoir une preuve de « la réalité de l'âme »
dans une indépendance supposée des agents anesthésiques dont feraient acte nos facultés psychiques ; mais
au lieu d'établir que cette indépendance, — en la supposant réelle, — est une propriété intrinsèque de l'âme
elle-même, on s'ingénie à prouver que l'âme ne jouit de

cette propriété que médiatement, extrinséquement, et seulement grâce à ce que son organe possède seul cette propriété d'une manière primitive et inhérente ! Or, cet organe, c'est-à-dire le centre cérébral, n'est-il pas matériel aussi bien que l'action anesthésique ? Oui, sans doute, et de là il appert qu'en faisant dériver l'immunité anesthésique de l'âme de l'immunité anesthésique du cerveau, on reconnaît implicitement la dépendance de l'âme vis-à-vis du cerveau, c'est-à-dire vis-à-vis de la matière.

Entraîné par ce faux pas, le champion de la cause spiritualiste a glissé dans le travers du matérialisme. Il en arrive, lui qui s'était armé de toutes pièces et était entré en lice pour faire triompher le principe d'« *une substance spirituelle distincte de la matière* », il en arrive à admettre implicitement, forcément, et presque catégoriquement, l'identité réciproque des facultés de l'âme et de leur organe cérébral. Voici comment il s'exprime à la page 130 de son livre :

« M. Bouisson », écrit M. de la Sagra, « cite le cas « d'une femme qui resta toute la journée, après l'abla- « tion d'un cancer au sein, sans aucune espèce de dou- « leur. » Cela dit, notre honorable auteur de s'écrier : « A la vue de pareils faits, et ils sont nombreux, com- « ment les physiologistes peuvent-ils persister à croire « que les *centres cérébraux*, que les *facultés intellectuelles*, « soient directement affectées par l'action de l'éther ? »

M. Ramon de la Sagra croyait combattre et abattre le matérialisme, mais en réalité c'est le spiritualisme qui a reçu ses coups. Heureusement pour ce dernier,

cette argumentation à faux de son honorable et savant
défenseur n'est appuyée que sur des faits très-insuf-
fisamment exacts et sur une dialectique non moins insuffisante. Sans doute, ce philosophe nous apparaît
plongé dans une illusion profonde quand il s'écrie avec
l'enthousiasme d'un Archimède philosophique : « Voici
« donc la réalité de l'âme rigoureusement démontrée,
« incontestablement établie, sans qu'aucune observa-
« tion puisse lui porter atteinte » (p. 208); mais en
même temps il nous semble que le principe de la réalité de l'âme n'aura que peu à souffrir de cette compro-
mettante apologie. En effet, il est susceptible d'une
autre démonstration dont les linéaments ont été esquis-
sés au début de ce discours; et cette démonstration,
d'un tout autre genre, possède, si je ne m'abuse, et
possède seule, toute la solidité et toute l'irrésistible
évidence que M. Ramon de la Sagra revendique, sans
droit, nous l'avons vu, pour celle dont il est l'auteur.

Nous allons passer à quelques autres applications de
sa théorie.

Rien de dangereux comme les hommes à système !
Pénétrés d'une foi absolue en leur idée, ils n'hésite-
raient pas un seul instant à en faire le premier essai sur
le genre humain en masse, quand l'existence du monde
entier serait l'enjeu de cette expérience. M. Ramon de
la Sagra est un de ces hommes à convictions ardentes,
un de ces esprits de trempe peu ordinaire qui savent
tout, excepté douter.

Théoriquement convaincu qu'un individu anesthésié
est une âme, une âme singulière isolée de son corps,

et que par conséquent les tortures actuellement infli-
gées à ce corps ne sauraient arriver jusqu'à elle, ne
sauraient l'atteindre dans son fort inexpugnable, il
reste impassible devant les cris de douleur déchirants,
les gémissements lamentables et les contorsions horribles dont certains patients, en dépit de l'éther et du
chloroforme, donnent le spectacle quand le couteau du
chirurgien passe dans leurs chairs. Ils ont respiré la
vapeur anesthésique, donc leur âme est isolée de la
matière, donc les causes physiques de douleur ne peuvent arriver à cette âme, donc il n'y a pas de douleur
produite, il ne peut y en avoir ; ainsi le veut la théorie.
Et cependant un état d'atroce souffrance s'atteste par
tous les signes habituels : mugissements, hurlements,
un corps qui se tord dans une agitation furieuse ou
convulsive, vivante peinture d'un tourment affreux.
Mais n'y prenez garde, nous dit M. R. de la Sagra.
il n'y a là qu'un simulacre de douleur, la douleur n'est
point réelle, tout cela est purement automatique !

Je rappellerai à ce propos qu'un grand esprit imbu
et entêté de la doctrine cartésienne du *pur automatisme
des bêtes*, le célèbre Arnaud, de Port-Royal, se faisait
un amusement d'arracher des cris plaintifs à sa chienne
en la frappant à coups de pied. Aux témoins de ses dis-
tractions cruelles, s'apitoyant sur le sort du pauvre animal, le philosophe répondait avec sérénité : « Ça ne
fait pas de mal, un chien ne sent pas, c'est une machine,
rien de plus. »

Les partisans du pur automatisme de l'axe nerveux
obéissent à une logique en tout semblabe en considé-
rant avec indifférence les manifestations externes de la

douleur chez les animaux et l'homme toutes les fois
que, à tort ou à raison, le cerveau proprement dit leur
paraît étranger et désintéressé dans ces actes.

Écoutons M. R. de la Sagra; il s'agit d'observations
d'anesthésie chirurgicale :

« Toute une série de faits que nous avons cités »,
dit-il, « étaient accompagnés de mouvements violents,
« de cris, de convulsions, d'efforts pour échapper à l'o-
« pérateur..... et ce sont ces manifestations extérieures
« qui ont fait croire au plus grand nombre des physio-
« logistes que la sensibilité continuait d'exister après
« que les facultés intellectuelles se trouvaient éteintes.
« Leurs jugements, pour apprécier l'état de l'une et
« des autres, étaient donc fondés sur une preuve de
« même nature, savoir, l'*évidence*, qui dans ces cas deve-
« nait synonyme d'*apparence*, comme nous espérons le
« démontrer » (p. 160).

J'interromps cette citation pour faire une simple
remarque sur la dernière phrase que je viens de transcrire. L'auteur espère nous prouver, dit-il, que ce
qu'on appelle de l'évidence, dans les manifestations de
sensation actuelle, chez les éthérisés, se réduit à de
l'apparence. J'admets pleinement son appréciation et
sa démonstration à cet égard; mais je lui fais un reproche, c'est d'en restreindre l'application à l'homme
anesthésié : elles s'appliquent à l'homme éveillé et
dans l'état normal, d'une manière non moins juste.
Nous l'avons fait remarquer plus haut, ce n'est qu'en
nous-mêmes que nous pouvons nous assurer de la présence de la sensibilité par expérience directe et avec
certitude entière; chez les autres, nous n'en pouvons

juger que par une induction fondée sur l'*apparence*. Oui,
l'apparence, c'est la seule preuve que nous puissions
avoir, que nous puissions donner, de l'existence réelle
chez autrui de la faculté de sentir. Rappelons à ce propos ces paroles de M. Lélut, que nous trouvons dans
sa *Physiologie de la Pensée* (*op. cit.*, p. 101) : « Or cette
« sensibilité », y est-il dit, « .... nous en trouvons
« le type en nous-mêmes, et nous ne le trouvons pas
« ailleurs. Nous pouvons, par induction, le transporter,
« l'attribuer à d'autres créatures, à celles surtout de
« notre espèce ; mais, encore une fois, nous ne l'y sai-
« sissons pas, etc. »

Ainsi, l'apparence étant notre seule preuve de la réalité de la sensibilité en dehors de nous, si cette preuve
paraît invalide et inadmissible quand il s'agit de
l'homme ou de l'animal soumis à l'influence anesthésique, il est illogique de la tenir pour bonne et valable
quand il s'agit de l'homme ou de l'animal placés dans
un état quelconque.

Reprenons la citation du livre de M. de la Sagra :

« On trouve dans les ouvrages », poursuit-il, « la nar-
« ration de divers cas, sous le titre d'*abolition de l'in-
« telligence, conservation de la sensibilité*. Tous consis-
« tent en des manifestations extérieures de la douleur :
« cris, paroles, mouvements. Quelquefois, cependant,
« ces phénomènes se rapportent à des raisonnements
« qui prouvent une détermination volontaire ; etc. »

Toutes ces manifestations de sensibilité, d'intelligence et de volonté, ne sont, aux yeux de l'auteur,
qu'une apparence pure et vaine. Voici ce qu'il affirme
dans un autre passage de son livre :

15

« Lorsque l'anesthésie n'est pas complète, mais suf-
« fisante pour atteindre la sensibilité, les mouvements
« réflexes, chez les individus opérés, ont lieu d'une
« manière extrêmement énergique, au point de les
« prendre pour l'expression de douleurs vives et poi-
« gnantes. *Mais le malade ne sent rien*, et nous avons
« prouvé que cette assertion est vraie » (p. 117).

Examinons ces preuves dont nous parle notre auteur, et qu'il tient pour très-rassurantes ; et cherchons
ensuite, à notre tour, à fournir l'explication véritable,
à exposer les vraies causes, du phénomène controversé.

Les opérés en état d'anesthésie, quelques signes de
douleur et même d'intelligence de ce qui se passait en
eux et autour d'eux qu'ils aient pu donner durant cette
période, déclarent, une fois rentrés dans l'état de
veille, n'avoir rien senti, n'avoir rien connu des vio-
lences exercées sur les parties vives de leur corps ; et
même, d'après le récit de certains d'entre eux, leur
âme aurait été bercée dans des rêves délicieux à ce
moment même où leurs chairs frémissaient sous le bis-
touri, et où leur voix lançait des cris déchirants, et où
tout leur corps, dans une suprême révolte, luttait en
désespéré contre l'étreinte de l'opérateur et de ses
aides. Et c'est cette déclaration faite pendant la veille
relativement à ce qui s'est passé durant le sommeil
anesthésique, qu'on accepte comme un témoignage
péremptoire de l'insensibilité et de l'inconscience
réelles du patient. Témoignage bien faible, toutefois,
bien peu sûr! j'espère le faire voir.

Les expressions apparentes de douleur, de connais-

sance et de volonté produites pendant l'état d'anesthésie chez un patient déclarant, à son réveil, qu'il
n'a eu aucune conscience de ses actes, ou même que,
pendant qu'il paraissait ainsi livré à d'horribles souffrances, il se sentait tout entier aux émotions d'un rêve
de bonheur, ces actes d'expression, dis-je, peuvent être
de deux sortes, peuvent dériver de deux sources distinctes.

Il peut se faire que l'oubli ait effacé la trace des états
de l'âme qui sont niés par celui-là même qui vient d'en
être le sujet. N'est-ce pas là ce qui se produit chez le
somnambule ? Or, prétendrait-on que le somnambule
qui vous parle avec discernement, qui vous répond
avec à-propos, qui accomplit avec sûreté des combinaisons de mouvements très-complexes et coordonnés
en vue d'un résultat logique, et en rapport exact avec
ce résultat, qui peut même exécuter des calculs et des
œuvres d'esprit de toute sorte, prétendrait-on, dis-je,
que ce somnambule est actuellement inconscient et
n'agit qu'à titre d'automate ? Mais alors en quoi donc
l'automate différerait-il de l'être animé et doué de conscience? Juger ainsi, c'est mettre de côté sa raison pour
n'écouter que sa fantaisie.

La coïncidence d'un rêve, et d'un rêve agréable,
avec les manifestations physiques de douleur, semble
créer une difficulté sérieuse à l'hypothèse de l'oubli ;
mais rien n'établit cette coïncidence. Un instant, une
seconde suffit, les expériences de M. A. Maury exposées
dans son ouvrage sur *Le Sommeil et les Rêves* nous l'apprennent, un moment rapide comme un éclair est assez
pour que les épisodes d'un long drame se déroulent

dans l'imagination du songeur(1). Mais, objectera-t-on, comment s'expliquer que le souvenir des sensations *objectives* exprimées par des signes de réaction doulou- reuse se soit effacé, et que le rêve, qui aurait précédé ou suivi ces sensations, ait seul laissé dans l'esprit une trace durable? Cette anomalie est un phénomène fa-

(1) Entre autres faits relatifs à ce sujet, M. Maury rapporte les suivants :

« J'avais, dit-il, il y a vingt ans, l'habitude de lire tout haut à ma « mère, et il arrivait souvent que le sommeil me gagnait à chaque « pause, à chaque alinéa ; cependant je me réveillais si vite, que « ma mère ne s'apercevait de rien, si ce n'est qu'elle observait que « je lisais parfois plus lentement. Eh bien ! durant ces secondes d'un « sommeil commencé et chassé aussitôt par la nécessité de conti- « nuer la lecture, je faisais des rêves fort étendus, rêves qui em- « brouillaient ma pensée et nuisaient d'ordinaire à l'intelligence « du livre. Mais un fait plus concluant pour la rapidité du songe, un « fait qui établit à mes yeux qu'il suffit d'un instant pour faire un « rêve étendu, est le suivant : J'étais un peu indisposé, et je me « trouvais couché dans ma chambre ayant ma mère à mon « chevet. Je rêve de la Terreur ; j'assiste à des scènes de mas- « sacre, je comparais devant le tribunal révolutionnaire, je vois « Robespierre, Marat, Fouquier-Tinville, toutes les plus vilaines « figures de cette époque terrible ; je discute avec eux ; enfin, après « bien des événements que je ne me rappelle qu'imparfaitement, je « suis jugé, condamné à mort, conduit en charrette, au milieu d'un « concours immense, sur la place de la Révolution ; je monte sur « l'échafaud, l'exécuteur me lie sur la planche fatale, il la fait « basculer, le couperet tombe ; je sens ma tête se séparer de mon « tronc ; je m'éveille en proie à la plus vive angoisse, et je me sens « sur le cou la flèche de mon lit qui s'était subitement détachée, « et était tombée sur mes vertèbres cervicales, à la façon du couteau « d'une guillotine. Cela avait eu lieu à l'instant, ainsi que ma mère « me le confirma, et cependant c'était cette sensation externe que « j'avais prise, comme dans le cas cité plus haut, pour point de « départ d'un rêve où tant de faits s'étaient succédé. »

(*Le Sommeil et les Rêves*, par Alfred Maury, membre de l'Institut. Paris, 1868, p. 183.)

milier à ceux qui ont fait de la psychologie expérimentale à l'aide du braidisme. Je vais m'expliquer à cet égard à propos d'un autre fait analogue constaté dans certaines observations d'anesthésie, particuliòrement par Velpeau, qui en avait été très-frappé.

« Il y a premièrement des cas », dit M. R. de la « Sagra, « où ceux qui ont poussé des cris et fait des « mouvements, affirment ensuite n'avoir rien senti. « On a fait observer qu'ils pourraient bien l'avoir « oublié; mais, outre qu'on n'oublie jamais les sensa-« tions immédiates en conservant le souvenir d'autres « plus éloignées, on ne saurait jamais expliquer, par « cette hypothèse, pourquoi l'opéré se rappelle *avec* « *joie* des sensations heureuses qu'il a éprouvées pen-« dant l'opération, et aurait perdu le souvenir des sen-« sations *douloureuses* qu'on suppose avoir eu lieu, et « qu'il nie. »

A cela je commencerai par répondre qu'il est inexact de dire qu'on « n'oublie jamais les sensations immé-diates en conservant le souvenir d'autres plus an-ciennes. » La mémoire des vieillards montre une disposition très-remarquable, et de tout temps re-marquée, précisément dans le sens contraire : étran-gers parfois au souvenir d'actes considérables qu'ils ont accomplis la veille, leur imagination se nourrit d'un passé dont elle se retrace les plus insignifiants épisodes avec une étonnante netteté, avec les couleurs les plus vives.

J'arrive à l'objection principale. Comment admettre qu'on oublie la douleur *réelle* et qu'on se souvienne du plaisir rêvé? Ce singulier contraste est un effet d'im-

pression mentale (1) ; on peut le rapprocher du fait
suivant rapporté encore par M. R. de la Sagra d'après
Velpeau :

« Un jeune homme fort bien constitué auquel le
« même professeur (Velpeau) réduisait une luxation
« du coude, était assis sur une chaise où il ne cessa
« durant l'opération de se cramponner avec vigueur
« du pied et du bras sain à la table et à un pilier voi-
« sin, pendant que de l'autre côté la luxation se
« réduisait avec une extrême facilité, sans que les
« tractions faites rencontrassent aucune résistance
« musculaire. Cela faisait dire au savant chirurgien,
« qu'on aurait cru à une intelligence mystérieuse,
« éteignant l'action musculaire là où elle était nuisible,
« pour l'exagérer en quelque sorte là où elle pouvait
« servir ou ne pas nuire (2) » (p. 61).

Velpeau a beau dire, il n'y avait pas là le plus petit
brin de miracle, ce n'était pas une intelligence mystérieuse qui intervenait pour réaliser un prodige, c'était
l'imagination du patient qui paralysait les muscles du
bras opéré, sans y éteindre la sensibilité et sans affecter
en rien l'intégrité fonctionnelle des autres parties.

Un chirurgien de Paris des plus distingués, professeur agrégé à la Faculté de médecine, m'a fait le récit
que voici : il traitait une jeune malade, enfant de
quinze ans, affectée de contracture des extrémités in-
férieures. Les efforts de la science s'étant montrés

---

(1) Voir notre ouvrage intitulé *Électro-dynamisme vital*, Paris,
1855, p. 234 et suiv. ; voir aussi notre *Cours de Braidisme*,
Paris, 1860.

(2) *Comptes rendus de l'Académie des sciences*, 4 mars 1850.

impuissants contre ce mal, la famille eut recours à ce
qu'on appelle des secours spirituels : on fit dire une
neuvaine. Tant y a qu'au beau milieu de la dernière
messe une détente se fait dans les muscles convulsés,
la malade est guérie ! Mais attendez : j'ai omis de vous
dire qu'une seule jambe était fortement contracturée ;
l'autre pourtant était loin d'être indemne, mais toute
l'attention et toutes les préoccupations des parents et
de la malade se concentraient sur la première. Eh
bien ! le membre le plus malade sortit de l'église totalement guéri : l'autre, le moins malade, celui dont le
médecin seul se préoccupait, en sortit comme il y était
entré : il était encore contracturé, et tel il est resté.

J'accompagnerai ces deux observations de celle que
rapporte le docteur Liébault dans son livre *Du sommeil
et des états analogues considérés au point de vue de l'action
du moral sur le physique* (1) (p. 298) : « Une de mes
« clientes, dit-il, lypémaniaque, ne vit plus clair tout
« d'un coup pour manger. Elle s'en était mis instanta-
« nément l'idée dans la tête. Pendant plusieurs semaines,
« on fut obligé de lui porter les aliments à la bouche ;
« mais, tandis qu'on l'aidait ainsi, elle savait fort bien
« distinguer à travers la fenêtre les passants dans la
« rue. »

L'oubli spécial des souffrances chirurgicales chez les
anesthésiés avec souvenir de rêves agréables, est un
phénomène psychologique de même nature : c'est le résultat d'une impression sur le moral. Rien de plus
aisé, comme je l'ai déjà dit, que d'amener ces pertes

(1) Paris, 1866, 1 vol. in-8.

partielles de mémoire chez les individus soumis à l'action braidique, au moyen d'une sorte de saisissement qu'on leur imprime à l'endroit des notions dont on veut obtenir l'oblitération momentanée dans leur esprit. Pour s'édifier à cet égard, on trouvera un grand nombre d'expériences de cet ordre relatées dans l'*Encyclopédie* anglaise de Todd et Bowman, dans les *Principes de Physiologie Humaine* du docteur Carpenter, dans les écrits de Braid, dans mon *Cours de Braidisme*, et dans quelques autres publications encore. Il serait grand temps que la psychologie médicale se mît à étudier sérieusement ces faits, qui, il y a dix ans, mirent toute la médecine en émoi pour tomber aussitôt dans l'oubli le plus complet.

Cependant, j'admets sans peine que, dans certains cas, le moi cérébral, *notre* moi, ne soit pour rien dans les actes de notre corps, alors que ce corps, mis dans l'état anesthésique, exprime la douleur, la crainte, la volonté, le discernement. Mais les états de l'âme figurés par ces apparences n'en sont pas pour cela moins réels. Si ces affections mentales n'ont point pour siége l'âme centrale, qui trône au cerveau, et qui concentre en son indivisible personnalité la personne collective de l'organisme, on peut légitimement les attribuer aux centres psychiques subordonnés qui correspondent aux différents centres nerveux échelonnés tout le long de l'axe médullaire.

«Point d'impression sentie, point d'impression réfléchie», dit fort justement M. Chambert, cité par M. R. de la Sagra. Mais tel n'est pas, bien entendu, l'avis de ce dernier, et il ajoute : « Ce principe, ainsi

« formulé, est encore une erreur des physiologistes qui
« l'admettent. « *Il n'est pas nécessaire que l'impression soit*
« *sentie, pour qu'elle soit réfléchie* ; il suffit qu'elle soit
« arrivée au centre nerveux où s'opère le changement
« de direction, où le mouvement de centripète devient
« centrifuge, etc. »

Toujours l'automatisme de la moelle, cette hypothèse
contraire à toute apparence, à toute vraisemblance, à
toute logique ! Nous l'avons réfutée ailleurs dans son
principe ; revenons-y, mais seulement pour répondre
à quelques considérations de détail présentées par
M. Brown-Séquard à l'appui de cette doctrine :

Dans un mémoire publié dans les *Comptes rendus* de
l'Académie des sciences, du 3 décembre 1849, et cité
dans l'ouvrage que nous analysons, l'éminent physiologiste a déduit de ses expériences, entre autres conclusions, celle-ci :

« Que les animaux peuvent crier alors qu'on leur a
« enlevé tout leur encéphale moins la moelle allongée ;
« que l'existence des cris ne peut pas prouver qu'il
« y a eu perception de douleur, puisque les cris ré-
« sultent de contractions musculaires qui peuvent être
« de l'action réflexe, comme les contractions des muscles
« des membres ;

« Que si l'on admettait que les cris prouvent qu'il
« y a eu perception de douleur, il faudrait admettre
« que la moelle allongée sert aux perceptions de dou-
« leur ;

« Que si l'on admettait que l'agitation prouve aussi
« qu'il y a eu perception de douleur, il faudrait admettre
« que la moelle épinière sert à ces impressions. »

Eh ! vraiment oui, dirai-je à M. Brown-Séquard en me permettant de le prendre à son tour à partie, oui, en vérité, il y a perception de douleur dans les centres cellulaires de la moelle allongée d'où partent les réactions motrices dites *réflexes* qui vont tendre les cordes vocales et déterminer l'expiration violente s'échappant en cris douloureux ; oui certes, chose qui vous paraît plus inadmissible encore, les centres de la moelle épinière sont, eux aussi, le siége d'un agent psychique qui perçoit en douleur les impressions centripètes provoquant des réactions motrices centrifuges ; oui, il y a sensibilité et volonté dans la moelle allongée ; oui, il y a sensibilité et volonté dans la moelle épinière. Pourquoi donc en douteriez-vous ? Une telle conclusion n'est-elle pas la seule logique, la seule possible à tirer des faits observés ? tous les faits ne la justifient-ils pas pleinement, ne l'imposent-ils pas, et en est-il un seul qui, ramené à sa signification réelle, tende à l'infirmer ?

Sans doute vous m'objecterez que la conscience qui siége au cerveau est inconsciente de mes prétendues sensations et volitions des centres de la moelle, et vous en conclurez que de telles opérations psychiques ne sont point perçues, c'est-à-dire qu'elles n'ont aucune réalité, qu'il n'en existe qu'un simulacre. Mais qu'on y songe : il n'est pas plus permis de dénier la conscience aux centres médullaires du mouvement réflexe, par cela seul que leur conscience n'est pas la conscience du cerveau, qu'il ne me serait permis de nier que votre cerveau ait une conscience par la raison que cette conscience vôtre n'est point mienne, n'est point celle que je porte en mon cerveau personnel.

Que M. Brown-Séquard pèse encore l'argument suivant que je lui soumets sous forme d'interpellation :

Si les observations de physiologie expérimentale sur lesquelles il raisonne ici se rapportaient à certains invertébrés au lieu d'être relatives à des animaux supérieurs, en tirerait-il les mêmes conséquences ? De ce que les sensations et les volitions apparentes manifestées par les ganglions métacéphaliques de la chaîne sous-intestinale d'un annélide, d'un ver de terre, je suppose, ne sont point perçues dans le ganglion cérébroïde, notre habile professeur se croirait-il autorisé à affirmer que ces apparences de sensation et de volition sont des effets purement *réflexes*, c'est-à-dire, suivant le sens qu'il donne à ce mot, de purs effets mécaniques ? Non, car M. Brown-Séquard sait fort bien que les segments métacéphaliques, amputés de leur tête, n'en continuent pas moins à vivre d'une vie complète et permanente, et à remplir toutes les fonctions de vie de relation propres à ces animaux, non moins que leurs fonctions végétatives, ce qui prouve bien que les centres nerveux qui animent les mouvements de ce tronçon postérieur de l'annélide portent en soi, d'une manière intrinsèque, un centre sensitif et volitif, un centre de conscience, un moi distinct en tout semblable au moi résidant dans le ganglion céphalique retranché. Or M. Brown-Séquard n'ignore pas que la chaîne nerveuse sous-intestinale des animaux articulés est, au point de vue anatomique et physiologique, l'équivalent exact de notre axe cérébro-spinal, et que nos centres *réflexes* de la moelle allongée et de la moelle épinière sont les homologues métacéphaliques de cette chaîne. Pourquoi donc, reconnaissant dans ceux-ci le siége d'une conscience, le siége d'une âme vivante, ne veut-il voir dans ceux-là qu'un ressort inerte d'automate?... Mais j'ai beau réitérer cette question depuis quinze ans, je ne puis arracher aux physiologistes ni une réfutation, ni une rétractation !

Convince a man against his will,
He will have his opinion still.

Cependant, leur silence n'est-il pas un aveu d'impuissance ? Provisoirement, je le tiendrai pour tel, en attendant qu'on s'explique.

Ceci est dit afin d'établir comme quoi l'impassibilité de M. Ramon de la Sagra et de tant d'autres en présence de la *douleur apparente* des opérés en état d'anesthésie, est une disposition fort peu légitime si elle ne se fonde que sur la conviction où sont ces savants d'être en présence d'une simple peinture en cris et en gestes, d'assister à une pantomime d'automate.

Je ne veux pas clore la discussion sur ce sujet si grave de psychologie physiologique et médicale sans en indiquer encore un autre aspect.

Si la sensibilité a pu être niée malgré le témoignage de l'apparence, à plus forte raison devait-on la méconnaître alors que ce témoignage était contre elle; et à mon avis c'est ce qui a eu lieu. Je suis persuadé que dans beaucoup de cas, alors que l'opéré, placé dans l'état anesthésique, ne donne aucun signe de sensation, et, à son réveil, déclare n'avoir rien senti, il y a eu néanmoins un état de sensation et de douleur, et le pire de tous peut-être ! Et quoi qu'il en soit en réalité, je tiens à faire voir que cette insensibilité doublement apparente peut n'être qu'une apparence menteuse, et que nous n'avons aucune raison de nous y fier. Et ce que je dis de l'anesthésie artificielle produite par l'éther ou le chloroforme s'applique, et avec non moins de force, à l'anesthésie épileptique admise et professée par tous les auteurs.

Que nos psychologues, nos physiologistes et nos pathologistes veuillent bien suivre ce raisonnement : les somnambules sont-ils actuellement conscients, sensibles et voulants? — Oui, sans doute, on ne le nie point. Et cependant, une fois réveillés, ils assurent n'avoir aucune idée, aucun souvenir, aucune réminiscence de ce qu'ils ont effectivement senti, souffert, voulu et exécuté. Donc, on peut oublier totalement, par le seul effet du passage de l'état de sommeil à l'état de veille, toutes les sensations, émotions et idées qu'on a perçues durant le premier de ces deux états; donc le témoignage du somnambule éveillé, et par la même raison celui de l'épileptique revenu à lui, et celui de l'anesthésié revenu à lui, sont sans valeur, et ne doivent rien faire préjuger de la situation sensoriale et mentale des sujets pendant la période anormale.

Et maintenant, n'est-il pas vrai que les cataleptiques en crise n'offrent à l'observateur aucun signe de conscience, aucun signe de sensation, aucun signe de vouloir, aucun signe de connaissance? En conclut-on qu'ils soient inconscients en réalité? — Non, parce que, rappelés à la vie ordinaire, ils nous affirment et nous prouvent avoir eu la pleine conscience de tout ce qui se passait en eux et autour d'eux.

Donc, le corps peut être sans mouvement et inerte comme un cadavre et sans réaction musculaire aucune aux stimulants les plus énergiques, et l'être sentant et pensant ou les êtres sentants et pensants qui animent ce corps, peuvent en même temps être livrés à des souffrances affreuses, à des angoisses horribles, comme les déclarations de certaines hystériques ne peuvent laisser à cet égard le moindre doute.

Donc l'épileptique et l'anesthésié agité peuvent actuellement être en proie à la douleur quoique leur mémoire n'en porte aucune trace au réveil; donc l'anesthésié à la fois passif et sans souvenir peut, lui aussi, être le témoin pleinement conscient et la victime pleinement souffrante des actes violents pratiqués sur son corps..... *et nunc erudimini.*

---

## II

Notre critique s'est portée jusqu'ici sur les thèses spéciales qui ont reçu leur développement dans l'ouvrage confié à notre examen ; mais il en est encore une qui, pour figurer dans cet ouvrage à titre de simple énoncé, et, pour ainsi dire, de hors-d'œuvre, en constitue néanmoins la pensée fondamentale; nous croyons, pour cette raison, devoir en dire quelques mots. Au surplus, le sujet n'est-il pas aussi étranger qu'il peut le sembler d'abord au programme de nos études de psychologie médicale.

M. R. de la Sagra n'est point de ces esprits étroits et

sans portée qui se contentent de voir les questions par
le petit côté spécialiste, et qui ne se sentent ni le désir
ni le pouvoir de les envisager d'un point de vue élevé,
de les embrasser dans leur ensemble et de les poursuivre dans leurs applications dernières. Cet auteur n'est
point de ceux qui paraissent dépouiller leur qualité
d'homme pour revêtir celle de savant, qui se renfer-
ment et se murent dans une spécialité scientifique plus
ou moins bornée, soit pour y pratiquer un métier, soit
pour s'y livrer aux égoïstes satisfactions d'un goût
d'amateur. M. R. de la Sagra ne fait pas de la science
pour la science ou pour les avantages qu'en recueille
le savant : ses curieuses et laborieuses recherches ont
un mobile supérieur. Ami de l'humanité et philosophe,
ce sont tous les grands intérêts de l'homme qui animent son zèle, et c'est surtout dans l'espoir d'y rencontrer les données indispensables pour la solution
des problèmes de l'ordre moral et social qu'il s'est mis
à voyager à travers les sciences. Honneur à sa noble
entreprise, et puisse-t-il avoir bientôt des imitateurs
nombreux ! Mais la critique ne doit pas seulement des
encouragements à ces louables tentatives ; elle leur
doit surtout des avertissements. Car si la critique est
tenue à la modestie en se rappelant que sa tâche,
comme le poëte l'en avertit, est la plus aisée, elle doit
s'appliquer d'autant mieux à la bien remplir ; aussi
nous allons continuer à nous expliquer avec une entière franchise sur l'œuvre de notre estimable auteur.

Le zèle du bien a égaré M. R. de la Sagra. A ses yeux
— et il en est beaucoup aujourd'hui qui pensent

comme lui, on le sait — la plaie et le danger de notre
époque sont dans les progrès du matérialisme et de l'a-
théisme. M. R. de la Sagra a cherché dans l'arsenal de
la science des armes nouvelles pour combattre ce double fléau; ce sont là des armes loyales, et nous n'avons
qu'à le louer d'y recourir. Mais ne compterait-il pas
sur leur puissance un peu moins qu'il ne le dit? Le fait
est qu'il ose demander en outre l'appui du bras sécu-
lier, ce sinistre auxiliaire de l'intolérance d'autrefois!
Si j'en juge par son nom, M. Ramon de la Sagra est
Espagnol : serait-ce l'influence de l'éducation ou celle
de la race qui aurait fait passer le souffle de l'inquisi-
tion dans cet esprit d'ailleurs généreux et libéral?
Quoi qu'il en soit, l'auteur s'abuse étrangement s'il
s'imagine que son livre échapperait au feu des *auto-
da-fé*, qu'il semble vouloir rallumer... « Notre tolé-
« rance », dit-il, « ne s'étend pas à la négation des
« grands principes religieux, dont nous voyons, avec un
« étonnement mêlé de pitié, une nouvelle école achar-
« née à poursuivre la destruction. Nous dirons fran-
« chement, à ce sujet, que nous ne comprenons pas le
« rôle des gouvernements conservateurs qui tolèrent
« des attaques publiques et réitérées aux principes
« essentiels de leur existence et de celle de la so-
« ciété » (p. 2).

Nous sommes loin de nier la réalité et la gravité
extrêmes du mal signalé par l'honorable écrivain;
mais ce mal, nous le voyons moins dans la ruine de
certaines croyances qui semblent avoir fait leur temps,
que dans le déplorable retard que l'esprit de critique
scientifique, tout à l'œuvre de dissolution, apporte à rem-

placer un transitoire édifice par une construction durable.

Cependant, accusons plutôt l'impuissance de la science que son mauvais vouloir ; et cette impuissance a ici les mêmes causes que partout ailleurs : c'est toujours ce même vice radical de méthode qui consiste à laisser à l'état vague et incohérent les notions-principes sur lesquelles on discute, sur lesquelles on théorise. Il faudrait commencer par faire l'ordre et la lumière dans ce chaos, au lieu de s'évertuer à fonder la démonstration de la vérité sur le comble de l'obscurité et de la confusion.

M. Ramon de la Sagra, qui a si bien compris et si bien fait ressortir à certains égards cette faute originelle, source de tant d'égarements, de tant de malentendus, de tant de querelles sans fruit et sans issue, aurait bien dû prêcher d'exemple ; mais il n'en a rien fait. Nous avons déjà vu qu'il s'était entièrement abstenu de nous donner sa définition de l'âme, dans une dissertation consacrée à établir la réalité de la chose indiquée par ce mot. Pas davantage ne s'est-il jugé tenu à nous apprendre ce qu'il entend par ces mots de Religion et d'Irréligion, de Dieu et d'Athéisme, qui ont la vertu de le passionner, et dont il fait deux drapeaux adverses sous lesquels il appelle à venir se ranger les amis et les ennemis du bien public pour se livrer une dernière et suprême bataille, pour engager un duel à mort.

Hélas ! Messieurs, on ne s'est déjà que trop battu *pour* des mots ; si la science et la philosophie ont à prêcher une croisade, que ce soit plutôt *contre* ces mots dépouvus de sens, contre ces signes vides de siguification et gros de sanglants litiges. Quelle duperie humiliante et lamentable que celle de ces sons creux ! ils ont le pouvoir de nous exalter jusqu'à la fureur, et de nous déchaîner, tels que des bêtes féroces, les uns contre les autres ; et nous ignorons pourtant ce que ces grands et tout puissants vocables veulent dire ; et j'ajoute qu'ils ne veulent absolument rien dire, puisqu'ils restent sans définition aucune, et qu'il est laissé loisible à chacun de nous de les entendre comme il lui plaira !

Discuter, se disputer et s'égorger sur des syllabes dénuées de sens, quelle folie, quelle misère, quelle dégradation de l'esprit humain !

Théistes et Athées, ceux qui affirment Dieu et ceux qui le nient, ceux qui combattent pour sa gloire et ceux qui ont entrepris de l'humilier, ont le bras également fort et sont aussi vaillants les uns que les autres, il faut le reconnaître ; mais que ces héros de la controverse nous apparaissent enfin ce qu'ils sont, et rien de plus : *des paladins de logomachie !*

Comment ne pas voir à quel point ce duel théologique est absurde, est insensé, quand on jette les yeux sur l'histoire du mot qui en est le sujet, c'est-à-dire sur l'histoire des idées que ce mot a successivement ou simultanément recouvertes ! Ces idées, en effet, sont dépourvues de tout lien logique, de toute parenté naturelle, et offrent les plus bizarres disparates. Quel rapport de nature, quel commun attribut peut-on découvrir entre le fétiche des sauvages, un serpent, un arbre, un caillou, que vous appelez leur dieu, et le dieu de la métaphysique grecque, c'est-à-dire le con-

cept de la substance du monde considérée purement
en soi, abstraction faite des phénomènes divers et
muables par lesquels elle se manifeste? Qu'y a-t-il de
commun encore, si ce n'est le nom lui-même, entre le
dieu du polythéisme mythologique d'Homère, c'est-
à-dire un fait de la nature physique ou morale, tel que
le Soleil, tel que le Feu, la Nuit, le Jour, l'Amour, la
Colère, et ce Dieu d'une grande religion venue plus
tard, lequel s'est identifié à un certain personnage
historique? Quel rapprochement d'idées peut-on établir entre ces diverses applications du mot *dieu* et le
sens que lui donnent certains autres philosophes pour
qui Dieu est défini : ou le souverain bien, ou la perfection absolue, ou l'idéal suprême?

C'est ici le cas de répéter le cri d'étonnement et de
blâme arraché par cet énorme abus du mot Dieu,
à M. le professeur E. Caro, membre de l'Académie des
Sciences morales, dont les opinions religieuses sont
assez connues : « Comment comprendre », s'écrie-t-il,
« cette obstination à se servir d'un mot qui ne représente plus rien ! » (*De l'Idée de Dieu*, 2ᵉ édit. Paris 1864,
p. 463.)

Il a pourtant fallu, dira-t-on, une filiation, une
association d'idées quelconque pour amener les hommes à réunir toutes ces choses, si hétérogènes qu'elles
soient, sous une appellation univoque. Oui, sans doute,
mais cet enchaînement d'idées, dont on ne s'était pas
jusqu'à ce jour rendu compte, se trouve être entièrement factice, c'est en quelque sorte un pur accident.

Auguste Comte est le premier, je crois, qui se soit

inscrit en faux contre l'opinion, professée jusqu'à ce jour par l'universalité de nos hiérographes, suivant laquelle le Polythéisme naturiste aurait été l'expression originelle et spontanée de la pensée religieuse chez les divers peuples, chez ceux de la race des Aryas tout au moins. Le célèbre positiviste a soutenu que le Naturisme mythologique avait été précédé par le Fétichisme, et que c'est celui-ci, et non celui-là, qui s'offre partout comme le premier rudiment des religions.

A. Comte est en ceci dans le vrai, quant au fond ; seulement, sa thèse pèche en ce qu'il ne s'est pas rendu compte bien exactement du sens intime des croyances et des pratiques fétichistes. Suivant l'erreur commune, il a cru voir l'objet même de ce culte dans ce qui n'est en réalité qu'un signe représentatif de cet objet, ou un moyen, un organe liturgique.

L'étymologie de notre mot aryaque *Dieu*, en latin, *deus*, en grec, θεὸς pour διϝὸς, en sanscrit, *déva*, est l'argument favori que la critique hiérographique met en avant pour la démonstration de sa thèse. Ce mot, nous fait-on remarquer, a pour racine un thème *di*, voulant dire *briller*, et le sanscrit *déva*, qui, comme substantif, a le même sens que *deus*, est primitivement un adjectif ou un participe qui signifie *brillant*. Le *brillant*, telle est ainsi, ajoutent les hiérographes, la dénomination la plus ancienne de l'être que nous appelons Dieu ; et de ce fait il appert, conclut-on, que les astres furent les dieux que les hommes saluèrent et adorèrent à l'origine.

Il ne faut voir dans ce raisonnement qu'une savante erreur. La preuve déduite de l'allusion à la lumière qui est contenue dans le sens radical du vocable *dieu*, s'éva-

nouit tout d'abord devant quelques considérations linguistiques très-simples, que voici :

*Deus* ou *Divus* et *Dives* sont deux dérivés jumeaux du
même radical, *di*, briller ; et ils ne diffèrent entre eux
que par leurs désinences, *vus* et *ves*, pour *vets*, et primitivement *vas* et *vats*, dont la valeur significative (*præditus*)
est sensiblement la même. Tout indique que ces deux
substantifs ont dû être employés au commencement
avec une acception équivalente, et se prendre indifféremment l'un pour l'autre; mais peut-on admettre
que cette signification primitive et propre, commune à
ces deux mots, ait été celle d'une dénomination sacrée
des astres en tant qu'objets d'adoration dans le polythéisme naturiste? A ce compte, *dives* aurait donc été
employé au début comme synonyme de *Dieu*, dans le
sens dont il s'agit! Mais une telle supposition ne serait pas seulement gratuite, elle serait contraire à tous
les documents.

Il est naturel de supposer que *dives* et *divus* furent
affectés tous deux, dans le principe, à désigner les
chefs parmi les hommes, les nobles, et le choix de tels
mots — dont le sens radical, nous l'avons vu, est celui
de brillant — se trouvait indiqué et justifié peut-être
par les signes visibles qui faisaient distinguer ces chefs
de sauvages d'avec la foule, c'est-à-dire par l'éclat relatif
de leurs armes et de leurs parures; à moins que ce
choix d'expressions ne tînt à une association méta-
phorique entre l'idée de splendeur physique et l'idée
de la puissance (1).

(1) Dans une conversation que j'ai eue tout dernièrement avec
notre hiérographe français le plus célèbre (chacun saura qui je

Que de l'acception plus large de chef, de maître, de noble, de puissant, d'opulent, le mot *dives* se soit renfermé par la suite dans la signification plus circonscrite, plus spéciale, de *riche*, c'est là un phénomène

veux dire), ce savant m'a fait l'honneur de discuter avec moi mon argument linguistique. Il en conteste absolument la valeur en se fondant sur ce que DIVES aurait une origine phonétique distincte de celle de DIVUS, et dérivait d'un thème DIB voulant dire posséder ; et mon éminent contradicteur maintient d'autre part, et plus que jamais, la thèse de l'application primitive de l'aryaque DAIWA, *deus*, à la désignation des corps célestes. A une si haute autorité, je ne saurais être admis à opposer que des autorités ; je vais indiquer brièvement les témoignages sur lesquels j'ai cru pouvoir m'appuyer, et j'ose demander un nouvel et plus attentif examen de ces preuves à mon illustre ami, qui n'est pas moins renommé pour sa rare impartialité que pour son érudition immense.

Un autre linguiste bien connu, et dont je n'ai jamais entendu mettre en doute la compétence, le rédacteur en chef de la *Revue de Linguistique*, professe sans hésitation la parenté étymologique des deux mots DIVVS et DIVES, qu'il rattache l'un et l'autre au même radical DI, briller ; et il considère ces deux dérivés comme deux formes jumelles n'ayant entre elles d'autre différence que celle des suffixes VVS et VES pour VETS, lesquels ont tous deux le sens de *rempli de, prœditus*, et sont par conséquent synonymes. Ce célèbre professeur ajoute que les deux expressions *divus* et *dives* ont dû être employées à l'origine, en tant que substantifs, comme équivalentes, et il incline à penser que le type *dives* est le plus ancien des deux.

Cette opinion du savant directeur de la *Revue de Linguistique* m'a paru d'autant moins suspecte, j'ai hâte de le faire remarquer, qu'il est, lui aussi, un adversaire déclaré de cette mienne doctrine hiérographique en faveur de laquelle j'argue de sa doctrine étymologique. Cela dit, voici quelques autres considérations propres à corroborer le jugement de ce linguiste sur les rapports généalogiques qui uniraient *divus* et *dives* ; j'en trouve les éléments dans ses ouvrages.

Suivant l'auteur, le latin *bonus*, notre *bon*, ne serait qu'une altération d'un mot plus vieux, DVONVS, signifiant *plein de lumière*, et qui me semble singulièrement rapproché de *divinus* (*dvonvs* se serait modifié en *bonvs*, comme *dvellvm* s'est changé en *bellvm*, *dvis* en *bis*, etc.) ; *beau* viendrait pareillement d'un DVENVS, frère de DVONVS, par *benus* et son diminutif *benulus*, contracté en *bellus*. *Bona*, les biens,

idéologique qui s'explique de soi-même; mais comment, par quelle voie, par quelle filiation d'idées le mot *deus* ou *divus* est-il arrivé à dépouiller à son tour la signification primitive pour revêtir celle qui lui a été

les richesses, serait dès lors pour DVONA, et se trouverait apparenté à *divitiæ* sous le rapport phonologique comme sous le rapport de la signification, ce qui serait encore, ce me semble, une indication très-remarquable en faveur d'une communauté de dérivation entre *deus* ou *divus* et *dives*. (Voir *Lexiologie indo-européenne*, par H. CHAVÉE.)

J'ai sous les yeux un livre intitulé : *De l'origine des dénominations ethniques dans la race aryane, étude de philologie et de mythologie comparées* (Paris, 1867). L'auteur, M. Jules Baissac, est encore un partisan de la doctrine classique de l'originalité du polythéisme naturiste; et pour lui, comme pour les deux autres linguistes éminents auxquels j'ai fait allusion, l'idée de lumière qui se trouve contenue dans la signification primitive de *daiwa*, *deus*, fut suggérée par l'éclat des astres. Le livre que je cite est néanmoins consacré à établir « que les qualifications patriciennes et nobles, pour la plupart « des peuples de race indo-européenne, proviennent de radicaux ex-« primant la lumière, l'éclat et la blancheur, etc. » (*Op. cit.* p. 5.)

Si la thèse de M. Baissac est démontrée, et l'on sait qu'elle est universellement admise en principe, sur quoi M. Baissac et ses confrères se fonderaient-ils donc pour repousser mon induction comme quoi l'aryaque DAIWA (d'où *deus* et notre *Dieu*) aurait eu pour première signification substantive celle de noble, de seigneur, c'est-à-dire aurait été purement et simplement un titre de supériorité s'appliquant aux hommes ?

Nous pouvons ajouter d'ailleurs que cette doctrine sur l'origine des applications sacrées du mot *dieu*, qui prévaut parmi les hiérographes, a été combattue par l'un d'eux, M. Pictet, dans son grand et célèbre ouvrage sur *Les anciens Aryas*. L'auteur croit que les documents linguistiques concourent à prouver que le type original de notre mot *dieu* ne fut pas d'abord employé comme appellation mythologique du feu ou des astres, et à ce propos il nie formellement que le polythéisme naturiste ait marqué le début des croyances religieuses chez les Aryas. M. Pictet s'exprime en ces termes :

« Si, dès le principe, les Aryas avaient adoré la nature, il en serait « resté quelque trace dans le langage, où rien absolument ne s'écarte « du plus complet réalisme quant aux appellatifs qui désignent les « phénomènes naturels. Il faut donc bien reconnaître qu'il doit y

consacrée dans le paganisme mythologique? comment un mot qui voulait dire chef, noble, seigneur, est-il arrivé à exprimer l'idée des astres et des faits du monde physique et moral en tant qu'objets d'adoration? et comment cette signification détournée s'est-elle étendue depuis au Dieu du monothéisme? Je vais essayer de répondre à ces questions.

A. Comte, ai-je dit, a signalé dans le fétichisme la manifestation la plus ancienne, comme la plus élémentaire, la manifestation spontanée, instinctive, de ce besoin inné de notre être, de cette faculté constitutive de notre âme, qu'on nomme sentiment religieux. Mais qu'est-ce au juste que le fétichisme? quelle en est l'idée mère, l'idée primordiale et essentielle?

A. Comte s'est trompé sur ce point comme tout le monde; et cette erreur commune, c'est d'avoir pris le *fétiche* pour l'objet même du culte, pour le dieu, alors

« avoir eu un temps où le polythéisme n'existait pas encore, et où « cependant la langue était déjà formée. Peut-on supposer qu'alors, « et durant cette période préparatoire, les Aryas primitifs soient « restés sans croyances religieuses, uniquement livrés aux intérêts « de la vie matérielle, ou aux superstitions d'un grossier fétichisme ? » (*Op. cit.*, t. II, p. 708.)

Après avoir entrepris, et y avoir réussi, je crois, de démontrer que l'opinion qui fait naître le polythéisme mythologique avec la pensée religieuse est une erreur mise à nu par la critique du langage, le savant Genevois donne à son tour contre l'écueil de l'esprit de système en conjecturant que ce fut le monothéisme qui constitua la forme première de la foi en Dieu. Non, c'est bien le fétichisme, c'est bien la nécrolâtrie, qui fut la forme originelle de l'adoration, chez les Aryas comme chez les autres races, et cette conclusion me paraît recevoir une confirmation nouvelle du conflit d'opinions que je viens de signaler parmi les linguistes. Je suis du reste exempt de parti pris, et je soumets mon jugement avec déférence à la critique des savants autorisés.

qu'il n'est, ou que le symbole de ce dieu, ou un moyen matériel à l'aide duquel ses adorateurs croient entrer en communication avec lui.

Le dieu, les dieux du fétichiste, ce sont les prétendus *fantômes*, les *âmes*, les *esprits des morts*; et toutes ses pratiques religieuses (autrement dit *superstitieuses*), ainsi que l'entier ministère de ses sorciers, qui sont des prêtres (et des prêtres au sens le plus vrai), sont institués dans le seul but de concilier à l'adorateur la faveur de ces dieux, de conjurer leur colère, et d'obtenir leur intervention toute-puissante au profit de ses intérêts. Et maintenant, le fétichisme étant ainsi ramené à ses caractères véritables, je me déclare complétement de l'avis d'A. Comte: avec ce philosophe, je constate que toute religion est fétichisme ou fille du fétichisme.

M. Fustel de Coulanges a écrit un livre des plus remarquables (1) pour démontrer une thèse fort inattendue; c'est que la constitution de l'antique cité grecque et latine était une expression politique de la Religion des Morts, et que, dans cette société, les ancêtres, révérés comme des puissances souveraines, étaient à tout instant consultés sur les affaires politiques par le moyen des augures et des voyants, et formaient en quelque sorte le sénat invisible et suprême de la République.

Ce que M. Fustel de Coulanges nous a dévoilé chez les Latins et les Grecs primitifs, est un fait commun à l'histoire de tous leurs frères de la famille aryaque, Celtes, Germains, Slaves, Hindous et Persans; et le même fait se retrouve également dans celle des Sémites

(1) *La Cité Antique*, ouvrage couronné par l'Institut, in-8°. Paris, 1867.

16

et des Égyptiens, dans celle des Chinois et de tous les peuples civilisés de l'extrême Orient. Et enfin, ce même fait est actuel et vivant dans les croyances et les pratiques religieuses qu'on peut observer encore à cette heure chez les peuplades sauvages ou à demi sauvages répandues dans les deux hémisphères.

Croire que les morts survivent sous une forme invisible et peuvent exercer une action puissante sur nos destinées, telle est donc la foi religieuse première, telle est, dans son dogme essentiel et caractéristique, la vraie *religion naturelle*, c'est-à-dire celle qui se produit avec spontanéité et qui est commune à l'homme primitif de toutes les races, de tous les lieux et de tous les temps; et enfin ce vieux dogme est encore, dans un état plus ou moins latent, plus ou moins voilé, au fond de toutes les religions artificielles et conventionnelles ultérieurement constituées, et il est en réalité tout ce qui y subsiste de véritablement religieux.

Cette humanité occulte, ces ancêtres que la mort a pourvus d'une vie nouvelle et investis d'une puissance merveilleuse, deviennent l'objet d'une piété où le respect et la crainte l'emportent sur la tendresse; on s'applique surtout à se concilier leurs faveurs, et, à cette fin, on en use avec eux comme avec les puissances de ce monde : on les traite en hommes, on flatte leur amour-propre en les qualifiant de *seigneurs* (on leur donne aussi, mais plus rarement, le nom de *pères*), et *seigneur, puissant, terrible, digne de vénération*, tel est, en effet, le sens de la plupart des appellations usitées dans les différentes langues pour désigner, soit le dieu-homme, le dieu-lare, le seul dieu de la foi primitive (1), soit Dieu et les dieux dans l'acception la plus vague. On institue, à l'intention de ces mystérieux protecteurs, ce qu'on appelle un *culte*, et qui consiste à leur rendre des honneurs, à les prier et à les louer, à s'incliner devant eux (2), à leur faire foi et hommage, et surtout à leur faire des offrandes. Et qu'étaient ces offrandes ? C'étaient des présents comme un vassal en offrirait à son seigneur d'ici-bas; c'étaient des provisions de bouche et des boissons, des armes, des vêtements, des parures, etc.

Je me demande comment la raison de nos hiérographes a pu accepter si facilement une hypothèse aussi invraisemblable, qui veut que les premiers hommes aient eu spontanément la pensée absurde, insensée, inexplicable, d'adresser des requêtes au soleil, à la lune, au jour, à la nuit, au courage, à l'amour, etc.,

---

(1) *Lar*, nous dit M. Maury, dans son *Histoire des Religions de la Grèce*, signifiait au propre Seigneur, et, particularité remarquable, ce mot, d'après M. Chavée (Voir *Lexiologie indo-européenne*), vient d'un radical aryaque *las*, qui, de même que *di*, radical de *deus*, *divus*, a le sens de briller. Et le mot *Manes*, les *Mânes*, ne signifie-t-il pas primitivement, les *Bons*, les *Honorables*, et plus anciennement encore, les *Brillants*, étant dérivé du même radical que *Mane*, matin, μήνη, *Moon*, la lune, etc. ?

(2) « Le mot religion, sur lequel on a débité tant de fadaises, ne « signifie pas lien ou liaison, comme l'ont cru à première vue les « étymologistes, qui se sont empressés de faire de religion le syno- « nyme de sociabilité... *Religio* ou *relligio*, dont le radical *lig* re- « paraît dans *p-lic-are f-lec-tere*, *supp-lic-are*, ployer, courber, et « par dérivation lier, est un vieux mot qui veut dire inclinaison « du corps, révérence, courbette, génuflexion. On s'en servait exclu- « sivement pour désigner l'hommage de l'homme à l'autorité divine. « Les auteurs latins ne le prennent jamais dans un autre sens. » P.-J. PROUDHON (*De la Justice dans la Révolution et dans l'Église*, I, p. 100).

et de servir à boire et à manger à de tels hôtes !

Pour tout esprit voulant se donner la peine de réflé-
chir et voulant juger sans parti pris, il sera manifeste
qu'un pareil culte ne pouvait avoir été imaginé et institué que sous l'empire d'une idée anthropolâtrique ; et
que, pour en être venue actuellement à adresser à des
objets inanimés, à des êtres de raison, à de purs concepts ontologiques, ce même culte évidemment destiné
à des êtres humains, la religion devait avoir été jetée
brusquement hors de sa voie et égarée par quelque
méprise étrange. Or, suivant toute apparence, voici
comment se produisit ce déraillement complet de la
tradition et de l'esprit religieux.

Il s'agit là d'un phénomène moral des plus curieux
et d'une importance historique immense ; et, encore
une fois, je me demande avec étonnement comment
il se peut qu'un pareil fait ait échappé jusqu'à ce jour
à la sagacité des érudits.

La croyance à la vie des morts, — permettez-moi ce
paradoxe, — et à leur intervention souveraine dans les
affaires des vivants, étant générale et fortement enra-
cinée chez l'homme primitif, celui-ci se laisse aller à
la pente de rapporter à cette action occulte les divers
effets naturels dont les causes correspondantes, véritables causes prochaines ou lointaines, sont encore pour
lui un mystère profond et redoutable qu'il n'a pas eu
l'idée, qu'il n'aura point surtout l'audace d'interroger
avec sa raison. Alors ce sont les dieux, c'est-à-dire les
morts, qui deviennent les auteurs de tout ce qui se voit,
et auxquels tout est imputable, et le bien et le mal.

L'idée de *dieu* prend de la sorte une extension dans le sens de *cause occulte*, de cause souveraine, de cause mystérieuse et toute puissante; et lorsqu'enfin la critique scientifique vient à naître et à faire briller une première lueur dans les ténèbres de l'esprit humain, alors, quand il s'agit d'exprimer la notion toute neuve de cause, de *cause naturelle*, c'est le mot *dieu* qui s'offre à cette physique vagissante comme le terme le moins impropre à rendre sa pensée (1).

Dans la croyance populaire, les Dieux, c'est-à-dire les morts, étaient jusque-là les seules causes, les seuls dieux; c'est eux qui faisaient gronder le tonnerre, qui faisaient tomber du ciel les pluies bienfaisantes et aussi les grêles dévastatrices, qui faisaient le chaud et le froid, la pluie et le beau temps. Viennent les physiciens : ils découvrent un rapport de cause à effet, ou du moins un rapport constant d'antécédance et de conséquence entre certaines positions des astres et les phénomènes météorologiques et biologiques dont notre planète est le théâtre, et voilà qu'ils se prennent à penser et à affirmer que les dieux, les antiques dieux (c'est-

---

(1) Les philosophes avaient d'ailleurs des raisons de prudence pour dissimuler leur conception de la cause naturelle ou rationnelle sous le nom protecteur de *dieu* ; ce mot était un sauf-conduit pour des doctrines de libre examen qui venaient disputer l'empire des intelligences à la foi aveugle. Élever au-dessus des Dieux une cause qui n'eût pas été dieu, c'eût été un blasphème qui ne fût point resté impuni. On sait par l'exemple d'Anaxagore, de Socrate et de quelques autres, à quoi l'on était exposé en faisant ouvertement de la physique ou de l'ontologie sans abriter ces spéculations sous le couvert de la théologie. Les métaphysiciens chrétiens durent recourir plus tard à la même supercherie (dont ils finirent par être dupes eux-mêmes) pour ne pas porter ombrage à la religion.

à-dire les ancêtres, les morts) ne sont pas les seuls
dieux (c'est-à-dire les senles *causes*); que le ciel et la
terre, l'eau et le feu, que le soleil, la lune, les planètes,
les étoiles, sont aussi des dieux (c'est-à-dire des causes,
des agents), et les plus puissants de tous peut-être.

Et qu'arrive-t-il alors? Il arrive que le même mot
servant à rendre banalement et la notion d'ancêtre, de
mâne, de lare, de revenant, comme nous dirions de
nos jours, et la notion de cause ou agent naturel, cette
expression univoque enfante la plus gigantesque et la
plus monstrueuse de toutes les équivoques. En caractérisant les agents de la nature par le mot *dieu*, le philosophe physicien rendait de son mieux l'idée de cause
naturelle, idée qui n'était encore qu'en germe dans son
entendement; mais c'était bien véritablement et uniquement cette cause naturelle qu'il avait en vue de désigner, qu'il avait présente dans son esprit. Cependant,
le vulgaire qui l'écoutait était loin de pouvoir s'élever
à cette conception abstraite; le physicien lui parlait du
dieu Soleil, qui fait le jour, qui chasse la nuit, et répand sur la terre la chaleur féconde, et l'esprit de la
foule nécrolâtre, à ce nom de dieu, évoquait spontanément, instinctivement, automatiquement, l'image d'un
dieu lare, d'un dieu homme; et, poursuivant cette méprise dans ses conséquences extrêmes avec une rigueur
de logique qui menait à l'abîme de l'absurde, la foule,
pour la première fois, s'agenouillait devant ce dieu Soleil, dans lequel jusque-là elle n'avait vu qu'un disque
lumineux, et ce disque lumineux, revêtu par l'imagination d'une nature et d'une personnalité humaines,
recevait des hommages et des prières; on lui adressai⸱

des sacrifices, on lui présentait sur une table, qu'on appelait l'autel, des viandes et des libations, comme à un dieu humain qui boit et qui mange!

Voilà, Messieurs, la véritable origine du polythéisme naturiste. Le naturisme mythologique fut une conception raisonnée du monde, ce fut, à proprement parler, un système de physique générale, où les agents naturels sont appelés dieux, et où l'imagination religieuse, déroutée, affolée, voit un aréopage dont les décrets sont la loi de l'univers.

Le passage du polythéisme naturiste au monothéisme ontologique n'est qu'un développement ou une forme nouvelle de la même erreur. La physique mythologique expliquait bien, dans une certaine mesure, les phénomènes par des causes secondes; mais ses explications, renfermées dans l'ordre des faits partiels et spéciaux, ne pouvaient répondre à la véritable curiosité philosophique; et lorsque celle-ci s'éveilla à son tour, elle se posa le problème de la raison absolue des choses dans ses termes radicaux : elle demanda un nouveau dieu, le dieu unique et tout-puissant, c'est-à-dire la cause des causes, la cause qui rendrait compte à elle seule de l'universalité des effets. Ce dieu suprême, les penseurs crurent le reconnaître dans le τὸ ἕν et le τὸ ὄν, c'est-à-dire dans la monade indivisible, dans le principe de la substance (1). Et le vulgaire, irrémédia-

____

(1) Tennemann dit, à propos d'Anaximandre de Milet :

« La substance première est l'infini, ἄπειρον, contenant tout en soi, περιέχον, et qu'il nomme en conséquence le divin, τὸ θεῖον... » (*Manuel de l'histoire de la philosophie*, trad. Cousin, 2e éd., I, 90.)

blement imbu des originelles croyances nécrolâtriques,
mit encore un visage humain à ce dieu unique de l'ontologie, comme il en avait mis un, autrefois, à chacun des dieux innombrables de la physique; et ce
concept de la plus transcendante métaphysique se
transforma dans l'imagination des adorateurs en un
personnage solitaire, souverain suprême du monde,
qu'il crée, gouverne, détruit et reconstruit à sa guise,
et tel, en un mot, que pourrait se concevoir le plus
omnipotent et le plus irresponsable des despotes.

Le polythéisme naturiste d'Homère et du Rig-Véda,
et le monothéisme des métaphysiciens grecs, hindous
et chrétiens, ne sont donc respectivement qu'un système de physique et un système d'ontologie, c'est-à-
dire deux ordres de conceptions qui, par la nature de
leur objet et de leur domaine propre, n'ont rien de
commun avec l'idée religieuse, cette idée dont l'essence est d'adorer, et dont l'adoration des morts semble avoir été partout et en tout temps la seule production spontanée.

Adorer le soleil, adorer l'eau ou le feu, ou bien adorer le principe de la substance en soi, le *noumène de la
substance*, τὸ ὄντος ὄν (Platon), c'est-à-dire adresser des
supplications et des hommages à des êtres inanimés,
ou, qui plus est, à des êtres impersonnels, non à des
individualités, mais à des spécificités et à des concepts
d'une généralité absolue, tout cela est assurément une

---

Le même auteur caractérise ainsi l'ontologie de Parménide, d'après
Aristote : « Selon lui, tout est de la même nature ; tout est un, et
cette unité (de nature) est Dieu : ἓν εἶναι τὸ πᾶν, ἓν τοῦτο καὶ πᾶν
τὸν θεὸν ἔλεγεν. » (*Op. cit.*, I, 107).

méprise prodigieuse ; le sentiment religieux, cela est
évident, n'a aucunement affaire avec de tels objets, ces
objets-là ne sont pas les siens.

Le temps me paraît venu pour la critique de mettre
fin à une confusion qui, en unissant deux ordres d'i-
dées tout différents, les dénature l'un par l'autre et leur
fait porter des fruits monstrueux. Donc, quand M. R. de
la Sagra, et, avec lui, tous les théologiens et les philosophes déistes nous rappellent au culte de la divinité
et jettent feu et flamme contre l'athéisme, il faut que
ces messieurs s'expliquent enfin ; nous avons le droit
de le leur demander : le dieu qu'ils nous prêchent est-
il le dieu de l'ontologie ? dans ce cas, croire en Dieu
ou n'y pas croire, est complétement indifférent à la
religion et à la morale, et exiger l'adoration d'un tel
dieu équivaut à exiger qu'on se prosterne soir et matin
devant la loi de l'Attraction Universelle ou devant
l'hypothèse de la Corrélation des Forces ; c'est insensé,
rien de plus.

Mais s'il ne peut plus s'agir du dieu ontologique, de
quel dieu nous parlera-t-on alors ? On nous parlera d'un
dieu personnel, d'un dieu dont l'homme est l'image.
Fort bien, mais pourquoi nous représenter ce dieu
comme *unique* ? Ne savons-nous donc pas que l'*unicité*
divine n'appartient en propre qu'au dieu de l'ontologie,
et que, en séparant l'idée du dieu personne de l'idée
du dieu substance, deux idées que vous aviez confon-
dues en dépit de toute raison, le premier perd par
cela même son attribut de singularité, puisqu'il l'avait
emprunté au premier par l'effet de cette confusion (1) ?

(1) Un philosophe qui aurait un plus grand renom parmi nous

Cette confusion dissipée, nous nous trouvons en
présence de deux conceptions originales : le Noumène
général de la Substance (1), création de la métaphy-

si nous étions moins engoués de phraséologie et si nous étions moins
dépourvus de l'esprit philosophique nécessaire pour distinguer les
penseurs dignes de ce nom, M. J. Tissot, professeur de philosophie à
la Faculté de Dijon et membre correspondant de l'Institut (Académie
des Sciences morales), a écrit les réflexions suivantes, aussi profondes
que hardies :

« On sait bien de science certaine que les œuvres des hommes ne
« sont pas l'effet du hasard, ni celui de la nature ; mais on ne sait
« pas aussi certainement que l'œuvre de la nature elle-même est
« l'œuvre d'une intelligence, d'une puissance distincte. Est-on bien
« sûr, par exemple, que des agents invisibles, des forces naturelles,
« des âmes mêmes, ne soient pas la cause éternelle des organisations
« contingentes et périssables, et qu'il y ait lieu à concevoir une
« cause unique et universelle ? C'est en tout cas commettre une
« pétition de principes que de supposer qu'il n'en est rien quand il
« s'agit de prouver l'existence de Dieu. » (De l'Imagination, 1 vol.
in-8°, Paris 1869, par M. J. Tissot, doyen de la Faculté des lettres
de Dijon et professeur de philosophie, p. 162.)

(1) Je dis bien : Noumène GÉNÉRAL de la Substance ; et en cela je ne
fais pas de pléonasme. Car chaque mode phénoménal de la matière
a son mode noumenal correspondant, qui est alors un noumène
spécial ; tandis que la matière, considérée dans ce qu'il y a de
commun entre ses phénomènes spéciaux, est représentée dans l'esprit par un noumène général, qui est le noumène des noumènes particuliers. Un exemple fera saisir ces distinctions.

Soit donc, je suppose, le mode matériel spécial que nous nommons
la Lumière. Au point de vue phénoménal, ce mode est représenté
par certaines sensations spéciales qu'il a la propriété d'éveiller en
nous. Cependant, en soumettant cet effet à une analyse critique,
nous découvrons que ce qui détermine la sensation de lumière, peut,
dans des circonstances données qu'il n'est pas impossible de faire
naître, peut, dis-je, provoquer la sensation de son, d'odeur, de goût,
de toucher, de chaleur, toute espèce de sensation enfin, ou bien
encore se montrer impuissant à susciter en nous une sensation quelconque. Ne faut-il pas conclure de là que les caractères sensibles ou
phénoménaux de la lumière ne lui sont pas intrinsèques, essentiels,
et que, ne la connaître que par de tels caractères, ce n'est pas la con-

sique, — et les Dieux-hommes, ou Hommes-esprits, de la nécrolâtrie primitive ; — et quant à tout le reste, ce n'est plus qu'un résidu informe et sans valeur, un amas de quiproquos, de contre-sens, et de non-sens.

naître véritablement ? Il ne peut plus y avoir de doute à cet égard. Pour pénétrer la connaissance de la lumière dans sa nature intrinsèque, de manière à pouvoir prévoir les effets possibles de ce mode matériel et d'excercer notre empire sur ces effets, il ne suffit donc plus de *sentir* la lumière, de la *voir* : il faut la *concevoir*, il faut en saisir le *noumène*. C'est alors que la notion de lumière, dépouillée de toute idée de luminosité, devient pour nous un concept mathématique formé d'idées de mouvements et de lignes. Le phénomène de la lumière a disparu, nous n'en voyons plus que ce noumène, et nous opérons avec facilité et sûreté sur les données de ce noumène de la lumière, pour découvrir les mystères les plus intimes de la lumière. Nous la sentions par ses phénomènes, nous ne la comprenions pas ; nous la *comprenons* maintenant par son seul noumène, et nous avons conquis, dès ce moment, et la science et l'empire de cette puissance de la matière.

Mais le mode phénoménal qui correspond à notre sensation de lumière, est un terme général qui embrasse plusieurs modes spéciaux de lumière correspondant à nos sensations lumineuses spéciales de blanc, de rouge, de jaune, de vert, etc. Or, sous chacun de ces modes phénoménaux spéciaux de la lumière se cache un noumène spécial de la lumière : de même que la lumière en général a son noumène corrélatif, qui est un noumène général, de même aussi la lumière bleue a son noumène propre, et pareillement de la lumière violette, etc., ce qui fait autant de noumènes spéciaux de la lumière. Ces noumènes spéciaux consistent dans les formes secondaires du mode de mouvement vibratoire constituant la lumière en général ; ainsi un caractère noumènal de la lumière rouge, de la lumière bleue, de la lumière jaune, c'est que cette lumière est respectivement due à un mouvement ondulatoire d'une vitesse de 500, de 653 et de 563 billions de vibrations à la seconde.

Or, les grands modes spéciaux de la Matière, nommés lumière, chaleur, etc., sont à la matière en général comme les modes lumineux spéciaux dont nous venons de parler sont à la lumière en général : ils répondent à de grands noumènes spéciaux corrélatifs, et ces grands noumènes spéciaux de la matière rentrent dans un grand et suprême noumène général ou noumène absolu de la matière.

Le mot *âme* a partagé la fortune du mot *dieu*, il en a subi les vicissitudes ; et tandis que l'équivoque contenue dans le premier convertit inévitablement en logomachie la dispute entre les Théistes et les Athées, le second, grâce à une équivoque analogue, fait que la querelle du Spiritualisme et du Matérialisme n'est à son tour qu'une dispute de mots.

Je viens de vous entretenir longuement de l'universalité de la croyance aux *âmes des morts* chez l'homme des premiers âges, croyance dont les racines sont si profondes et si vivaces dans notre nature, qu'elle a survécu à toutes les catastrophes religieuses, et tend à se reproduire spontanément et opiniâtrément jusque dans des sociétés dont le milieu devrait lui être le moins propice, jusqu'au sein de notre civilisation savante et sceptique, témoin le *spiritisme* contemporain.

Or, quelle est l'origine de cette croyance ? Une telle question n'a pas seulement de l'intérêt au point de vue de l'histoire, et de la philosophie de l'esprit humain ; elle appelle aussi l'attention de l'anthropologiste, et par-dessus tout elle est du ressort de la psychologie physiologique, cette jeune science qui se cultive ici.

La linguistique et l'hiérographie critique foisonnent d'indications lumineuses sur ce sujet ; mais je n'entreprendrai pas de vous les exposer en ce moment, ce serait une digression un peu trop longue ; je me contenterai de citer à ce propos le témoignage de deux ou trois auteurs anciens ou modernes.

Voici d'abord un passage très-explicite de Cicéron ; vous y trouverez, en outre d'une opinion très-compétente sur la genèse des croyances nécrolatriques, vous y trouverez, dis-je, une autre affirmation très-nette de l'illustre Romain comme quoi de telles croyances furent au commencement l'unique foi religieuse ayant cours chez les Latins et chez les Grecs. Cicéron s'adresse à Atticus :

« Pour appuyer l'opinion dont vous demandez à être
« convaincu, j'ai à vous alléguer de fortes autorités,
« espèce de preuve qui, dans toute sorte de contes-
« tation, est ordinairement d'un grand poids. Je vous
« citerai d'abord toute l'antiquité. Plus elle touchait
« de près à l'origine des choses et aux premières pro-
« ductions des dieux, plus la vérité peut-être lui était
« connue. Or, la croyance générale des anciens, des
« *vieux* (*cascos*), comme disait Ennius, était que la
« mort n'éteint pas tout sentiment, et que l'homme,
« au sortir de cette vie, n'est pas anéanti. Quan-
« tité de preuves, et surtout le droit pontifical et
« les cérémonies sépulcrales, ne permettent pas d'en
« douter. Jamais des personnes d'un si grand sens
« n'auraient révéré si religieusement les sépulcres, ni
« condamné à des peines si graves ceux qui les violent,
« s'ils n'avaient été bien persuadés que la mort n'est
« pas un anéantissement, mais que c'est une sorte de
« transmigration, un changement de vie qui envoie au
« ciel et hommes et femmes d'un rare mérite, tandis
« que les âmes vulgaires sont retenues ici-bas, mais
« sans être anéanties. Plein de ces idées, qui étaient
« celles de nos pères, et conformément à l'opinion
« régnante, Ennius a dit :

Romulus in cœlo cum diis agit ævum.

. . . . . . . . . . . . . . . . . . . .

« Si je fouillais dans l'antiquité, et que je prisse à
« tâche d'approfondir l'histoire des Grecs, nous trou-
« verions que ceux mêmes d'entre les dieux à qui l'on
« donne le premier rang, ont vécu sur la terre avant
« que d'aller au ciel. Informez-vous quels sont ceux
« de ces dieux dont les tombeaux existent en Grèce.
« Puisque vous êtes initié aux mystères, rappelez-vous-
« en les traditions. Vous tirerez de là vos consé-
« quences. Car, dans cette antiquité reculée, la physi-
« que n'était pas connue : elle ne l'a été que longtemps
« après, en sorte que les hommes bornaient alors
« leurs notions à ce que la nature leur mettait devant
« les yeux, et ils ne remontaient point des effets aux
« causes. Ils étaient souvent en proie à des visions, la
« plupart nocturnes, qui leur faisaient voir ceux qui
« étaient morts tels que s'ils vivaient (1). » (*Tuscula-
nes*, I, §§ XII et XIII.)

Lucrèce exprime les mêmes opinions; dans les vers
suivants, il signale les visions, nocturnes ou diurnes,
de fantômes humains, comme la source de la croyance
aux dieux :

> Quippe etenim jam tum Divûm mortalia secla
> Egregias animo facies vigilante videbant,
> Et magis in somnis mirando corporis auctu :
> His igitur sensum tribuebant propterea, quod
> Membra movere videbantur, vocesque superbas
> Mittere pro facie præclara, et viribus amplis.

(1) . . . . . *l'isis quibusdam sæpe tenebantur, hisque
maxime nocturnis, ut viderentur ii, qui excesserant, vivere.*

Eh quoi !. l'hallucination, serait-ce donc là la source
d'où découleraient les croyances religieuses :

*Egregias animo facies vigilante videbant !*

et la religion aurait-elle pour base un fait de pathologie ?

Cette question, Messieurs, est de votre ressort s'il en
fut jamais ; et je puis ajouter qu'elle a été indiquée, je
dirai même posée, dans le traité des *Hallucinations*
que nous devons à la plume savante d'un de nos collègues, M. Brierre de Boismont.

Voici encore quelques vers du grand poète penseur
où, après avoir suggéré que l'idée des dieux était née
de l'idée des fantômes humains, il explique comment,
dans leur entière ignorance des causes naturelles, les
hommes en étaient venus à attribuer à de tels dieux
toutes les opérations de la nature :

Præterea cœli rationes ordine certo,
Et varia annorum cernebant tempora verti :
Nec poterant quibus id fieret cognoscere causis ;
Ergò perfugum sibi habebant omnia Divis
Tradere, et illorum nutu facere omnia flecti.

(De nat. rer., l. V, v. 1168 et sqq.)

Les mots qui expriment aujourd'hui nos abstractions
les plus subtiles n'ont été employés primitivement que
pour représenter des notions d'ordre concret et tout matériel. Le mot *âme* et ses équivalents de notre langue
(*esprit*, par exemple) ou des autres langues, tels que
*anima, animus* (transcription latine de ἄνεμος), *spiritus,*
ψυχή, πνεῦμα, *atma,* âme (mot sanscrit allié au grec
ἀτμός, vapeur), etc., impliquent tous l'idée de souffle;

et il n'est pas douteux que l'idée de l'âme et de l'esprit ne se réduisît à cette idée de souffle pour les psychologues de la première époque.

Ces observateurs identifiant l'essence de la vie et de la pensée avec le phénomène de la respiration, et, d'autre part, ayant à concilier le fait patent, irrécusable de la décomposition du corps mort, du corps privé de souffle, privé d'âme, avec la croyance aux apparitions des morts, c'est-à-dire à la vie persistante de ceux dont le cadavre était là gisant inanimé, ou, qui plus est, dissous et réduit en un monceau de cendres, — ils imaginèrent que le souffle, que l'âme est un quelque chose qui abandonne le corps au moment du trépas pour s'en aller vivre ailleurs de sa vie propre. Ce quelque chose, cet esprit, cette âme était en quelque sorte un corps dans un autre corps, c'était même là le vrai corps, ce corps incorruptible et glorieux dont il est parlé dans saint Paul; et le phénomène de la mort n'était autre chose, dans une telle conception, que la mise en liberté de ce corps subtil, de cet εἴδωλον (suivant le parler des Grecs) retenu durant la vie, véritable période de captivité, dans les liens du corps périssable, une vraie prison.

Telle est, en deux mots, la notion religieuse de l'âme, telle est l'âme de l'eschatologie hiératique. Je le répète, dans cet ordre de conceptions, l'âme, c'est l'homme lui-même, l'homme tout entier, l'homme dans l'intégrité parfaite de ses facultés actives et passives, l'homme en pleine possession de son être sensoriel et mental, en possession de toute son économie d'organes et de fonctions, et conservant son visage et son entière figure de personne humaine. Ce que nous appelons le corps, ce que la mort détruit, ne constitue qu'une sorte de revêtement du corps perpétuel, une enveloppe où l'âme est passagèrement renfermée, telle que le papillon dans la chrysalide.

Ainsi entendue, l'âme ne diffère donc du corps proprement dit qu'en ce qu'elle serait formée d'une autre sorte de matière ; au fond, son organisation serait la même. Séparée du corps périssable, cette âme vivrait dans un milieu et dans des conditions physiologiques analogues au milieu et aux conditions de vie de ce que nous appelons l'existence corporelle. Séparée, délivrée de son corps éphémère, l'âme boirait et mangerait, de même qu'elle continuerait à sentir, à penser, à se mouvoir, à agir ; seulement, ses aliments et ses boissons, bien que forcément matériels, seraient d'une matière subtile, homogène à celle de l'âme elle-même..... Et c'est dans le but de subtiliser les offrandes faites à ces âmes détachées de l'enveloppe mortelle, et d'approprier ces offrandes aux organes *spirituels*, que l'on imagina de les brûler sur l'autel. *Agni*, c'est-à-dire le feu (*ignis*), qui remplissait cet office, a obtenu, à cause de cela, le titre de *grand sacrificateur* dans les *mandalas* védiques.

Cédons pour un moment la parole sur ce sujet à notre éminent collègue, si savant et si autorisé, M. Alfred Maury :

« Les Grecs pensaient », dit-il, « qu'après que le ca-« davre avait été brûlé, l'ombre (εἴδωλον) survivait à « la destruction de l'enveloppe matérielle, et se ren-« dait seule dans Hadès. Cet εἴδωλον était une simple

« apparence qui reproduisait la forme du corps vivant,
« mais qu'on supposait formée d'une matière subtile
« et déliée. » (A. Maury, *Histoire des Religions de la
Grèce*, t. I, p. 333.)

L'auteur ajoute en note :

« L'idée de cet εἴδωλον semble être suggérée par les
« fantômes du rêve (voy. à ce sujet Lucrèce, I, 121 ;
« Virgile, *Énéide*, VI, 654 ; Apulée, *Apologétique*,
« p. 315 ; Salluste, *de Diis et Mundo*, 19 ; Olympio-
« dore, *Ap. Platon.*, édit. Bekk., t. V., p. 248, note 1.) »
(*Op. cit., ibid.*)

L'auteur fait encore, à ce même propos, cette autre
remarque :

« Dans le principe, on brûlait la totalité de la vic-
« time... la victime étant donnée en entier à la divinité,
« la flamme devait en consumer complétement la chair,
« afin que celle-ci pût en respirer la fumée et s'en nour-
« rir d'une manière en quelque sorte invisible..... Le feu
« devenait le moyen par lequel la chair de la victime
« était transformée en un aliment que peut prendre
« un être céleste et invisible. Car telle est l'idée que les
« anciens se faisaient de la nourriture des dieux, et que
« l'on retrouve chez les Aryas, presque à chaque verset
« du Véda. Agni, le feu, dévore l'offrande, et la fait
« passer aux dieux, auxquels elle est destinée. » (*Op.
cit.*, t. II, pp. 83 et 84.)

Cette physique hiératique de l'âme et d'un *autre
monde* s'est formulée partout spontanément et a eu
universellement cours, de même que le simple fait de
croire aux esprits et à la vie future. Cette théorie qui
fut, à n'en pas douter, le fond commun des doctrines

proprement religieuses de l'Asie, de l'Égypte et de l'Europe, se retrouve, dans tous ses développements didactiques, jusque chez les Peaux-Rouges de l'Amérique du Nord, et, on peut ajouter, jusque chez les fétichistes les plus sauvages des deux hémisphères. Nous trouvons sur ce sujet les détails les plus précis et les plus instructifs dans une conférence faite à l'Institut Royal d'Angleterre par M. Edward Burnet Tylor ; je crois pouvoir me permettre de vous en citer le passage le plus important, malgré la longueur de ce morceau.

« Nous savons tous », dit M. Burnet Tylor, « quelle « terreur sincère et profonde les fantômes causent aux « sauvages. Souvent on peut dire sans hyperbole qu'ils « craignent plus un homme après sa mort que pen- « dant sa vie. L'idée que le sauvage se fait d'une « ombre est à peu de chose près celle que s'en fait de « nos jours même un paysan anglais : c'est un fan- « tôme léger qui va de place en place; il ressemble, « quand on le peut voir, à la personne à qui il appar- « tenait ; mais souvent il est invisible, bien qu'il soit « capable de frapper et de faire entendre des sons. « La notion de l'ombre se confond d'une manière « presque inséparable avec celle de l'esprit ou âme, « du souffle et du sang, de ces choses insaisissables « qui suivent l'homme et lui ressemblent, une ombre, « par exemple, et son visage reflété dans l'eau. Une « telle idée de l'ombre conduit assez facilement à pen- « ser qu'en tuant un homme, vous pouvez affranchir « son ombre et l'envoyer où il vous plaît. C'est ce que « fait le roi de Dahomey, quand il envoie chaque

« jour un homme à son père dans la terre des ombres.
« Les Gètes, suivant Hérodote, envoyaient tous les
« cinq ans un homme à leur dieu Zamolxis et le
« chargeaient de leurs messages; ils le lançaient en
« l'air et le recevaient sur la pointe de leurs lances.
« Dans l'Inde anglaise, il y a environ quatre-vingts
« ans, on rapporte que deux Brahmanes, croyant
« qu'un homme leur avait volé quarante roupies, pri-
« rent leur propre mère et lui coupèrent la tête, afin
« que son ombre pût tourmenter et poursuivre jusqu'à
« la mort leur voleur et sa famille : la vieille femme
« elle-même se prêta à cette singulière vengeance. Ce
« n'est pas là un cas isolé ; il se rattache à des prati-
« ques indiennes bien connues.

« Nous rencontrons encore, dans presque tous les
« pays du monde, à des époques différentes, un usage
« qui s'accorde parfaitement avec cette opinion : c'est
« celui qui consiste à tuer des hommes et des femmes
« sur la tombe des morts. Dans une des îles de la mer du
« Sud, on passe une corde au cou de la femme lors de
« son mariage, et, quand elle perd son mari, on l'étran-
« gle pour délivrer son âme, afin qu'elle puisse accom-
« pagner le mari dans la terre des ombres, prendre du
« poisson pour lui et lui faire cuire ses patates. Les
« Daïaks de Bornéo aiment par-dessus tout tendre des
« embûches à leurs ennemis et rapporter leurs têtes
« sous leurs cabanes..... Leur intention, en agissant
« ainsi, est de s'assurer des esclaves dans l'autre
« monde.

« Ces usages sont l'application d'une théorie des
« esprits, qui, si elle est grossière et fausse, se com-

« prend cependant. C'est par une raison analogue
« qu'on tue, non-seulement les femmes et les esclaves
« du mort, mais aussi ses chiens et ses chevaux, pour
« les ensevelir avec lui ou les brûler sur son tombeau.
« L'ombre de l'homme montera l'ombre du cheval
« dans la terre des ombres, et l'ombre du chien pour-
« suivra une ombre de gibier (1); ou bien, comme au
« Mexique, le chien devait porter son maître au delà
« de la rivière qui sépare le monde des vivants du
« monde des morts. Au Groenland, on plaçait une tête
« de chien près de la tombe d'un petit enfant, afin que
« l'âme du chien, animal qui trouve toujours son che-
« min pour revenir au logis, pût guider dans la terre
« des esprits l'enfant abandonné.

« Mais quand on ensevelit ou qu'on brûle pour les
« morts des objets inanimés, et non pas des hommes
« ou des animaux seulement, quelle est la raison de
« cet usage? Quand les tribus de chasseurs de l'Améri-
« que du Nord donnent au mort pour compagnon son
« cheval favori, et enterrent avec lui son arc et ses
« flèches ; quand les tribus de pêcheurs ensevelissent
« le mort dans son canot en mettant à côté de lui sa
« rame et son harpon, quelle différence pouvons-nous
« distinguer dans l'intention qui fait offrir les objets
« inanimés et les objets animés? Ne doivent-ils pas éga-
« lement servir à leur propriétaire? Quand les femmes

(1) Ces idées, dont je n'entends nullement me rire, me rappellent
cependant malgré moi ces vers du poète burlesque :

> Je vis l'ombre d'un laquais
> Qui brossait l'ombre d'un carrosse
> Avecque l'ombre d'une brosse.

17.

« d'un chef mort et ses esclaves, ses chevaux, ses armes,
« ses vêtements et ses ornements, sont sans distinction
« ensevelis avec lui ; quand on dépose des aliments
« à côté du mort et qu'on les renouvelle tous les mois ;
« quand on donne au petit enfant ses jouets; quand on
« met le calumet dans la main du guerrier mort, afin
« qu'il puisse le présenter en signe de paix, tandis qu'on
« dépose à ses côtés une provision de couleurs pour
« qu'il puisse se peindre et se présenter avec une pa-
« rure convenable aux guerriers ses frères ; dans ces
« cas-là, et dans une foule d'autres, on suppose que
« l'esprit des morts se servira des esprits des hommes,
« des animaux, et même des esprits des armes, des
« vêtements et des aliments enterrés avec lui.

« Nous devons donc supposer que les sauvages at-
« tribuent aux objets inanimés eux-mêmes quelque
« chose d'analogue aux esprits et aux ombres ; et c'est
« ce qui a lieu en effet. Il est reconnu que les habi-
« tants du Fidji attribuent des esprits aux objets dé-
« pourvus de vie. Ils pensent qu'on peut voir les âmes
« des canots, des maisons, des plantes, des vases brisés
« et des armes, descendre la rivière de la mort et se
« diriger vers la terre des âmes. Si nous passons dans
« l'Amérique du Nord, nous y trouvons cette même
« idée : on y croit, non-seulement que les âmes sont
« comme des ombres, et que tout dans l'univers est
« animé, mais encore que les âmes des hachettes,
« des pots et de semblables objets doivent, aussi bien
« que celles des hommes et des animaux, franchir
« l'étendue d'eau qui sépare leur séjour dans cette vie
« du grand village où le soleil se couche à l'Occident

« lointain. Nous ne devons pas nous attendre à ce que
« les esprits des armes et des pots auront autant de
« vitalité et une existence aussi distincte, dans la philo-
« sophie sauvage, que les esprits des hommes et des
« chevaux. Les objets inanimés ne donnent pas ces
« signes d'existence que présentent chez les animaux
« et les hommes la respiration, les sens, l'activité
« libre et volontaire ; mais cependant ils ont aussi
« leurs ombres, comme nous l'apprend le conte nou-
« veau-zélandais de *Te-Kenawa* : cet homme offrit aux
« fées son collier et ses pendants d'oreilles ; elles en
« prirent les ombres et lui en laissèrent la subs-
« tance. Les objets ont aussi une propriété qui s'ac-
« corde avec ce que les sauvages pensent de la nature
« des ombres : leurs fantômes impalpables peuvent se
« montrer bien loin du lieu où demeure leur substance
« réelle ; ils apparaissent dans les rêves et les hallu-
« cinations, que les sauvages regardent comme des
« événements réels.

« Une étude superficielle du spiritualisme des sau-
« vages a souvent conduit à croire qu'il provenait
« d'une corruption des croyances de races plus cul-
« tivées ; mais une étude plus approfondie des faits
« tend à montrer qu'une telle supposition intervertit
« l'ordre réel des faits..... L'histoire des offrandes
« funéraires dont nous venons de parler montre de la
« façon la plus intéressante les transformations d'une
« cérémonie qui tire son origine d'une philosophie
« sauvage et grossière, et qui finit par devenir une
« pure formalité symbolique. Aux yeux des Aryas
« védiques, c'était une chose tout à fait raisonnable de

« brûler les instruments des sacrifices et du culte avec
« le corps du prêtre mort, afin qu'il pût s'en servir
« dans l'autre monde ; mais l'Hindou de notre temps
« se contente de jeter un fil de laine sur le gâteau
« funéraire qu'il offre à son père, en disant : « Puisse
« ce vêtement tissé de laine être une offrande agréable
« à tes yeux ! » Nous pouvons apprendre, dans Ovide,
« comment les offrandes d'aliments faites aux morts,
« qui n'étaient, aux époques primitives, qu'une prati-
« que sauvage, s'étaient transformées de son temps
« en une simple cérémonie par laquelle s'exprimaient
« des sentiments d'affection.....

« Nous pouvons voir que les premiers chrétiens
« avaient conservé la coutume païenne d'ensevelir des
« ornements avec les morts, de mettre des jouets dans
« le tombeau des enfants, faisant justement la même
« chose qu'une Indienne peau-rouge..... Les Chinois
« ont conservé la coutume antique d'honorer les morts
« par des présents de vêtements et d'argent ; mais
« l'argent que dépose le Chinois sur le corps de son
« père n'est qu'une monnaie de carton recouverte
« d'une feuille d'argent ; il brûle cette pièce, afin que
« son père puisse en recevoir l'ombre et la dépenser
« dans l'autre monde. Ce même Chinois préparera un
« festin pour les âmes de ses ancêtres morts ; il atten-
« dra avec ses amis, pendant un temps suffisant, que
« les ombres de ses aïeux aient consommé l'ombre des
« aliments... Si nous voulons voir plus près de chez
« nous une coutume analogue, nous n'avons qu'à
« passer en Bretagne. Là, le soir de la fête des Morts,
« nous trouverons le feu allumé, le foyer balayé, et le

« souper servi, pour que les âmes des morts viennent
« en prendre leur part. Et quand nous voyons une
« couronne d'immortelles déposée sur une tombe, ou
« un bouquet de fleurs fraîches jeté dans la fosse en-
« core ouverte, l'histoire des offrandes funèbres nous
« permettra de reconnaître ce que nous n'aurions
« guère deviné sans un pareil secours, c'est-à-dire que
« nous voyons là un vestige des croyances des plus
« grossiers sauvages... » (*Revue des Cours Scientifiques*
du 5 octobre 1867.)

Après avoir essayé de faire comprendre, à l'aide de
développements qui paraîtront peut-être démesurés,
quelle fut l'idée attachée primitivement au mot *âme* et
restée la seule signification de ce mot dans toutes les
doctrines religieuses où il n'a pas perdu encore toute
valeur, je vais indiquer les transformations que la philosophie biologique et la psychologie métaphysique ont
fait subir depuis à cette conception.

L'animisme physiologique des scolastiques, celui de
Stahl et de ses modernes disciples, M. Tissot et M. Bouillier, procède immédiatement et intimement de cette
théorie, naïve si l'on veut, erronée peut-être, mais
assurément conséquente, raisonnée, intelligible, que
M. Tylor vient de nous exposer avec de si intéressants
détails. Stahl, ses prédécesseurs et ses successeurs, entendent par l'âme une forme virtuelle de l'organisme,
ou plutôt un organisme composé d'une substance *pneu-
matique, spirituelle* au sens religieux, qui résiderait
dans l'organisme visible, lui donnerait sa structure, et
lui imprimerait le mouvement de la vie végétative :

*Anima forma corporis organici*, a dit saint Thomas.

La filiation de ce corollaire physiologique de la théorie hiératique de l'âme, et sa métamorphose psychologique consécutive, ont été assez bien comprises par les philosophes de Port-Royal; leur *Logique* contient sur ce sujet un passage remarquable, que je crois devoir reproduire.

« L'homme », y est-il dit, « ayant reconnu qu'il y « avait en lui quelque chose, quoi que ce fût, qui fai- « sait qu'il se nourrissait, et qu'il croissait, a appelé « cela *âme*, et a étendu cette idée à ce qui est de sem- « blable, non-seulement dans les animaux, mais même « dans les plantes. Et ayant vu encore qu'il pensait, il a en- « core appelé du nom d'âme ce qui était en lui le prin- « cipe de la pensée. D'où il est arrivé que par cette res- « semblance de nom, il a pris pour la même chose ce « qui pensait et ce qui faisait que le corps se nourris- « sait et croissait. » (*Logique* de Port-Royal, 1re part., ch. XI.)

Ces considérations nous indiquent le double passage du mot âme de son sens hiératique originel à sa signi- fication psychologique et ontologique à travers la con- ception biologique de Stahl et de saint Thomas.

L'âme de la psychologie métaphysique est à l'âme des doctrines religieuses ce que le Dieu de l'ontologie est au Dieu de ces mêmes doctrines : entre ces deux notions de l'âme, il y a un abîme. Et maintenant, comme l'équivoque du mot vient inévitablement mêler à l'idée de l'âme ontologique, c'est-à-dire à l'idée du *sujet*, du *moi*, les attributs disparates de l'âme hiéra- tique, de là s'ensuit cette confusion, cette cacophonie désespérante dans laquelle les soi-disant spiritualistes et les soi-disant matérialistes crient à qui mieux mieux sans parvenir à s'entendre les uns les autres, sans réussir, qui pis est, à s'entendre eux-mêmes !

Pour la psychologie d'observation pure, pour la psychologie de l'école anglaise, par exemple, l'âme, c'est le faisceau un et multiple des facultés de sentir et de penser envisagées dans leurs manifestations seulement. Allant au delà des simples phénomènes de la sensation et de la pensée, la psychologie ontologique, la psychologie des vrais métaphysiciens, des Descartes, des Leibnitz, s'applique à pénétrer la cause et l'essence de ces phénomènes, à discerner et à déterminer la nature du pouvoir constant dont ils émanent ; elle arrive à se faire une conception intuitive de ce pouvoir, qu'elle appelle l'âme, et cette conception, saisie dans son expression irréductible, s'offre sous deux aspects complémentaires : l'idée du *sujet* ou du *moi*, et l'idée d'un *centre dynamique* inétendu. Les spéculations de cette psychologie ont dès lors pour but de déterminer les rapports dynamiques et géométriques qui rapprochent, dans un conflit incessant et nécessaire, ces deux termes opposés du dualisme ontologique : le *moi* et le *non-moi*, le *sujet* et l'*objet;* la force simple, une, inétendue, et le composé étendu des forces multiples, — antithèse qui se résume encore dans ces deux mots : *esprit* et *matière*.

N'est-il pas évident que la psychologie hiératique de l'εἴδωλον, pour qui l'âme est un corps véritable, un organisme, et qui, par esprit, *spiritus*, πνεῦμα, n'entend pas autre chose qu'une substance étendue, subtile au-

tant qu'on voudra, gazéiforme, suivant l'expression de
M. Maury, mais dans tous les cas matérielle, nécessairement matérielle, — et la psychologie des métaphysiciens, qui est une analyse mathématique transcen-
dantale du principe de la conscience ou subjectivité, et
pour laquelle ce principe, qui est aussi l'*âme* ou l'*esprit*,
est un concept de l'immatériel ; — n'est-il pas, dis-je,
évident que ces deux psychologies n'ont rien de commun entre elles, qu'elles n'ont rien, rien absolument,
de commun que des mots ?

Quelle sera donc cette âme qui fait le sujet du violent
débat où la conscience publique se voit partagée et dé-
chirée, pour ainsi dire, entre le prétendu spiritualisme
et le prétendu matérialisme ? Quand les soi-disant spiritualistes font un si grand crime à leurs adversaires de
nier la réalité ou l'immortalité de l'âme, n'auraient-ils
donc, par hasard, aucune idée de ce qu'ils entendent
reprocher aux matérialistes ? Et quand ceux-ci acceptent
le reproche avec un si arrogant défi, ou bien se donnent tant de soins et font tant d'efforts pour s'en disculp-
per, n'auraient-ils, eux non plus, aucune notion précise
de ce qui est en cause dans la querelle à laquelle ils
prennent si vivement part ?

Si nous allons au fond de cette dispute passionnée
où les deux partis se démènent à l'envi dans le galimatias, nous reconnaîtrons que l'âme dont le problème soulève tant d'obscures colères, ce n'est pas l'âme des philosophes, mais l'âme de la physique religieuse, l'âme de
l'eschatologie hiératique, l'âme-εἴδωλον, l'âme du sauvage et du charbonnier. En elle même, l'âme de l'ontologie n'est certes pas un sujet de nature à soulever de telles

tempêtes. Ce dont il s'agit donc dans cette controverse furieuse, c'est de cette âme dont la question est en définitive d'un si souverain intérêt pour l'individu et pour la société, de cette âme qui assurerait à la personne de chacun de nous la continuation et la possession de soi-même en dépit de la mort, et permettrait à la justice distributive de lui faire récolter dans une autre vie le fruit légitime, doux ou amer, de ses œuvres d'ici-bas. En un mot, la discussion roule en réalité sur l'âme *matérielle*, qui est, je l'admets, un sujet légitime d'examen; mais pour démontrer l'existence et l'éternité de cette *âme matérielle*, que fait-on? On invoque les arguments dont les métaphysiciens se servent pour démontrer leur *âme immatérielle*, qui est tout autre chose! et telle est la folie que je dénonce.

Les métaphysiciens prêtent les mains à cet abus : l'eschatologie religieuse usurpe les titres de l'ontologie et s'en fait un faux passe-port, sans qu'ils protestent; ils jugent sans doute que les intérêts de la religion et de la morale autorisent cette pieuse fraude. Mais combien ils se trompent! ils perdent ce qu'ils veulent sauver, ils préparent la ruine de ce qu'ils croient consolider. En prêtant aux croyances religieuses et morales l'appui d'une démonstration de l'éternité de l'âme qui n'a aucune valeur pour ces croyances si ce n'est grâce à une équi-voque, la métaphysique donne à ces croyances une sé-curité funeste; elle les détourne de se chercher elles-mêmes leurs principes propres, de se creuser de fermes fondements, et par là elle condamne l'édifice à crouler tout d'un coup le jour inévitable où la critique fera disparaître l'illusion sur laquelle était étayé cet édifice.

Qu'on le sache bien : les vérités établies par la psychologie ontologique n'apportent ni preuve ni pré-
somption en faveur de la doctrine de l'immortalité de
l'âme au sens que la religion et les moralistes attachent à cette formule. Permettez-moi d'entrer dans
quelques explications à ce sujet.

Au point de vue de l'analyse métaphysique, l'âme,
autrement dit le pouvoir conscient, le pouvoir de sensation et de pensée(1), nous est représentée objectivement,
c'est-à-dire en tant qu'objet de conception, considéré
dans ses relations avec l'espace, par la notion de la *monade* ou atome absolu. Cette assimilation entre l'âme et
la monade une fois admise, il est évident que l'âme est
indestructible, l'atome absolu, la monade ne pouvant
être détruite, puisqu'elle ne peut être divisée.

Cependant, si ce pouvoir individuel de conscience
constitue une individualité et une identité indéfectibles,
il n'est dans cette condition que comme *substance ;* en
tant que *forme,* il est assujetti au contraire à des altéra-
tions continuelles et sans limite. Je vais tâcher de me
faire comprendre en me servant d'une comparaison.

Soit une certaine molécule d'eau individuelle, une
goutte d'eau que j'ai là sous les yeux. Cette goutte
d'eau est sans doute identique à elle-même, c'est-à-
dire qu'elle constitue une certaine portion de la matière absolue, qu'elle sera toujours, et quoi qu'il arrive,
cette certaine partie de la matière absolue, et qu'elle
n'en sera jamais *une autre* partie. Bref, cette goutte

(1) « J'appelle âme ce qui est en nous le principe de la pensée. »
Port-Royal. (*Logique,* I, xij.)

d'eau, que voilà, est une certaine goutte d'eau, et elle ne sera jamais *une autre goutte d'eau qu'elle-même*, c'est de toute évidence.

Mais nous faisons baisser la température jusqu'au-dessous de zéro, et notre goutte d'eau devient une perle de glace ; est-ce donc toujours là notre même goutte d'eau ?

Non ; de goutte d'eau, il n'en existe même plus ; nous n'avons plus d'eau, nous avons de la glace. Et pourtant je suis encore en droit de dire que c'est toujours *la même* partie de la matière absolue que nous avions et avons là devant nous !

La goutte d'eau individuelle dont il s'agit a cessé d'être comme goutte d'eau, mais elle continue à être, et à être *elle-même*, identique à soi, en tant que portion donnée de la matière absolue, en tant que matière pure. N'est-ce pas vrai ? Oui, sans doute, cela est vrai et cela est clair ; et cette conclusion, techniquement exprimée, s'énonce en disant que la goutte d'eau, en devenant glace ou vapeur, perd son *identité formelle*, mais que son *identité substantielle* reste intacte.

Pareillement de l'âme, de l'âme au sens ontologique, s'entend. Comme monade, c'est-à-dire comme partie infinitésime individuelle de la substance absolue, son identité est inamissible, elle est immuable dans son *identité substantielle;* mais sera-t-elle donc également immuable dans son *identité formelle ?*

Par l'identité formelle de l'âme, nous entendons cet ensemble, cette combinaison et ce concours actuels de dispositions sensorielles, intellectuelles et morales, de connaissances, de souvenirs et d'affections particuliers, qui font que notre être psychique a une autre forme, une autre physionomie, une autre manière d'être actuelle que celle qui caractérise notre voisin. Or, quoi de plus instable, Messieurs, que cette identité formelle du moi? Ne se modifie-t-elle pas, ne se détruit-elle pas à tous les instants? suis-je donc à l'âge de quarante ans celui que j'étais à l'âge de quarante mois?

L'état actuel de l'âme, son identité formelle, est le produit, est le reflet, des conditions mouvantes de son milieu, surtout de ce milieu prochain que nous nommons l'*organisme*.

Oui, c'est ce milieu qui détermine tous les états, toutes les formes variables de l'âme, tout comme les conditions actuelles de la température ambiante déterminent inévitablement l'un ou l'autre des trois états physiques — solide, liquide et gazeux — dans l'identité chimique constante exprimée par le symbole HO.

Ainsi, ce sont les dispositions du milieu, du milieu prochain ou le corps, et du milieu médial ou monde ambiant, qui impriment à toute âme individuelle son cachet propre, qui font qu'elle est présentement âme humaine et non âme de bête, qu'elle est âme d'un Washington et non point âme d'un Napoléon; âme d'un Newton, d'un Leibnitz, d'un Fourier, et non âme de ce qu'on appelle aujourd'hui « un petit-crevé », et *vice versa*.

Or, Messieurs, je vous le demande, quel changement plus grand, plus radical que celui qui, tout à coup, fait passer une âme du corps d'un homme bien constitué et bien sain dans le chaos de la matière inorganique! quel changement de milieu plus profond pour l'âme que celui que lui apporte la catastrophe de la mort! Une altération relativement nulle survenue dans l'arrangement normal des molécules du cerveau suffit souvent pour changer la *forme* de notre âme au point de lui ôter tout caractère humain et de la faire descendre jusqu'à ces plus bas échelons de l'animalité, où la vie psychique semble être un continuel sommeil : que restera-t-il donc à cette âme, dites-le-moi, que lui restera-t-il de sa présente identité formelle, de ses traits caractéristiques actuels, quand le corps actuel tout entier se sera dissous (1)?

Bref, ces considérations nous le font voir clairement, le dogme religieux de l'immortalité de l'âme n'a aucun secours à attendre de la démonstration métaphysique de l'éternité de l'âme, car, je le répète encore une fois, il ne s'agit point de part et d'autre de la même chose sous ce commun et même nom d'âme. Le principe de

(1) L'âme ou monade, considérée abstraction faite du corps, abstraction faite de la matière ambiante, c'est-à-dire de l'agglomération des autres monades qui l'entourent, se présente à notre conception comme illimitée dans l'exercice de ses virtualités, dans l'expansion de ses forces, comme dans un *état formel* pu fait. Jamais elle ne saurait atteindre à cette condition, toutefois sans doute parce qu'elle ne peut pas plus être isolée réellement de la matière que le point mathématique ne peut être réellement isolé de tout autre point. Mais, bien que condamnée à ne devoir parvenir jamais à cette perfection absolue, l'âme s'en rapproche de plus en plus, et à l'infini, à mesure que l'organisation de *son corps* se perfectionne, c'est-à-dire à mesure que les monades environnantes se groupent s'organisent de façon à la limiter de moins en moins. Cette vue sur les rapports élémentaires de l'âme et de la matière paraît ne pas avoir été étrangère aux premiers métaphysiciens, et je présume qu'ils y ont puisé la doctrine célèbre, de nos jours fort mal comprise, qui condamne la matière ou le multiple, ou, autrement dit, la confusion, comme étant l'origine de tout mal, et qui exalte l'âme, l'esprit, *le simple*, comme l'unique source de toute perfection et de tout bien.

l'éternité et de l'indestructibilité de *la force*, qui est aujourd'hui un axiome de haute physique admis par tous les savants, est une vérité qui se confond, bien qu'obtenue par une voie différente, avec le principe de l'éternité et de l'indestructibilité de l'âme établi par l'ontologie psychologique. Le spiritualisme religieux et moraliste songerait-il à se réclamer du premier de ces deux résultats ? Non, on peut l'affirmer ; qu'il renonce donc à se faire une arme du second, car ces deux résultats n'en font en réalité qu'un seul.

Nous voici donc maintenant face à face avec le dogme de la psychologie religieuse dépouillé de son travestissement ontologique, c'est-à-dire avec cette théorie antique d'une autre vie et d'un autre monde, qui est le fond dogmatique et pratique de toutes les religions, et la véritable thèse du spiritualisme vulgaire devenu celui de nos philosophes, à leur insu. Ramenée à ses termes propres, formulée franchement, sans fausse honte et sans équivoques, cette thèse doit être soumise à la critique scientifique. L'importance du sujet n'est pas douteuse ; et d'ailleurs il y va du repos et de la dignité des hommes de science, harcelés aujourd'hui plus que jamais par les accusations de matérialisme, que tout malentendu cesse entre eux et leurs dénonciateurs.

Diverses considérations d'un caractère rigoureusement scientifique peuvent jeter, dès à présent, un premier jour sur cette question ; je vais en indiquer rapidement deux des principales. Je ferai connaître d'abord une objection nouvelle contre les dogmes eschatologiques, et la plus redoutable, à mon avis, que ces croyances aient jusqu'ici rencontrée.

Notre savant et très-autorisé collègue M. Baillarger avait signalé depuis longtemps, je me plais à lui rendre cette justice, un grand fait de psychologie qu'il a nommé, si je me souviens bien, l'*automatisme de la pensée*; j'ai aussi étudié ce fait avec attention, et je crois, qui plus est, avoir été assez heureux pour l'expliquer (1).

Ce n'est pas dans *notre* moi, ce n'est pas dans la monade où se concentre notre personnalité mentale, que sont contenues, à vrai dire, toutes les notions dont l'éducation et l'expérience nous ont approvisionnés et dont nous faisons usage à toute heure; la presque totalité de ces notions se trouve, pour ainsi dire, emmagasinée dans les centres psychiques subalternes qui se confondent pour le physiologiste avec les centres nerveux de second ordre subordonnés au centre cérébral proprement dit. Ces notions, ces connaissances, ces souvenirs, que nous croyons puiser dans notre moi lui-même, ce sont en réalité des emprunts que nous faisons aux *moi* ou centres psychiques subalternes constituant pour notre moi comme une sorte de bureau de renseignements dont il reçoit les informations désirées avec une telle instantanéité qu'il est convaincu de ne les devoir qu'à lui-même. Permettez que j'explique ma pensée en citant un passage d'une étude sur l'instinct

(1) Voir mon ouvrage intitulé : *Électro-Dynamisme vital* (publié en 1855 sous le pseudonyme de J.-P. Phillips); voir aussi mes *Essais de Physiologie Philosophique*, et ma brochure portant pour titre : *La Philosophie Physiologique et Médicale à l'Académie de Médecine.*

et l'Habitude. qui fait partie de mes *Essais de Physiologie Philosophique :*

« Ce n'est pas seulement notre dynamisme musculaire qui peut être profondément affecté par l'habitude;
celle-ci n'a pas une moindre influence sur l'exercice
des sens, de l'intelligence, des appétits et des sentiments. Et, ici comme là. nous trouvons sans peine le
mot de l'énigme dans la théorie.

« Souvenons-nous qu'une dépendance mutuelle rattache nos différentes facultés psychiques, par leurs
organes cérébraux, aux différents centres du système
de la moelle et du système ganglionnaire. C'est ainsi
que les divers états de notre âme réagissent sur les
fonctions végétatives, et que les modifications de celles-
ci provoquent des modifications parallèles dans notre
sensorium, dans notre intelligence, dans nos passions (1). Cela étant, je veux supposer que nous sou-
mettions notre intelligence à une certaine série d'opérations, c'est-à-dire à certaines modifications, à certaines
idées directement provoquées et renouvelées à de courts
intervalles pendant une période assez longue : nous
habituerons par là les centres correspondants de la vie
végétative à réagir parallèlement contre ces modifications cérébrales.

« Or, les modifications primitives du cerveau, se produisant sériellement et suivant un certain rhythme ,
c'est-à-dire dans un rapport de succession, de durée et
d'intensité constant, de sorte que telle modification
soit toujours suivie de telle autre modification , l'en-

(1) Voir mes *Essais*, pp. 26, 53, 54 et 62.

chaînement est naturellement le même entre les modifications consécutives correspondantes du système médullaire ; il doit en résulter que, une modification cérébrale se produisant, la modification médullaire corrélative qui s'ensuit tend à déterminer, à elle seule, toutes les modifications médullaires suivantes de la même série.

« Maintenant, comme toutes ces modifications médullaires consécutives ont une contre-réaction dans le cerveau et y renouvellent, dans leur ordre exact, les modifications primitives dont elles sont issues, il est aisé de concevoir qu'il suffira de susciter directement dans l'âme le terme initial d'une *série habituelle* de modifications (émotions, idées, sensations), pour que toutes les autres s'y reproduisent, chacune à son tour, par le seul ressort de l'excitation sympathique de la moelle ou des ganglions.

« Appliquons ces principes à un exemple très-simple. Quand j'étudiais la table de Pythagore, je répétais avec attention, et je m'efforçais de graver dans ma pensée des séries de mots telles que les suivantes : *deux et deux font quatre ; sept fois neuf font soixante trois*, etc. Au début, et pendant nombre de journées, je ne pouvais arriver que par un effort soutenu de la pensée, le premier membre d'une de ces équations étant donné, à me rappeler le second. Aujourd'hui, je ne puis dire en moi-même : *sept fois neuf font...* sans que aussitôt, et sans aucun effort de mémoire ni d'attention, les mots *soixante trois* arrivent tout formés sur ma langue, pour ainsi dire.

« De réfléchie, d'attentive, d'active qu'elle était, ma

18

mémoire est devenue passive, *automatique*. Elle était
telle qu'un écrivain pauvre obligé d'user la majeure
partie de son temps et de ses forces à courir les bi-
bliothèques, à compulser et à déchiffrer péniblement
ment les auteurs, à transcrire longuement et laborieu-
sement des documents indispensables ; maintenant,
elle n'a plus qu'un signe à faire : de mystérieux secrétaires qui ont fait d'avance toutes les recherches, s'em-
pressent et pourvoient sur-le-champ à toutes ses nécessités.

« Je viens d'indiquer, dans ce qu'il a d'essentiel, le
mécanisme de l'*automatisme de la pensée*; une expérience, familière sans doute à beaucoup de ceux qui
me liront, met en relief d'une façon saisissante l'action
de ce mécanisme. Si j'oublie l'orthographe d'un mot,
et si le dictionnaire ne se trouve pas là pour venir en
aide à ma mémoire défaillante, eh bien, je prends le
parti de consulter ces secrétaires intimes dont il vient
d'être question ; je consulte des *mémoires* qui ont leur
siége, non dans le cerveau, mais dans les centres nerveux de la moelle animant les mouvements de ma main.
Pour ce faire, je prends la plume ; ensuite, j'exprime
mentalement la volonté que le mot douteux soit tracé
tel qu'il doit être ; et, après cela, j'éloigne mon attention de ce qui va se passer afin de laisser toute leur
spontanéité aux intelligences consultées : aussitôt la
plume court sur le papier, et le mot désiré se trouve
écrit en toutes et bonnes lettres, comme par enchantement... » (*Op. cit.*, p. 427.)

Bref, ce mécanisme de la mémoire, au moyen duquel nous rassemblons et mettons en réserve les idées

et les rappelons à volonté à notre esprit, ce mécanisme mental est fondé sur un mécanisme organique consistant dans une combinaison de centres nerveux distincts, lesquels sont le siége d'autant de centres de pensée, d'autant de *moi* distincts. Maintenant, la destruction des organes n'entraînera-t-elle pas inévitablement la dissolution de cette société de coopération psychique, par la dispersion de ses membres? Et que restera-t-il alors de notre caractéristique personnelle, si le faisceau de nos connaissances, de nos attachements, de nos aversions et de nos souvenirs est pour toujours détruit?

Le spiritualisme physique nous répondra peut-être que la hiérarchie des centres psychiques survit à l'anéantissement du système nerveux, et que cette hiérarchie, conservant intacte la constitution qui lui est propre, reste groupée autour du centre psychique suprême, autour de notre moi, et accompagne ce moi dans sa nouvelle sphère d'existence.

Fort bien, mais cette solution rencontre, dans la physiologie expérimentale, une difficulté singulièrement grave; la voici :

Une vérité d'observation aujourd'hui mise hors de doute, c'est que les centres nerveux métacéphaliques (c'est-à-dire qui sont situés au-dessous ou en arrière du centre cérébral, et lui sont subordonnés), peuvent continuer à vivre et à manifester les attributs du sentiment et de la volonté après leur entière séparation d'avec la tête, cette tête continuant de son côté à vivre isolément et à accuser l'exercice non interrompu de la pensée (voir ci-dessus, p. 219). Les centres psychiques reliés ensemble par le système nerveux au grand centre constituant notre moi, ne sont donc pas inséparables de ce moi : la division de leurs segments nerveux respectifs suffit pour faire cesser leur union; comment cette union serait-elle respectée par la mort, qui divise l'organisme nerveux jusque dans ses dernières molécules?

Le spiritualisme hiératique peut se prévaloir de son côté d'une autre considération biologique qui n'est pas sans force. La biologie est obligée de reconnaître que tout l'ensemble, toutes les parties et jusqu'aux plus minimes détails de l'organisme parvenu à son complet développement, préexistaient en puissance dans le germe. Or, l'organisation de ce germe ne présente aucune analogie appréciable de forme ni de complexité avec l'organisation de l'animal ou du végétal parvenu à son état parfait.

«On ne peut plus mettre en doute aujourd'hui», dit J. Mueller, «que le germe n'est point une simple « miniature des organes futurs, comme le croyaient « Bonnet et Haller; car les rudiments des organes ne « deviennent pas visibles par l'effet seul du grossisse- « ment; ils ont un assez grand volume dès leur pre- « mière apparition; mais ils sont simples, de sorte que « nous voyons les organes complexes naître peu à peu « d'un organe primitivement simple. » (*Manuel de Physiol.*, édit. Jourdan et Littré, t. I, p. 21.)

Si le germe de l'homme recèle et contient potentiellement la forme et la structure entières de l'organisme humain développé, sans que rien dans la forme et la structure visibles de ce germe puisse y déceler la présence de cette virtualité, pourquoi, peut-on se demander, une virtualité pareille n'échapperait-elle pas à

la destruction du corps, elle qui en a précédé la formation? Et pourquoi cette virtualité, dont les attributs,
d'une réalité incontestable cette fois, sont si analogues
aux attributs supposés de l'âme-είδωλον de la foi religieuse, et à ceux de l'anima forma corporis de la biologie scolastique et stahlienne, ne pourrait-elle pas
survivre à ce corps, bien qu'invisible, de même qu'elle
lui avait préexisté invisiblement?

Qu'on ne se fasse pas d'illusion de part ni d'autre :
l'immortalité de la personne humaine est une hypothèse qu'aucun raisonnement tiré de nos connaissances
positives proprement dites ne peut faire passer à l'état
de vérité prouvée ni faire condamner non plus en dernier ressort comme une erreur; c'est une question qui,
jusqu'à présent, reste ouverte, et j'estime que ce n'est
pas à moins d'une démonstration expérimentale directe
que les croyants réussiront à transformer leur foi, plus
ou moins aveugle, en une certitude scientifique, et à
ôter toute raison au scepticisme, jusqu'ici légitime et
respectable, des esprits critiques. Il est aujourd'hui
quelques savants faisant profession de libres penseurs
qui sont arrivés, sur l'imposant sujet dont il s'agit, à
conclure dans le sens du vieux dogme eschatologique;
ils basent leur jugement sur de prétendus faits d'observation qui seraient inconnus de la science classique, et
ces faits leur semblent décisifs. Un pareil témoignage,
qui tout d'abord excite nos défiances, mérite un autre
accueil, nous venant d'hommes d'un savoir sérieux,
d'un caractère honorable et d'une intelligence distinguée, tels, par exemple, que mon célèbre ami le doc-

18.

teur anglais Hugues Doherty (1), tels que le rédacteur scientifique du journal *le Siècle*, M. Camille Flammarion auteur de plusieurs écrits fort goûtés du public savant et lettré (2). Dans les matières où l'expérience est seule juge, affirmer ou nier *à priori* et sans examen est également contraire au véritable esprit de la science.

---

Permettez-moi, Messieurs, de résumer en quelques mots mes appréciations, que je viens de vous exposer longuement, trop longuement sans doute, sur l'ouvrage dont la Société m'avait chargé de lui rendre compte.

M. Ramon de la Sagra a consacré son livre à un sujet qui, tout à la fois, porte sur la physiologie d'observation, et de là s'élève, par la gradation naturelle des idées, aux plus hautes considérations philosophiques.

J'ai dû suivre l'écrivain jusque dans ces régions supérieures pour ne point laisser incomplète la tâche que vous m'aviez confiée. Et, en cela, d'ailleurs, pouvais-je craindre, Messieurs, de sortir de la sphère d'étude que vous vous êtes tracée? Votre titre de Psychologues, que vous tenez tant à honneur de justifier, et les dispositions formelles de votre programme, où une place

(1) Le docteur Doherty est l'auteur d'un ouvrage considérable, *Organic Philosophy*, publié à Londres en 1867.
(2) Lire dans la *Solidarité* (volume de 1869, p. 107), revue philosophique dirigée par M. Charles Fauvety, un discours de M. C. Flammarion dans lequel il a résumé en termes remarquables les principes de sa doctrine scientifico-religieuse.

a été soigneusement réservée à la philosophie, étaient
là pour me rassurer pleinement à cet égard.

Tous les savants d'élite, tous ceux qui sont aujour-
d'hui à la tête des sciences spéciales dans la voie des
grandes découvertes : physiciens, naturalistes, physiologistes, pathologistes ; tous — mais à la vérité ils ne
sont pas nombreux — tous, dis-je, commencent à reconnaître que, au degré de développement où elles
sont actuellement parvenues, les diverses branches du
savoir positif se rencontrent et s'arrêtent devant un
commun obstacle. Cet obstacle, qu'il faut écarter pour
que la science puisse continuer librement à croître,
ce sont des problèmes d'ordre général qu'il faut résoudre.

M. Ramon de la Sagra est de ceux à qui reviendra
le mérite d'avoir eu l'intelligence de cette haute vérité.

Frappé surtout du désordre et de la stérilité que le
manque d'esprit philosophique sème dans le champ de
la psychologie, de la physiologie et de la médecine,
l'honorable académicien s'est appliqué à nous révéler
les plaies de notre science une et triple. Soutenu par
les intentions les plus louables, après avoir constaté le
mal, il s'est mis en quête du remède.

Les phénomènes d'ordre sensoriel et mental que
l'action des anesthésiques permet de développer chez
l'homme, qu'elle nous permet d'y observer et d'y suivre
avec une sûreté et une commodité qu'on était si loin
d'espérer, lui ont paru faire entrer la psychologie dans
le domaine de la méthode expérimentale ; et du sein
de ces phénomènes, dont il a fait une étude laborieuse,

M. de la Sagra a cru voir les solutions suprêmes se dégager déjà en pleine lumière.

Je suis loin de partager une telle confiance, je l'ai déclaré; et sur beaucoup de points je la trouve illusoire. Je me suis plu à le reconnaître, le savant auteur a soulevé des questions d'une grande importance, et pour ma part je lui sais gré d'avoir donné un utile exemple en cherchant à les résoudre par l'usage exclusif des données et des méthodes de la science. Mais, j'ai été forcé de le dire, cette entreprise a échoué.

Sans doute, l'analyse des opérations mentales faite à l'aide des agents anesthésiques peut éclairer par certains côtés la question qui divise les philosophes en spiritualistes et en matérialistes ; elle est insuffisante pour la résoudre. Ce grand et si désirable résultat, qui mettrait fin à un conflit où les plus fortes intelligences s'épuisent infructueusement, doit, à mon sens, être cherché ailleurs, et nous avons cru devoir indiquer le chemin qui nous semble mener plus sûrement à ce but.

Cependant, en scrutant les effets de l'anesthésie dans une préoccupation philosophique, M. Ramon de la Sagra a été conduit plusieurs fois à interroger la physiologie de ces effets, et son livre offre par là un véritable intérêt au strict point de vue des études physiologiques et de pratique médicale.

Dans l'état d'anesthésie, les nerfs seuls sont-ils atteints? l'encéphale échappe-t-il à l'influence anesthésique, ou la subit-il ? Les nerfs de la sensation et ceux du mouvement sont-ils susceptibles d'être affectés isolément par cette action ? L'assoupissement graduel, partiel et successif, des diverses facultés sensorielles et mentales, implique-t-il, oui ou non, la localisation cérébrale de ces facultés? L'état symptomatique du patient considéré pendant et après le sommeil anesthésique autorise-t-il pleinement la certitude que l'inhalation de l'éther ou du chloroforme produit une insensibilité réelle et met l'opéré à l'abri de la douleur?

Tels sont quelques-uns des points spéciaux que l'auteur a traités dans son livre, et que j'ai discutés avec lui, et souvent *contre* lui, dans mon Rapport. Car, si j'ai eu presque toujours la satisfaction de pouvoir donner mon adhésion aux opinions de M. Ramon de la Sagra dans leur partie critique, presque toujours j'ai eu le regret d'avoir à me séparer de lui sur le terrain dogmatique.

Le livre et l'auteur n'en sont pas moins très-dignes d'estime et de respect. Ce livre est l'œuvre consciencieuse d'un savant en tout digne de ce nom, d'un de ces savants encore nombreux, plaisons-nous à le croire, qui aiment noblement la science, qui s'attachent à elle pour la servir loyalement, et non pas uniquement pour s'en servir.

# LE PANTHÉISME

JUGÉ PAR M. GRANDET.

Ἐν εἶναι τὸ πᾶν.

———

Tous les penseurs contemporains — d'ailleurs en fort petit nombre, avouons-le — qui honorent la philosophie française, n'appartiennent point pour cela à la capitale de leur pays, il ne faut pas que l'orgueil parisien s'y trompe! Un grand disciple de Kant, qui arrive tardivement à la célébrité (mais, enfin, il y arrive, Dieu soit loué!), est un vigneron de la Provence; c'est à l'ombre de ses figuiers, de ses oliviers, que l'auteur des *Essais de Critique générale* (1) élabore les questions les plus ardues de l'ontologie, de la psychologie, de la morale. Et non loin de lui, dans l'âpre Aveyron, la métaphysique possède encore un de ses rares, un de ses plus experts adeptes. Qui connaissait M. J.-M. Grandet et sa *Philosophie de la Révélation* (2), il y a quelques mois? Personne, autant dire. Le philosophe et son œuvre ont été révélés dernièrement au

(1) M. Charles Renouvier.
(2) *Philosophie de la Révélation*, 1 fort vol. in-8, chez N. Ratery, à Rodez, et à Paris, à la librairie Hachette.

public par *l'Année Philosophique* (1); rendons-en grâce à l'excellent recueil de M. Pillon, à qui rien n'échappe.

Un jour, je pourrai peut-être analyser longuement, d'une façon digne de son importance, la doctrine de M. Grandet; je vais en attendant en donner un simple aperçu à l'aide de quelques citations que j'accompagnerai de courtes remarques.

Notre auteur s'exprime ainsi :

« On lit dans les *Fragments Philosophiques* d'Hamilton, traduits par M. Louis Peisse, p. 81 : « Si l'on « nie le témoignage de la conscience sur l'originalité « contemporaine et l'indépendance réciproque du « sujet et de l'objet, on arrive à deux constructions « différentes, suivant que l'un ou l'autre des deux « termes est considéré comme le terme originel et « générateur. Si l'on fait émaner l'objet du sujet, « c'est l'idéalisme; si le sujet de l'objet, le matéria- « lisme. »

« Avec l'originalité contemporaine », reprend M. Grandet, « et l'indépendance réciproque du sujet et de l'objet, rien ne pouvant exister comme *produit*, on a pour toute philosophie *l'être en soi* de toutes choses, c'est-à-dire l'athéisme, ou ce qui revient au même, le panthéisme. » (*Philosophie de la Révélation*, p. 88.)

Faisons remarquer en passant que la manière dont Hamilton caractérise la distinction de l'idéalisme et

---

(1) *L'Année Philosophique*, *études critiques sur les idées générales dans les divers ordres de connaissances*, par M. F. Pillon, 1 fort vol. in-12, librairie Germer Baillière.

du matérialisme ne laisse rien à désirer ; elle est parfaite.

Les observations que ce passage du philosophe écossais suggère à M. Grandet ont aussi une grande force ; elles dénotent chez ce dernier une puissante pénétration métaphysique. Oui, il a bien saisi la conclusion générale qui découle de *l'originalité contemporaine et indépendante du sujet et de l'objet*, à savoir, que tout se réduit en dernière analyse à cette notion : *l'être en soi en toutes choses*. Mais le théologien aveyronnais rejette ce résultat philosophique comme entaché d'athéisme ou de panthéisme, deux choses, fait-il observer, qui ne sont au fond qu'une seule et même doctrine. Cependant, pourquoi s'effrayer de ces mots de panthéisme et d'athéisme ? Un vrai philosophe reculera-t-il jamais devant la crainte du discrédit que le vulgaire attache à certaines opinions dont il est incapable de se rendre le moindrement compte ? Faudrait-il rejeter une solution que la logique nous donne, par cela seul qu'une telle solution s'écarterait des idées reçues ? Mais alors, à quoi bon chercher la vérité, à quoi bon la philosophie ?

M. Grandet ajoute, et avec un sens profond, ce me semble :

« L'erreur de la plupart des philosophes est de penser, mais tous ne le disent pas, que l'être des choses est indépendant de leur intelligibilité. « Sans « la pensée, dit M. Vacherot (*Histoire de l'École d'A-* « *lexandrie*, t. III, p. 489), pas de vérité. Ce n'est pas « à dire que l'esprit constitue la réalité. Supprimez, « par hypothèse, l'humanité, et par suite l'esprit (est-

« ce qu'il n'y a d'esprit que dans l'humanité (1)?) la
« réalité n'en subsistera pas moins (comment sans l'es-
« prit cela pourrait-il *se savoir* ?), mais elle n'aura plus
« cette unité, ce caractère intelligible qui en fait la
« vérité.... Que la réalité subsiste abstraction faite
« de l'esprit qui s'en fait une idée, il serait absurde de
« le contester (c'est ce que nous verrons tout à
« l'heure !...). La réalité existe en dehors de l'esprit,
« mais ce n'est que par l'esprit qu'elle devient intelli-
« gible, qu'elle est vérité...

« Cette doctrine de la connaissance nous semble
« être la vraie solution du problème de la vérité.
« Toute vérité est dans la pensée ; mais la pensée a
« pour condition la réalité. L'esprit n'agit pas dans
« l'abstrait et dans le vide ; il n'y a pas de pensée sans
« une intuition de l'expérience, ni d'intuition sans un
« objet extérieur, distinct de l'esprit. »

Après cette citation de M. Vacherot, M. Grandet reprend :

« Cette solution est loin d'être la vraie. La réalité
n'a d'existence que comme pensée, *cogitata*... M. Vacherot confond la pensée avec la lumière subjective,
avec le *moi* qui pense et perçoit *sa* pensée. Toute
pensée a un objet, dit-il. C'est là une erreur psychologique et des plus graves. La pensée est elle-même
l'objet perçu. L'univers est la pensée dont le Verbe et
Dieu ont la parfaite connaissance objective. Les conceptions de l'homme, les représentations qu'il en
forme, sont des pensées de lui perçues. Au lieu de

----

(1) Les entre-parenthèses sont de M. Grandet.

dire que toute pensée a un objet, tenons pour certain que toute perception a pour objet une pensée née du sujet percevant.

« M. Vacherot accorde « que la réalité n'existe pas « avec tels caractères, avec telles propriétés, telles « formes indépendantes de l'entendement qui la per- « çoit » Et il ajoute : « La réalité existe en dehors de l'es- « prit : mais ce n'est que par l'esprit qu'elle devient « intelligible, qu'elle est vérité. »

« L'être », ajoute M. Grandet, « sans l'esprit *qui le rend vrai*, n'est donc qu'une vaine abstraction, et l'objet n'existe *véritablement* que par le sujet qui le fait être *en vérité*, c'est-à-dire le fait être *avec les propriétés, avec les formes, avec les caractères* sans lesquels il n'y a pas de réalité.

« Enfin voici que M. Vacherot sort tout à fait d'erreur pour embrasser la saine doctrine. « L'idée, « dit-il, page 488, n'est pas une image de la réalité « (de l'objet), c'est au contraire la réalité qui est une « représentation de la pensée (il faudrait dire *de l'idée*). « Platon, Aristote, Plotin, Malebranche, Schelling, « Hegel, tous les grands *idéalistes* ont profondément « raison en cela. »

« Très bien, et cela posé, je demande : comment l'objet n'est il qu'une représentation de l'idée, si l'idée ne l'a pas produit elle-même ? Et par *idée* l'on ne peut pas entendre ici la perception, mais le sujet préexistant de qui la perception procède par l'objet produit. N'est il pas évident que la réalité *perçue* tire son origine de l'idée dont elle est l'image, comme la parole *entendue* tire la sienne de la *personne qui s'exprime en elle ?*

« L'idée, lumière subjective, est le principe personnel de la pensée, justement dite *lumière de lumière*.
La perception, troisième lumière, est le rapport
substantiel de la pensée (de l'objet) au sujet qui l'a
produite. C'est pour n'avoir pas distingué cette trinité
de termes consubstantiels dans l'unité du sujet ob-
jectivé dans sa pensée, que la philosophie et la théologie sont encore à l'état de chaos mal débrouillé. »
(*Op. cit.*, p. 88 et seqq.)

Si la philosophie et la théologie sont encore à l'état
de chaos, comme M. Grandet le constate fort justement, elles le doivent avant tout à une confusion
d'idées monstrueusement disparates, née de l'équivoque du mot Dieu ; cette méprise énorme, sans
égale, qui a obscurci et faussé les plus belles intelligences métaphysiciennes, a fait encore une victime, et
des plus nobles, dans l'auteur de la *Philosophie de la
Révélation*. Certes, dans les passages que nous venons
de citer, des vues admirablement profondes et lumineuses nous saisissent, elles révèlent un penseur des
plus vigoureux : quel dommage qu'il se soit en-
chaîné, lui aussi, aux croyances de cette théologie bi-
blique vulgaire qui est comme un boulet attaché aux
ailes de l'ontologie! Comment la science pure de l'Être
pourrait-elle s'élever jusqu'à son objet tant qu'elle se
condamne à rationaliser l'irrationnel, à démontrer,
par exemple, l'incarnation du Logos en Jésus de Na-
zareth, entendue au sens propre, c'est-à-dire dans ce
sens qu'un être de raison, l'entité métaphysique appelée *le Logos, la loi adéquate à la raison, la logicité*, se
confondrait, et ne ferait réellement qu'un avec une

certaine individualité humaine, avec un certain personnage de l'histoire !

Citons encore M. Grandet :

« Le panthéisme est enté sur l'idée confuse qu'on s'est faite d'un principe d'où tout dérive, sans que ce principe soit une cause proprement dite. La cause véritable, la cause personnelle diffère de son *opérer*, existe sans son *opérer*. J'opère en écrivant, mais je suis indépendamment de cet acte de ma puissance. Le principe primitif, au contraire, est un opérer sans personne qui opère, un opérer impersonnel dont la manifestation ou l'être n'éclate que dans le terme qu'il *devient*, être principe et fin, comme dit si bien l'Écriture. Le nom de Dieu, celui qui est, consiste en une proposition dont le sujet et le prédicat ne font qu'un dans la copule.

« Au rebours de cette doctrine, les scolastiques distinguent l'opérer, qu'ils appellent *le Père*, d'avec le terme auquel il est immanent, et qu'ils appellent *le Fils*, tirant ainsi par *voie de génération*, l'être du non-être, la lumière des ténèbres. Hegel a raison, l'activité nécessaire n'engendre ni ne crée, elle *devient*, puisqu'elle n'a de réalité que dans son terme. Mais au lieu de la faire se terminer *ad extrà* au multiple, c'est *ad intrà* la vie de l'UN qu'il faut la voir dans son éternelle fin : *Pater habet vitam in semetipso*, en lui-même, et non dans le verbe ni dans le monde, soit idéal, soit réel. Répétons avec Newton : *A cæcâ necessitate metaphysicâ, quæ utique eadem est semper et ubique, nulla oritur rerum variatio. Tota rerum conditarum pro locis et temporibus ab ideis et voluntate entis necessarii existentis solummodo oriri potuit.* » (*Op. cit.*, p. 229.)

Le Panthéisme, certes, rencontre dans M. Grandet un adversaire de taille peu commune ; mais il y a panthéisme et panthéisme, et les coups du rude controversiste ne vont pas à l'adresse de toutes les doctrines comprises sous cette dénomination. Il y a ici matière à une distinction sérieuse ; je vais tâcher de la faire saisir en deux mots.

Le monde se compose de la multitude des phénomènes, variant à l'infini dans le temps et dans l'espace.

Ces phénomènes, notre esprit en a la claire conscience, ne peuvent naître du néant absolu, et ne sauraient non plus disparaître sans laisser quelque chose après eux. D'ailleurs, l'expérience nous le prouve, les phénomènes qui apparaissent ne sont qu'une métamorphose des phénomènes disparus.

Ces considérations ont amené la philosophie à voir dans les phénomènes les manifestations diverses, les transformations multiples, d'une substance (*substantia*, ὑπόστασις, ce qui est au-dessous) *une*, c'est-à-dire qui serait la même toujours et partout dans ce qu'elle a d'essentiel et de nécessaire, autrement dit dans ce qu'elle est abstraction faite des formes contingentes et passagères qu'elle revêt tour à tour.

Ce concept, ce *noumène* de la *substance pure* ou *absolue*, n'est pas (j'en ai déjà exposé les raisons ailleurs) (1) une vaine vision de la métaphysique, ainsi

(1) Voir ci-dessus, pp. 61, 120, 112 et 213.

que j'ai eu le regret d'entendre M. Stuart Mill l'affirmer dans sa *Logique* (1) : autant il vaudrait taxer de billevesée le noumène chimique de l'*Eau*, que la science conçoit abstraction faite des *formes* contingentes de cette *substance*, soit l'Eau-*solide*, l'Eau-*liquide* et l'Eau-*gaz*, et qu'elle exprime par le symbole HO.

Que l'éminent penseur anglais y réfléchisse à nouveau, et il reconnaîtra que si ces distinctions scolastiques de la *substance* et de la *forme* ont conduit, comme il le dit, au réalisme *mystique*, ce résultat est imputable uniquement à la débilité philosophique des disciples, qui, incapables de comprendre les vrais maîtres, les ont interprétés à faux.

Eh quoi ! M. Mill ignore-t-il donc que le plus glorieux progrès de la science positive moderne, c'est précisément d'être arrivée, conduite par l'expérience analytique, à cette même solution, à ce même concept de *l'unité de la substance*, de *l'unité des forces*, que les métaphysiciens avaient trouvé, il y a de cela vingt, trente et quarante siècles peut-être, par la seule puissance de leur intellect ?

Bref, sous la diversité phénoménale du monde, l'unité du noumène de la substance.

Ce noumène, les premiers ontologistes le rendirent par le mot DIEU, suivant une association d'idées accidentelle, dont j'ai esquissé ailleurs l'histoire (2) ; et c'est ainsi que de l'ontologie sortit le dogme de l'*Unité de Dieu*.

---

(1) *Système de logique inductive et déductive*, par John Stuart Mill, traduction de M. Louis Peisse. Paris, 1866, t. II, p. 321.

(2) Voir ci-dessus, p. 279.

On spécula ensuite sur les attributs de cette substance absolue ou Dieu, et de la divergence des opinions
qui s'ensuivirent résulta une scission du théisme en
plusieurs écoles.

Dans la *substance*, on ne vit d'abord qu'une masse
confuse, une sorte de pâte amorphe s'agglomérant
et se moulant diversement pour réaliser les différents
types actuels. La forme des atomes ou particules matérielles expliquait leur concours et la formation de
leurs composés.

Cette première vue ontologique était superficielle
et grossière. Elle distinguait sans doute, bien qu'obscu-
rément, la substance, impérissable, constante et
nécessaire, de la forme phénoménale, éphémère, diverse et contingente. Mais dans cette conception vague,
l'esprit ne pénétrait pas au delà de l'idée de la *masse*
substantielle, il ne saisissait point celle de l'*élément*
substantiel. On se voyait conduit dès lors à faire dériver
l'activité, de l'inertie, l'esprit, de la matière; c'est-à-
dire à faire engendrer la *force* par un *moyen mécanique*,
à l'instar des chercheurs du mouvement perpétuel.
MM. Littré et Ch. Robin, disons-le en passant, qui
n'ont pas encore rejeté ces langes ontologiques, ne se
doutent pas, non plus que ceux qui, à leur suite, font
résulter la vie et le *moi* du concours de particules organiques, ces philosophes ne se doutent pas qu'ils
foulent aux pieds les premiers principes de la mécanique rationnelle! Les machines ne créent pas les
forces, ô Messieurs de l'école positiviste, elles peuvent
seulement servir à les *composer* et à les *appliquer*; tous
les mécaniciens, tous les physiciens, tous les chimistes

19*.

savent cela aujourd'hui, et vous seuls l'ignorez, vous qui vous posez pourtant en législateurs et régents des sciences positives !

Revenons à notre sujet. La substance absolue ou Dieu est dans chaque phénomène et le constitue tout entier ; donc tout phénomène, tout objet particulier est Dieu ; et voilà le *panthéisme* formulé.

Mais ce n'est là qu'un panthéisme rudimentaire, c'est le *panthéisme matérialiste* ; or il en est encore un autre, et celui-ci vaut mieux, nous le ferons voir tout à l'heure.

Comme l'a fortement exprimé M. Grandet (qui est un des rares, très-rares métaphysiciens de notre époque ayant une claire notion de cette vérité), la Substance, en tant que masse, ne peut être véritablement *cause*, autrement dit, un *primum movens* ; l'activité essentielle et le moi ne peuvent appartenir à la matière, au composé, au multiple ; de tels attributs ne sauraient avoir pour sujet que l'*être nécessaire*, le *ego sum qui sum*, l'être qui ne peut être ni créé ni anéanti (1), l'être simple, im-matériel et personnel....... Tout cela est très-vrai, et tout cela avait été aperçu par les vieux ontolo-gistes grecs. Ceux-ci avaient dit : Le principe, la cause et l'élément de toutes choses, c'est le τὸ ὄν ; et, ajou-taient-ils, le τὸ ὄν, c'est le τὸ ἕν. Et maintenant, qu'est-ce que ce τὸ ἕν, qu'est-ce que ce *Un absolu* ?

C'est ici que l'ambiguïté des mots a montré encore tout ce dont elle est capable.

Par cet *un*, que les ontologistes originaux concevaient

(1) Voir ci-dessus, p. 210.

bien autrement, leurs copistes entendirent une individualité singulière, et de cette certaine personne individuelle ils firent un moteur universel unique, et ils le
placèrent au-dessus et en dehors du monde, sa création.
Tel est le *monothéisme spiritualiste*, tel est le monothéisme de M. Grandet, et cette conception pêche par
une grande méprise.

Oui, Monsieur Grandet, ainsi que vous le remarquez
avec sagacité et profondeur, c'est seulement de l'*Un*,
c'est seulement d'une personne, c'est seulement *ab
ideis et voluntate entis necessario existentis*, que peut
naître toute impulsion première amenant un changement quelconque dans les choses établies au sein du
temps et de l'espace. Mais cet *un*, cet être simple,
cet *ens necessario existens*, n'est pas seul, unique, singulier, individuellement parlant, ne vous y trompez
pas ! Non, car il est en nombre infini, en nombre sans
limite; il remplit tout de ses multiples; il est l'élément infinitésimal de la substance, l'atome absolu, la
*monade*, comme disait Leibnitz, le *centre de force*,
comme disait Faraday naguère encore ; il est la *force
simple* dont toute parcelle de matière est intégrale-
ment formée, suivant la philosophie de nos physiciens du jour. Et maintenant ce principe n'est autre
que le νοῦς, le νοῦς αὐτοκράτης, ἀρχὴ τῆς κινήσεως d'Anaxagore ; de telle sorte que tout est Dieu; mais ce n'est
plus l'absurde matière, qui est ce Dieu, c'est l'esprit,
c'est l'âme, c'est le *moi*, se répétant à l'infini et comprenant tout.

Ceci est le *panthéisme spiritualiste* ou *pan-psychisme*,
qui est le nôtre, et qui est foncièrement d'accord

19.

avec saint Paul, saint Jean, saint Thomas, et les théologiens réputés les plus orthodoxes, ce qui nous console à peine de nous trouver en désaccord avec le très-éminent métaphysicien auteur de la *Philosophie de la Révélation*.

# CRÉATION ET FINALITÉ

Νόμος ὁ πάντων Βασιλεὺς
Θνητῶν τε καὶ ἀθανάτων...

PINDARE, *Fragm*, éd. Boiss., p. 291.

---

Les croyances de la théologie démonologique qui, à la faveur de l'équivoque du mot Dieu, ont envahi la théologie ontologique et en ont obscurci et altéré si profondément les principes, sont aujourd'hui encore un obstacle au développement des sciences naturelles.

Le monothéisme vulgaire, devenu celui de nos philosophes, est en effet le produit d'une méprise des plus bizarres. Cette méprise, je l'ai déjà fait remarquer ailleurs(1), c'est de réaliser, d'individualiser et de personnifier le concept métaphysique de la *substance pure ;* c'est de transformer la notion d'*une commune étoffe,* d'une *unique espèce d'éléments premiers,* dont toutes choses seraient faites, en un personnage singulier, en un suprême arbitre solitaire, créateur, législateur et gouverneur tout puissant de l'univers, et relevant seulement de son bon plaisir. C'est au nom d'une telle conception, c'est-à-dire d'une telle confusion d'idées passée à l'état de

(1) Voir ci-dessus, pp. 281 et 333.

dogme, que nos soi-disant théistes se flattent d'expliquer l'origine des êtres par un mot, *la Création!*

Repoussés par cette doctrine, les prétendus athées s'en écartent à tel point qu'ils versent à leur tour sur la pente contraire : ils nient l'existence d'un ordre, d'un Logos souverain et universel régnant sur le monde et enchaînant tous les faits les uns aux autres, dans le temps et dans l'espace, par un lien logique. Au mot création, ils répondent de leur côté par un autre mot, et c'est le mot le moins philosophique du dictionnaire : *le Hasard!*

Si inconciliables que nous apparaissent les termes de cette antinomie, ils ont néanmoins leur synthèse dans une conception supérieure, qui est en même temps la solution du problème vainement essayé de part et d'autre. Cette synthèse est à venir; mais on l'aperçoit déjà dans le lointain et, avec quelque attention, on peut si je ne me trompe en distinguer dès à présent les linéaments principaux. C'est ce que je tâcherai de montrer dans l'étude suivante, qui consiste simplement en quelques notes prises sur deux ou trois ouvrages traitant de *l'origine des espèces*, cette grande question du jour.

Dans une de ses leçons, publiée en français dans la *Revue des Cours Scientifiques* ( N° du 2 mai 1868), M. Louis Agassiz, le célèbre naturaliste de l'Université de New-Cambrige, près de Boston, s'est exprimé en ces termes :

« Rien dans le règne inorganique », dit l'illustre professeur, « n'est de nature à nous impressionner autant

« que l'unité de plan qui apparaît dans la structure
« des types les plus différents. D'un pôle à l'autre, sous
« tous les méridiens, les mammifères, les oiseaux, les
« reptiles, les poissons révèlent un seul et même plan
« de structure. Ce plan dénote des conceptions abs-
« traites de l'ordre le plus élevé ; il dépasse de bien
« loin les plus vastes généralisations de l'esprit humain,
« et il a fallu les recherches les plus laborieuses pour
« que l'homme parvînt seulement à s'en faire une idée.
« D'autres plans non moins merveilleux se découvrent
« dans les articulés, les mollusques, les rayonnés, et
« dans les divers types des plantes. Et cependant ce rap-
« port logique, cette admirable harmonie, cette infinie
« variété dans l'unité, voilà ce qu'on nous représente
« comme le résultat des forces auxquelles n'appar-
« tiennent ni la moindre parcelle d'intelligence, ni
« la faculté de penser, ni le pouvoir de combiner, ni
« la notion du temps et de l'espace. Si quelque chose
« peut placer, dans la nature, l'homme au-dessus des
« autres êtres, c'est précisément le fait qu'il possède
« ces nobles attributs. Sans ces dons portés à un très-
« haut degré d'excellence et de perfection, aucun des
« traits généraux de parenté qui unissent les grands
« types du règne animal et du règne végétal, ne pour-
« rait être ni perçu ni compris. Comment ces rapports
« auraient-ils donc pu être imaginés, si ce n'est à l'aide
« de facultés analogues? Si toutes ces relations dé-
« passent la portée et la puissance intellectuelle de
« l'homme, si l'homme lui-même n'est qu'une par-
« tie, un fragment du système total, comment ce sys-
« tème aurait-il été appelé à l'être s'il n'y a pas

« une Intelligence suprême, auteur de toutes choses ? »

Cette défense éloquente de la thèse créationiste peut bien paraître concluante à des esprits superficiels ou peu attentifs, mais, vue de près, elle supporte à peine l'examen; ce n'est qu'un paralogisme d'un bout à l'autre.

Et d'abord, M. Agassiz a tort de poser en fait la *perfection* comme le sceau qui marquerait invariablement toutes les *œuvres du Créateur*. Non-seulement l'imperfection est le lot de tous les individus, mais les types spécifiques eux-mêmes en sont tous plus ou moins entachés. C'est là une vérité reconnue désormais par tous les biologistes qui ne subordonnent point l'autorité de l'observation à celle des théories préconçues. Une courte citation de M. H. Helmholtz à ce propos :

« Ce que nous avons trouvé d'inexactitudes et d'im-
« perfections dans l'appareil optique et dans l'image
« rétinienne n'est plus rien en comparaison des in-
« congruences que nous venons de rencontrer dans le
« domaine des sensations. On pourrait dire que la na-
« ture se soit complue à accumuler les contradictions
« pour enlever tout fondement à la théorie d'une har-
« monie préexistante entre le monde extérieur et le
« monde intérieur. » (*Conférence sur les progrès récents dans la théorie de la vision*, publiée dans la *Revue des Cours Scient.*, du 24 avril 1869, p. 332.)

Tel est le jugement de l'éminent professeur de physiologie de l'Université de Heidelberg, l'un des trois ou quatre physiologistes les plus marquants de cette époque.

Toute exagération à part, on peut affirmer que l'imperfection fourmille dans la nature vivante, et qu'elle y atteint la limite extrême au delà de laquelle la vie cesse d'être possible.

Nous pouvons déclarer en second lieu qu'il est une chose qui certainement surpasse la nature en excellence, et cette chose, c'est *l'âme*. N'est-ce donc pas cette âme qui trouve en soi le prototype de l'idéal, l'étalon de la bonté et de la beauté absolues au moyen duquel elle mesure l'ouvrage de la nature et en relève les défauts? Est-ce que la Création, avec ses monstres hideux et cruels, avec ses difformités, ses laideurs et ses douleurs, avec ses iniquités et ses atrocités, n'aurait pas lieu de rougir devant les chefs-d'œuvre de l'art grec, et, bien plus encore, devant la beauté morale d'un Jésus?

On peut dire que M. Agassiz et tous les admirateurs de la Création sont sous le charme d'une sorte d'illusion d'optique intellectuelle qui leur fait apparaître les choses dans un complet renversement de leurs rapports véritables : car le légitime objet de leur admiration, que ces *dilettanti* de la nature placent au dehors, c'est en réalité en eux-mêmes qu'il existe, et non pas ailleurs. Ce mode *sui generis* d'affection des sens que nous appelons *couleur*, n'est-il pas en nous entièrement et uniquement? Oui, ce sont aujourd'hui tous les physiciens qui l'attestent; et il en est de même de toutes les autres spécificités sensibles de la matière : odeur, saveur, etc.; elles sont extrinsèques à cette matière, et toutes ces qualités n'ont de réalité qu'en nous. Et maintenant, ce qui est vrai des qualités *per-*

*ceptibles* du monde, ne l'est-il pas également et *à for-tiori* de ses qualités *conceptibles?* et ne l'est-il pas en-core, par la même raison, de ses qualités esthétiques, qui nous le font admirer ? Oui, tout cela est véritable-ment en nous, tout cela est dans le *moi*, tout cela fait partie du moi, et si nous rapportons ces attributs au *non-moi*, c'est par l'effet d'un mirage.

Le lecteur ne me saura pas mauvais gré de lui citer à ce propos les paroles suivantes d'un philosophe qui parle avec l'autorité d'un physiologiste et d'un mé-decin spécialiste renommé dans son art. Le docteur Szokalski, professeur d'oculistique, s'exprime ainsi dans son beau *Mémoire sur les Sensations des Couleurs* (Paris, 1839, p. 18) :

« Les savants, en décomposant les rayons lumineux,
« en cherchant les lois de réflexion, de réfraction, de
« polarisation, etc., ont totalement perdu de vue qu'ils
« avaient entre les mains les moyens de produire les
« couleurs, et non les couleurs elles-mêmes. Nous ne
« connaissons, nous ne pouvons connaître le monde
« extérieur que par la manière dont il agit sur nous;
« mais accoutumés depuis les premiers moments de
« notre existence à voir certains objets exercer toujours
« et invariablement les mêmes modifications, ces chan-
« gements, ces modifications qui nous appartiennent
« en propre, et à nous seuls, nous les rattachons aux
« objets eux-mêmes et nous nous considérons comme
« des êtres entièrement passifs, tandis que l'activité
« forme la partie la plus essentielle de notre être. Nous
« nous dépouillons ainsi volontairement du plus beau
« de nos droits, de notre plus belle prérogative, pour

« en revêtir le monde qui nous entoure. Non, c'est
« l'homme qui souffle continuellement l'âme à cet
« amas mystérieux qu'il appelle Univers; c'est l'homme
« qui a créé les formes pour son tact, le jour, la nuit
« et les couleurs pour son œil, les sons pour son oreille,
« les saveurs et les odeurs pour son goût et son
« tact (1). »

Cette multitude de combinaisons si savamment or-
données, ces rapports gradués et systématiques de
ressemblance et de dissemblance que M. Agassiz contemple avec tant d'enthousiasme dans le monde de la
matière organisée, sont donc réellement en nous, on
ne saurait trop le répéter ; oui, en nous, comme le lumineux est en nous, comme le sonore est en nous,
comme le chaud est en nous, etc. Ce qui appartient au
monde, ce qui est le propre de l'objectivité, c'est purement et simplement le pouvoir de réveiller, de faire
passer de la puissance à l'acte, dans l'être subjectif,
dans le moi sensitif et intellectif, ces sensations et ces
idées que celui-ci porte en soi et où elles préexistent de
toute éternité.

Ainsi la merveille de cet ensemble de relations taxi-
nomiques, bien qu'incomplétement accessible à notre
entendement borné, — borné par une organisation
physique imparfaite, — c'est néanmoins dans l'âme
elle-même, c'est dans l'éternelle monade, qu'il la faut
admirer ; et comme, de l'avis unanime de nos physiciens, il est absurde d'admettre que la force simple,
que l'unité dynamique élémentaire, c'est-à-dire la

<hr>

(1) Voir encore, sur le même sujet, l'opinion de sir Humphry Davy
rapportée ci-dessus, p. 207 ; voir en outre ci-dessus, pp. 187 et 200.

monade, c'est-à-dire l'âme, ait été créée, il faut que M. Agassiz et ses amis renoncent à voir dans ce qui est la propriété de l'âme la preuve d'une création du monde par voie de décret.

M. Agassiz se récrierait, sans aucun doute, si je lui reprochais de croire que deux et deux ne font quatre, que deux quantités égales à une troisième ne sont égales entre elles, que la somme des trois angles d'un triangle n'est égale à deux angles droits, uniquement que parce qu'il a plu au Créateur d'en décider ainsi. L'éminent naturaliste m'apprendrait au besoin que de telles vérités existent de soi, que ce sont là des rapports logiques, et partant nécessaires, et placés au-dessus de tout pouvoir arbitraire. Eh bien, deux mots suffiront maintenant pour mettre à nu l'inanité du motif principal sur lequel ce penseur se fonde pour faire de la création des règnes organiques un acte de la libre volonté du Tout-Puissant. Car c'est bien dans le *bon plaisir* d'un suprême arbitre que le créationisme voit la loi qui régit les rapports d'organisation des êtres vivants. La déclaration suivante, que je suis confondu de rencontrer sous la plume d'un philosophe, est bien de M. Agassiz :

« Quelques naturalistes », écrit-il, « ont néanmoins
« déjà poussé le parallèle entre la structure des ani-
« maux bien au delà des limites assignées par la na-
« ture, et s'efforcent de démontrer que toutes les con-
« formations sont susceptibles d'être ramenées à une
« norme unique. Ils soutiennent, par exemple, qu'il
« n'y a pas un os chez un Vertébré quelconque qui
« n'ait son équivalent dans une autre espèce de ce

« type. *Supposer une aussi grande conformité, c'est, en
« définitive, refuser au Créateur, dans l'expression de sa
« pensée, une liberté dont jouit l'homme lui-même.* » (*De
l'Espèce, op. cit.*, p. 28.)

La science profonde, la science merveilleuse dont
témoigne le système des rapports biotaxiques, voilà
ce qui démontre avec évidence à notre naturaliste
philosophe que ce système a eu pour auteur une volonté individuelle, et qu'un tel plan n'a été mis à
exécution qu'après avoir été *mûrement délibéré!* « Le plan
« de la création tout entière», dit-il en propres termes,
« a été mûrement délibéré et arrêté longtemps avant
« d'être mis à exécution.» (*De l'Espèce, op., cit.*, p. 113.)

Mais, demanderai-je à M. Agassiz, le système des
rapports qui constituent les lois du nombre et de l'espace, le plan des lois mathématiques, en un mot, est-il
donc moins savant, porte-t-il moins la marque de l'intelligence que le plan des lois zoologiques ou botani-
ques? Et si le savoir profond qui, dites-vous, se révèle
dans l'économie de ce dernier, atteste qu'il a été *mûrement délibéré* et *librement exécuté* par une *intelligence
suprême, auteur de toutes choses*, comment n'en serait-il
pas de même du premier? Si les vérités naturelles sur
lesquelles la zoologie et la botanique systématiques
sont établies, ont été créés et mises au monde, comme
vous le prétendez, « par le seul *fiat* du Tout-Puissant »
(*De l'Espèce, op. cit.*, p. 20), pourquoi les vérités géométriques, arithmétiques et algébriques ne seraient-elles
pas, elles aussi, l'œuvre toute facultative de ce *fiat* libre
et omnipotent?

« La coïncidence croissante entre nos systèmes et

« celui de la nature prouve d'ailleurs », écrit M. Agassiz,
« que les opérations de l'esprit de l'homme et celles
« de l'esprit de Dieu sont identiques; on s'en convain-
« cra davantage si l'on songe à quel point extraordinaire
« certaines conceptions *à priori* de la nature se sont, en
« définitive, trouvées conformes à la réalité des choses,
« quoi qu'en aient pu dire d'abord les observateurs
« empiriques. »

La vérification de ces conceptions *à priori* de l'ordre
naturel ne témoigne pas, j'imagine, que cet ordre naturel soit une création arbitraire; cette vérification expérimentale d'un plan des lois du monde trouvé par
notre intelligence dans elle-même, n'atteste-t-elle pas
au contraire, de la manière la plus décisive, la *nécessité
logique* de ces lois ? Certes, ce n'est pas en partant de
l'idée d'un législateur arbitraire que les auteurs de ces
spéculations rationnelles auraient réussi à déterminer
par avance des phénomènes cachés ou à venir ! Non,
mais c'est en mettant leur confiance entière en la
toute puissante, immuable et éternelle logique.

Pour nous consoler des égarements du naturaliste
philosophe de Boston, écoutons un moment la parole
d'un autre naturaliste philosophe que l'Amérique est
également glorieuse de posséder. Nous trouvons les
lignes suivantes dans la *Physiologie statique et dynamique de l'Homme*, du Dr John William Draper :

« Les lois de la nature étant fondées sur la raison
« pure, elles sont absolument invariables. Elles seules
« ne peuvent changer entre toutes les choses qu'il
« nous est donné de contempler (1). »

(1) *Human Physiology, statical and dynamical*, by JOHN VILLIAM

M. Paul Janet, qui n'a pas l'autorité de M. Agassiz en histoire naturelle, mais qui prend sa revanche sur le terrain de la Philosophie, s'exprime ainsi à son tour au sujet de la Création :

« Les naturalistes », dit-il, « se persuadent qu'ils ont « écarté les causes finales de la nature lorsqu'ils ont « démontré comment certains effets résultent nécessai- « rement de certaines causes données. La découverte « des causes efficientes leur paraît un argument déci- « sif contre l'existence des causes finales. Il ne faut pas « dire, selon eux, « que l'oiseau a des ailes *pour* voler, « mais qu'il vole *parce qu'*il a des ailes ». Mais en quoi, « je vous prie, ces deux propositions sont-elles contra- « dictoires ? En supposant que l'oiseau ait des ailes « pour voler, ne faut-il pas que le vol résulte de la « structure des ailes ? Et ainsi, de ce que le vol est un « résultat, vous n'avez pas le droit de conclure qu'il « n'est pas un but. Faudrait-il donc, pour que vous « reconnussiez un but et un choix, qu'il y eût dans la « nature des effets sans cause, ou des effets dispropor- « tionnés à leurs causes ? Des causes finales ne sont pas « des miracles ; pour atteindre un certain but, il faut « que l'auteur des choses ait choisi des causes secondes « précisément propres à l'effet voulu. Par conséquent, « quoi d'étonnant qu'en étudiant ces causes vous puis- « siez en déduire mécaniquement les effets ? Le con- « traire serait absurde. » (*Le Matérialisme contemporain*, un vol. in-18, Paris, 1864, p. 133.)

M. le D<sup>r</sup> Chauffard, dans le *Correspondant* du 10

DRAPER, M. D. LL. D., *professor of Chemistry and Physiology in the University of New-York.* New-York, 1856, 1 vol. in-8°, p. 270.

juillet 1868, cite ce passage de M. Janet en même temps que les passages d'Agassiz reproduits ci-dessus, comme autant de témoignages contre la doctrine de l'origine *naturelle* des espèces. En vérité, M. Chauffard se fait bien illusion en croyant trouver là un appui pour sa thèse !

M. Janet accorde que « pour atteindre un certain but, il faut que l'auteur des choses (passons sur cette expression) ait choisi des causes secondes précisément propres à l'effet voulu » ; et des causes telles « qu'en étudiant ces causes, nous puissions en déduire mécaniquement les effets. » Qui plus est, admettre que le contraire puisse avoir lieu, est déclaré « absurde » par ce philosophe théiste. M. Janet se prononce donc, par cela même, contre l'hypothèse de la création des espèces par l'action *immédiate* de « l'auteur des choses », autrement dit, de la cause infinie ; et conséquemment ce philosophe fait rentrer la création des animaux et des plantes, aussi bien que la création des minéraux et des espèces géologiques, sous une commune loi de genèse naturelle pouvant être mécaniquement *induite* de ces phénomènes.

Que la Cause Éternelle ait créé couche pour couche et molécule par molécule les énormes strates de la formation jurassique, qu'elle ait accumulé, caillou sur caillou, grain de sable sur grain de sable, les masses du diluvium, et qu'elle ait charrié un par un tous les blocs erratiques, de la cime des montagnes, où ils ont pris naissance, jusqu'au fond des plaines où nous les trouvons disséminés, cela n'est pas douteux, et en douter, qui plus est, serait inepte ; mais quand le géologue parle des causes de ces phénomènes, c'est de leurs causes prochaines, c'est de leurs causes efficientes qu'il entend parler, et ce sont seulement ces causes secondes qui font l'objet de la géologie spéculative.

Et pareillement de la zoologie : que la création de l'huître ou celle de l'homme remonte de degré en degré à la Cause Éternelle, cela ne peut faire question ; mais que cette cause créatrice infinie ait produit l'homme, l'animal, la plante, sans l'intermédiaire de causes secondes, est « impossible et absurde », suivant le jugement de M. Janet ; oui, impossible et absurde, au même titre que la *création immédiate* des montagnes et des vallées, des galets arrondis et polis et des sinueux cours d'eau !

Ce sont ces causes efficientes que posent en principe et que cherchent à déterminer certains zoologistes contemporains, afin de compléter la Zoologie, science jusqu'ici purement descriptive, en constituant enfin la *Zoogénie*, pour ne pas rester plus longtemps en arrière des géologues, qui, dans ces derniers temps, ont ajouté à la *Géognosie* la *Géogénie*. Et ce sont pourtant de tels efforts, marqués d'un caractère si philosophique, si rigoureusement scientifique, que des naturalistes éminents, comme M. Agassiz, que d'intelligents et savants médecins, comme M. Chauffard, s'appliquent à décourager ! Plaignons ces hommes distingués, qui servent d'ailleurs la science à d'autres égards, d'avoir tenu à honneur d'être les derniers à la combattre dans les efforts qu'elle ne cesse de faire, depuis quelques milliers d'années, pour rompre les entraves de la superstition.

Que ces éminents créationistes réfléchissent à une chose : Ce que la fausse théologie affirme encore aujourd'hui de la genèse des espèces organiques, déclarant que la formation de ces types est un acte direct du Créateur, elle l'affirmait autrefois, et naguère encore, de la genèse du règne inorganique lui-même. Dieu n'avait-il pas créé les minéraux, tout comme les animaux, par un acte instantané de sa volonté toute puissante ? Et n'ai-je pas entendu de graves docteurs en théologie, mis en présence d'une immense forêt fossile découverte dans l'ouest des États-Unis, soutenir sans hésitation que ces innombrables arbres de pierre, dont l'œil distingue encore les essences, ne furent jamais des arbres vivants, des arbres véritables, et qu'il ne faut y voir que du marbre qu'il a plu à la suprême fantaisie créatrice de sculpter en cèdres ou en sapins ? Ces créationistes absolus, radicaux, irréconciliables, ont du moins le mérite d'être conséquents ; les créationistes modérés de l'école de M. Agassiz et de M. Chauffard ont le double tort de poser un principe faux et d'en tirer des conclusions fausses.

Si la théorie pseudo-théologique de la Création est une erreur, la doctrine *athée*, qui explique l'origine des choses par un autre miracle, le *hasard*, me semble tout aussi peu raisonnable et tout aussi funeste. Je vais en dire quelques mots.

« La betterave n'est point faite pour nourrir le bœuf ou pourvoir à l'alimentation des sucreries indigènes », a écrit quelque part M. Cl. Bernard, si je me souviens bien. Et pas davantage, sans doute, l'illustre biologiste n'admettrait-il que les dépôts de houille de la Grande-Bretagne aient mis des centaines ou des milliers de siècles à s'accumuler au fond des vallées de l'âge paléozoïque, et que les flancs de la terre aient tenu en réserve ce précieux dépôt durant un temps bien plus long encore, aux fins de mettre un jour en mouvement les machines à vapeur de l'Angleterre moderne, de faire filer sa cotonnade et de faire voguer ses steamers. Mais quelle raison pourrait-il alléguer, au bout du compte, pour faire rejeter cette opinion comme irrationnelle ?

Tout physiologiste est bien forcé de convenir qu'un œuf et une graine, ainsi que les différentes parties qui les constituent, ont leur raison d'être, leur explication et leur fin naturelles dans les phénomènes embryogéniques, et qu'ils sont *préadaptés* à ces phénomènes. Peut-on ne pas admettre que le jaune d'un œuf de poule, son albumen et sa coque soient destinés à concourir au développement éventuel du germe de poulet qui leur est associé ? Il y a donc, c'est incontestable, un certain rapport, et un rapport bien précis et bien positif, de finalité, entre les divers constituants de l'œuf et les différents besoins de l'évolution embryonnaire auxquels ils sont plus ou moins exactement appropriés.

Cela étant, ne peut-on pas, sans se faire taxer de creuse rêverie, considérer notre planète à l'instar de l'œuf lui-même, et voir dans ce qu'elle nous offre, tant à l'intérieur de ses couches qu'à sa surface, un caractère de préadaptation naturelle, soit immédiate, soit

éloignée, relativement à des faits ultérieurs dont elle
sera un jour le théâtre? Cette vue analogique permettrait de ramener la genèse des espèces animales et
végétales à un fait commun d'embryogénie et d'orga-
nogénie, et de faire leur part au *providentialisme* et au
*naturalisme* actuellement aux prises sur cette question. Je vais ébaucher la discussion de mon hypothèse.

M. le D\ Sales-Girons, dans son journal, la *Revue
Médicale*, fait une objection fort grave à M. le D\ Onimus,
l'auteur de certaines expériences par lesquelles ce
dernier se flatte d'établir que de la matière non organisée, amorphe, on peut faire naître *sine ovo* des
organismes vivants, des cellules, des leucocytes. A
quelle espèce d'animal ou de végétal appartiendront
ces produits artificiels? demande fort habilement
M. Sales-Girons. Seront-ils de l'espèce Chien, de l'espèce Lapin, de l'espèce Chou ou de quelque espèce
nouvelle? car, ajoute notre savant confrère, ils doivent
se rattacher forcément à une certaine espèce animale
ou végétale déterminée.... Cela posé, *qu'est-ce qui
fera* que ces productions organiques appartiendront à
une certaine espèce plutôt qu'à toute autre? A quelle
source ces produits vivants, ces organismes animaux
ou végétaux artificiels puiseront-ils leurs caractères
spécifiques, puisque, par hypothèse, ils n'auront pu
les tirer d'aucun parent?

Cependant, M. Sales-Girons est bien forcé de reconnaître, tout comme son contradicteur de l'école
matérialiste et athée, qu'il fut un temps où n'existait

encore sur notre globe aucun organisme vivant, aucune matière organisée; mais cette apparition première de la vie, et celle de chaque espèce d'animaux ou de plantes, s'expliquent suffisamment, pour l'écrivain théiste de la *Revue Médicale*, par la toute puissante volonté du Créateur, par le seul *fiat* du Tout-Puissant, suivant la nette expression de M. Agassiz. En un mot, sur cette question de l'origine des espèces, comme sur toute autre, le miracle de la création, telle est l'*ultima ratio* et la souveraine ressource de notre philosophie théiste *à quia*.

Mais, à son tour, que pourrait répondre une philosophie libre de tout préjugé et ne s'inspirant que de la méthode scientifique? Le fait d'un premier commencement de la vie sur le globe est certain, incontestable, incontesté: comment réussir à se rendre compte de ce fait unique sans admettre l'intervention d'un agent surnaturel quelconque? A cette question, répondre que nous n'en savons rien au juste et qu'on n'en saura jamais rien peut-être avec certitude, c'est par là qu'il convient de commencer. Mais faut-il ajouter avec les Positivistes, et nommément avec M. A. Sanson, mon savant collègue de la Société d'Anthropologie, que *cela ne nous regarde pas*, et que la science n'a pas à se poser de tels problèmes? Ah! si la science n'eût jamais écouté que de tels préceptes, elle n'aurait pas encore quitté son berceau, elle serait encore enserrée, emprisonnée dans les langes! Pour ne pas remonter plus haut que l'époque actuelle, et pour n'y prendre qu'un seul exemple, n'est-il pas vrai que si Lyell, Murchisson et autres se fussent interdit la curiosité des origines, suivant les conseils pressants de M. Littré et de M. Sanson, la *géologie dynamique*, cette grande conquête de la science moderne, serait encore à créer? Spéculons donc sur l'origine des corps organisés, et nous n'aurons peut-être pas moins de succès que les géogénistes n'en ont eu en spéculant sur l'origine des formes inorganiques de notre globe ! En attendant, je pose mon hypothèse, non pour l'imposer, mais pour la faire mettre à l'ordre du jour de la discussion scientifique ; je la rejetterais sans peine et sans hésiter en présence de toute réfutation concluante. Mais je la considère en attendant comme infiniment plus satisfaisante qu'aucune de celles entre lesquelles les savants ont été jusqu'à présent réduits à faire leur choix. Et cela dit, j'appelle toute l'attention du lecteur sur les considérations qui vont suivre.

Spiritualistes et Matérialistes, Théistes et Athées, tous reconnaissent que les individus actuels de chaque espèce tirent leurs caractères spécifiques de leurs parents, et que tous ces caractères sont contenus en puissance dans chacun des germes respectifs, la nature spécifique du poulet étant virtuellement entière dans le germe de l'œuf de poule, la nature spécifique du chêne étant virtuellement entière dans le germe du gland, etc., etc.

Voici encore deux vérités biologiques fondamentales hors de conteste :

*Premièrement*, la transmissibilité des caractères spécifiques par la voie de la génération ;

*Secondement*, l'existence *potentielle* et latente de

tous ces caractères dans un *germe* qui par lui-même n'en possède *actuellement* aucun ; c'est-à-dire le double fait, en apparence contradictoire, de l'*existence virtuelle* de ces caractères et de leur *non-existence actuelle* dans une certaine masse de matière appelée œuf, graine, spore, bourgeon, cellule, etc.

Eh bien, il ne faut pas d'autre postulat pour rendre compte de l'apparition première sur la terre des différentes formes spécifiques de la vie. Toutes ces formes diverses, toutes ces espèces végétales, toutes ces espèces animales, et tous ces organismes élémentaires, peuvent être considérés d'une manière fort plausible comme les organes distincts et diversiformes d'un même grand organisme dont le germe aurait été inhérent au noyau du globe terrestre.

Objecterez-vous que ce noyau — une bulle de gaz peut-être — ne présentait aucune analogie de composition avec aucune des innombrables formes vivantes qui ont apparu à la fois ou se sont succédé sur la surface de la terre ?

Qu'importe ? vous répondrai-je ; auriez-vous découvert par hasard dans la constitution d'un germe humain une similitude, une analogie de conformation, de structure et de composition quelconque avec l'homme lui-même, et pouvant vous faire comprendre comment celui-ci est contenu virtuellement tout entier dans celui-là ? Rappelons à ce propos une réflexion du grand physiologiste et zoologiste Jean Mueller, que nous avons citée ailleurs :

« On ne peut plus mettre en doute aujourd'hui que « le germe n'est point une simple miniature des or-

20.

« ganes futurs, comme le croyaient Bonnet et Haller ;
« car les rudiments des organes ne deviennent pas
« visibles par l'effet seul du grossissement ; ils ont un
« assez grand volume dès leur première apparition ;
« mais ils sont simples, de sorte que nous voyons les
« organes complexes naître peu à peu d'un organe
« primitivement simple. » (*Manuel de Physiologie* de
J. Mueller, édit. française de Jourdan et Littré, t. I, p. 21.)

On pourra se retrancher derrière l'objection suivante, qui ne laisse pas que d'être spécieuse.

On me dira que le germe cosmique dont je parle ne
pouvait donner, conformément à l'analogie sur laquelle
se fonde mon hypothèse, qu'une seule et même espèce
vivante, les germes que nous connaissons étant tous
exclusivement propres à une seule et même espèce
déterminée, respectivement, le germe pigeon à l'espèce
Pigeon, le germe prunier à l'espèce Prunier, etc. Je
réponds :

Chaque germe spécifique, soit dans le règne animal,
soit dans le règne végétal, donne naissance à des formes
*simultanées* multiples plus ou moins différentes et quelquefois très-différentes entre elles, et, qui plus est, à
des formes *successives* différant quelquefois les unes
des autres de toute la différence qui sépare les espèces,
les genres, les ordres et les classes elles-mêmes ! C'est
ainsi que, d'un seul et même germe d'homme sortent
une tête, un tronc, des bras, des jambes, un cerveau, un
cœur, des poumons, un foie, un estomac, etc., etc. ; et
c'est ainsi encore que du même et unique germe renfermé dans l'œuf d'un papillon il sortira progressive-
ment une chenille, une chrysalide, un lépidoptère, trois

organismes entiers qui ont entre eux une dissemblance profonde. Eh bien, je vous le demande, pourquoi l'œuf cosmique de notre globe ne porterait-il pas dans son germe toutes nos espèces animales et végétales, vivantes ou fossiles, comme autant de formes simultanées ou successives d'un grand organisme collectif ?

A cette vue peut-on opposer aucune raison scientifique ? Je ne le crois pas.

Si la perpétuation des espèces par voie de génération ne doit pas être considérée comme un miracle permanent, leur formation originelle peut aussi dès lors se concevoir sans miracle, car il nous est possible de la ramener à un fait d'évolution organique.

Et maintenant, comment la théorie de cette production des espèces, qui la réduit à une œuvre de germination, peut-elle se concilier avec la thèse du transformisme attribuant la diversification des formes spécifiques à des accidents modificateurs survenus dans le monde ambiant ? Si les différents types de la série animale et végétale se produisent régulièrement et nécessairement comme effets d'une loi de développement prédéterminée, ainsi qu'il en est de tous les embryons, ne faut-il pas cesser de rattacher cette production à des causes déterminantes externes, contingentes, accidentelles ? Nous allons voir.

De même que Montaigne a dit : *Les monstres n'en sont pas à Dieu*, à notre tour nous dirons qu'il n'est pas d'accident et de contingence à Dieu, c'est-à-dire à l'universelle loi. Le contingent, l'accidentel, de même que le monstrueux, ne sont tels, croyons-nous, que d'une manière relative et apparente ; ce sont sans doute des dissonances, mais des dissonances qui concourent à former des accords dans l'harmonie d'une synthèse supérieure où nous n'atteignons pas, dont l'ensemble nous échappe encore. Et puis, n'est-ce pas une illusion de s'imaginer que les phases et les épisodes de l'évolution organogénique, tout prédéterminés soient-ils, se déroulent d'eux-mêmes, et uniquement par eux-mêmes, sans y être sollicités et sans être déterminés actuellement par certaines conditions adéquates du milieu ? M. Ch. Robin a entrepris de nous guérir de ce préjugé ; les études qu'il a entreprises dans ce but nous paraissent mériter les plus vifs encouragements. Voici quelques lignes de M. Littré où il résume les résultats généraux de ces recherches d'un ordre tout nouveau inaugurées par son savant ami :

« M. Ch. Robin », écrit M. Littré, « dans un impor-
« tant mémoire que la *Revue* (*La Philosophie Positive*)
« vient de publier, a montré que l'Embryogénie est une
« œuvre d'antécédent à conséquent; c'est-à-dire que la
« partie préexistante produit, à l'aide de matériaux ap-
« portés par la nutrition et ayant aussi leur manière
« d'être, une nouvelle partie complétement déterminée
« par ce qui la produit et par ce qu'elle est ; cette
« nouvelle partie est, de la même façon, cause de la
« genèse d'une partie suivante, et ainsi successivement
« jusqu'au complément de l'être organisé. » (*La Philosophie Positive*, N° du 1er novembre 1869, page 354.)

Le beau problème que M. Ch. Robin a entrepris de résoudre est étudié en ce moment sous une autre face par M. Camille Dareste ; les solutions partielles obtenues respectivement par ces deux habiles physiologistes sont également importantes, et elles se complètent et se confirment heureusement les unes les autres. Le savant professeur de physiologie de la Faculté des sciences de Lille a institué des expériences à l'aide desquelles il démontre que les milieux, en s'altérant dans leurs conditions normales, causent une altération correspondante dans le développement régulier de l'embryon, à tel point que l'ingénieux expérimentateur peut imprimer à l'organisme d'un oiseau, durant le cours de son évolution embryonnaire, telle ou telle difformité, tel ou tel caractère téralogique, en faisant varier localement la température ambiante en rapport avec les différents points de l'œuf en incubation. Une note sur ce sujet, présentée à l'Académie des sciences par M. Dareste, dans sa séance du 4 avril dernier, ne sera pas déplacée ici.

« J'ai lu devant l'Académie », dit-il, « dans sa séance « du 24 août 1868, un travail sur l'inversion des vis- « cères et sur la possibilité de sa production artificielle, « travail dont j'énonçais ainsi la conclusion : « Je puis « considérer comme un fait acquis la possibilité de pro- « duire l'inversion des viscères en combinant l'échauffe- « ment de l'œuf, par un point déterminé de sa surface, avec « l'action d'une température ambiante relativement « basse. » Mais je n'avais pu alors déterminer cette tem- « pérature qui concourt à la production de l'inversion. »

« Des expériences toutes récentes m'ont permis de « déterminer cet élément du problème. J'ai constaté, en « effet, l'existence d'un très-grand nombre d'embryons « inverses dans deux séries d'œufs que j'avais soumis

« à l'incubation, d'après le mode indiqué dans mon mé-
« moire, la température du point de chauffe étant main-
« tenue entre 41 et 42 degrés, et celle de la pièce où se
« faisait l'incubation subissant une oscillation de 12
« à 16 degrés. « Ces expériences, » ajoute M. Dareste,
« prouvent que les causes des anomalies qui frap-
« pent l'embryon ne sont pas seulement des causes
« perturbatrices, comme celles que je signalais l'année
« dernière, mais qu'elles sont aussi des causes détermi-
« nantes. »

Le mode, les formes de développement de l'embryon, dans l'animal et le végétal individuel, étant déterminées d'une manière actuelle et efficiente par
les influences du milieu (milieu intérieur ou milieu externe), le développement morphogénique de
la série des espèces ne ferait, on le voit, que suivre la
loi commune de l'embryogénie, si, comme le soutient l'opinion transformiste, les types spécifiques émanent les uns des autres par voie de modification et sous
l'empire des influences diverses et mouvantes du monde
ambiant.

Ainsi, prédétermination (mais prédétermination logique et éternelle) d'un plan germinal, et réalisation de
ce plan par l'action morphogénique des circonstances
agissant par voie de transformation, telle serait la grande
loi de genèse régissant à la fois la production des individus et la production des espèces, et excluant, de part
et d'autre, le miracle d'une création surnaturelle.

M. Paul Janet, dans une forte et savante étude sur
les doctrines transformistes, est passé très-près, ce me

semble, de la conclusion synthétique qui vient d'être indiquée ; mais les préjugés de la philosophie classique l'auront détourné de cette heureuse solution. Le célèbre écrivain s'est exprimé ainsi :

« Eh quoi ! » dit-il, « il y a dans l'être vivant une « puissance telle que si le milieu se modifie, l'être vi- « vant se modifie également pour pouvoir vivre dans « ce milieu nouveau ! Il a une puissance de s'accom- « moder aux circonstances du dehors, d'en tirer parti, « de les appliquer à ses besoins ! Et dans une telle « puissance vous ne voyez pas une finalité ? » (*Le Ma- térialisme contemporain, op. cit.*, page 115.)

Ici l'esprit de M. Janet semble avoir été frappé un instant par cette vive lumière : à savoir, que dans le principe de la vie, dans l'être simple, dans l'ᴀᴍᴇ, ce τὸ ὄν, ce τὸ ἕν, ce τὸ θεῖον de la métaphysique grecque, c'est-à-dire dans l'Être proprement dit, est la fin et le commencement de tout, l'alpha et l'oméga, la raison suprême et l'explication dernière des choses.

Mais comment un préjugé traditionnel, qui a le pou- voir d'enténébrer les plus lucides intelligences, les em- pêche-t il de comprendre que ce principe absolu, en qui réside toute causalité première et toute finalité dernière, n'est pas un ᴍᴏɪ unique placé en dominateur au-dessus et en dehors de l'Univers ? comment des penseurs indépendants et subtils, tels que M. Janet, se laissent-ils décevoir jusqu'à ce jour par une illusion réaliste qui leur fait prendre l'*unité* en tant que *qualité* commune à tout ce qui est *un*, c'est-à-dire *simple*, pour un Uɴ unique, qui serait différent et à part de tous les autres ? Quelle erreur, quelle funeste erreur ! funeste dans les sciences, funeste en politique, funeste en morale! Non, l'UN est partout, l'UN est tout; et ceci, dit sans métaphore, signifie que l'Univers entier, que toute la Substance, se résout en UNS, autrement dit en *Monades*, en *centres dynamiques*, en *centres psychiques*, en chacun desquels réside entièrement l'éternelle essence, l'universelle loi, la cause infinie.

FIN

# ERRATA

A la page 25, et aux avant-dernière et dernière lignes de la note, *lisez :* et tel est le tort constant du Positivisme, telle est la faute, *etc.*

A la p. 28, dernier alinéa de la note, *au lieu de :* du Maître, *lisez : du maître.*

A la p. 58, vingt-quatrième ligne, *au lieu de :* deux facteurs complémentaires, *lisez :* les deux facteurs complémentaires.

A la p. 62, première ligne, *au lieu de :* et jusque dans la queue du cheval, *lisez :* et jusque dans la queue-de-cheval.

A la p. 149, avant-dernière ligne de la note, *au lieu de :* qu'il est utile de faire connaître, *lisez :* qu'il est inutile de faire connaître.

A la p. 207, sixième ligne, *au lieu de :* des idées d'idées nous dirons, *lisez :* des idées d'idées, nous dirons.

A la p. 212, septième ligne *au lieu de :* conception mathématique, de la matière, *lisez :* conception mathématique du principe de la matière.

A la p. 234, 3° alinéa de la note, 2° ligne, *au lieu de :* les métaphysiciens n'ont pas, *lisez :* les physiciens n'ont pas.

A la p. 287, 4° ligne de la note, *au lieu de :* ses effets, *lisez :* ces effets.

A la p. 292, devait se trouver la note suivante se rapportant à la dernière phrase :

*Non est quod ad sepulchrum filii tui curras ; pessima ejus et ipsi molestissima istic jacent, ossa cineresque : non magis illius partes, quam restes, aliaque tegumenta corporum. Integer ille, nihilque in terris relinquens, fugit, et totus excessit : polumque supra nos commoratus, dum expurgatus, et inhærentia vitia situmque omnis mortalis ævi excutit, deinde ad excelsa sublatus, inter fœlices currit animas, excipitque illum cœtus sacer, Scipiones, Catonesque, utique contemptores vitæ, et mortis beneficio liberi.* SÉNÈQUE. (*De Consolatione ad Marciam, cap.* XXV.)

# TABLE DES MATIÈRES

Constn., typ. et stér. de Caité fils

Octobre 1889.

ANCIENNE LIBRAIRIE GERMER BAILLIÈRE ET C⁰

# FÉLIX ALCAN, ÉDITEUR

*108, Boulevard Saint-Germain, 108, PARIS*

## EXTRAIT DU CATALOGUE
### SCIENCES — MÉDECINE — HISTOIRE — PHILOSOPHIE

# I. — BIBLIOTHÈQUE SCIENTIFIQUE INTERNATIONALE

PUBLIÉE SOUS LA DIRECTION DE **M. ÉM. ALGLAVE**

Volumes in-8, reliés en toile anglaise. — Prix : 6 fr.
Les mêmes, en demi-reliure d'amateur : 10 fr.

### 68 VOLUMES PARUS

1. J. TYNDALL. Les glaciers et les transformat. de l'eau, 5° éd.
2. W. BAGEHOT. Lois scientifiques du développement des nations, 5° édition.
3. J. MAREY. La machine animale, locomotion terrestre et aérienne. 4° édition, illustré.
4. A. BAIN. L'esprit et le corps considérés au point de vue de leurs relations. 5° édition.
5. PETTIGREW. La locomotion chez les animaux, 2° éd., ill.
6. HERBERT SPENCER. Introd. à la science sociale. 9° édit.
7. OSCAR SCHMIDT. Descendance et darwinisme, 6° édition.
8. H. MAUDSLEY. Le crime et la folie. 5° édition.
9. VAN BENEDEN. Les commensaux et les parasites dans le règne animal, 3° édition, illustré.
10. BALFOUR STEWART. La conservation de l'énergie, suivie d'une étude sur LA NATURE DE LA FORCE, par *P. de Saint-Robert*, 5° édition, illustré.
11. DRAPER. Les conflits de la science et de la religion, 8° éd.
12. LÉON DUMONT. Théorie scientifique de la sensibilité, 3° éd.
13. SCHUTZENBERGER. Les fermentations, 5° édition, illustré
14. WHITNEY. La vie du langage, 3° édition.
15. COOKE et BERKELEY. Les champignons, 4° éd., illustré,
16. BERNSTEIN. Les sens. 4° édition, illustré.
17. BERTHELOT. La synthèse chimique, 6° édition.
18. VOGEL. La photographie et la chimie de la lumière, 4° éd.
19. LUYS. Le cerveau et ses fonctions, 6° édition, illustré.

55. HARTMANN. **Les singes anthropoïdes**, illustré.
56. SCHMIDT. **Les mammifères dans leurs rapports avec leurs ancêtres géologiques**, illustré.
57. BINET et FÉRÉ. **Le magnétisme animal**. 2e éd., illustré.
58, 59. ROMANES. **L'intelligence des animaux**. 2 vol. 2e éd.
60. F. LAGRANGE. **Physiologie des exercices du corps**. 3e éd.
61. DREYFUS (Camille). **L'évolution des mondes et des sociétés**. 2e édition.
62. DAUBRÉE. **Les régions invisibles du globe et des espaces célestes**, illustré.
63, 64. SIR JOHN LUBBOCK. **L'homme préhistorique**. 3e édition, 2 volumes illustrés.
65. RICHET (Ch.). **La chaleur animale**, illustré.
66. FALSAN. **La période glaciaire**, illustré.
67. BEAUNIS. **Les sensations internes**.
68. CARTAILHAC. **La France préhistorique**, illustré.

# II. — MÉDECINE ET SCIENCES.
## A. — Pathologie médicale.

AXENFELD et HUCHARD. **Traité des névroses**. 2e édition, augmentée de 700 pages, par HENRI HUCHARD, médecin des hôpitaux. 1 fort vol. in-8. 20 fr.
BARTELS. **Les maladies des reins**, traduit de l'allemand par le docteur EDELMANN; avec préface et notes de M. le professeur LÉPINE. 1 vol. in-8, avec fig. 15 fr.
BOUCHARDAT. **De la glycosurie ou diabète sucré**, son traitement hygiénique, 1883, 2e édition. 1 vol. grand in-8, suivi de notes et documents sur la nature et le traitement de la goutte, la gravelle urique, sur l'oligurie, le diabète insipide avec excès d'urée, l'hippurie, la pimélorrhée, etc. 15 fr.
BOUCHUT. **Diagnostic des maladies du système nerveux par l'ophthalmoscopie**. 1 vol. in-8, avec atlas col. 9 fr.
BOUCHUT et DESPRÉS. **Dictionnaire de médecine et de thérapeutique médicales et chirurgicales**, comprenant le résumé de la médecine et de la chirurgie, les indications thérapeutiques de chaque maladie, la médecine opératoire, les accouchements, l'oculistique, l'odontotechnie, les maladies d'oreilles, l'électrisation, la matière médicale, les eaux minérales, et un formulaire spécial pour chaque maladie. 5e édition, très augmentée. 1 vol. in-4, avec 950 fig. dans le texte et 3 cartes. Br. 25 fr.; cart. 27 fr. 50; relié. 29 fr.
CORNIL. **Leçons sur l'anatomie pathologique des métrites, des salpingites et des cancers de l'utérus**. 1 vol. in-8, avec 35 gravures dans le texte. 3 fr. 50
CORNIL et BABES. **Les bactéries et leur rôle dans l'anatomie et l'histologie pathologiques des maladies infec-

tieuses. 2 vol. in-8, avec 350 figures dans le texte en noir
et en couleur et 4 planches en chromolithographie hors texte,
3e édit. (*sous presse*).

DAMASCHINO. **Leçons sur les maladies des voies diges-
tives.** 1 vol. in-8, 3e tirage, 1888.                    14 fr.

DÉJERINE. **Sur l'atrophie musculaire des ataxiques.**
1 vol. in-8.                                              3 fr. 50

DESPRÉS. **Traité théorique et pratique de la syphilis.** ou
infection purulente syphilitique. 1 vol. in-8.            7 fr.

DURAND-FARDEL. **Traité des eaux minérales** de la France
et de l'étranger, et de leur emploi dans les maladies chroniques,
3e édition, 1883. 1 vol. in-8.                            10 fr.

DURAND-FARDEL. **Traité pratique des maladies des
vieillards**, 2e édition. 1 fort vol. gr. in-8.           14 fr.

FERRIER. **De la localisation des maladies cérébrales.**
Traduit de l'anglais par H.-C. DE VARIGNY, suivi d'un mémoire de
MM. CHARCOT et PITRES sur les *Localisations motrices dans les
hémisphères de l'écorce du cerveau.* 1 vol. in-8 avec 67 fig. dans le
texte.                                                    6 fr.

GOUBERT. **Manuel de l'art des autopsies cadavériques,**
surtout dans ses applications à l'anat. pathol. In-18, avec 145 fig.
                                                          6 fr.

HÉRARD, CORNIL ET HANOT. **De la phthisie pulmonaire.**
1 vol. in-8, avec figures dans le texte et planches coloriées.
2e édition.                                               20 fr.

KUNZE. **Manuel de médecine pratique,** traduit de l'allemand par M. KNOERI. 1 vol. in-18.                         4 fr. 50

LANCEREAUX. **Traité historique et pratique de la syphilis.** 2e édition. 1 vol. gr. in-8, avec fig. et planches color. 17 fr.

MARTINEAU. **Traité clinique des affections de l'utérus.**
1 fort vol. gr. in-8.                                     14 fr.

MAUDSLEY. **Le crime et la folie.** 1 vol. in-8. 5e édit.  6 fr.

MAUDSLEY. **La pathologie de l'esprit.** 1 vol. in-8.     10 fr.

MURCHISON. **De la fièvre typhoïde,** avec notes et introduction du docteur H. GUENEAU DE MUSSY. 1 vol. in-8, avec figures
dans le texte et planches hors texte.                     10 fr.

NIEMEYER. **Éléments de pathologie interne et de thérapeutique,** traduit de l'allemand, annoté par M. CORNIL. 3e édit.
franç., augmentée de notes nouvelles. 2 vol. gr. in-8.    14 fr.

ONIMUS ET LEGROS. **Traité d'électricité médicale.** 1 fort
vol. in-8, avec 275 figures dans le texte. 2e édition.    17 fr.

RILLIET ET BARTHEZ. **Traité clinique et pathologique
des maladies des enfants.** 3e édit., refondue et augmentée,
par BARTHEZ et A. SANNÉ. Tome I, 1 fort vol. gr. in-8. 1884. 10 fr.
     Tome II, fort vol. gr. in-8. 1887.                   14 fr.
     Tome III, terminant l'ouvrage (*sous presse*).

TAYLOR. **Traité de médecine légale**, traduit sur la 7e édition anglaise, par le Dr Henri Coutagne. 1 vol. gr. in-8.          15 fr.

## B. — Pathologie chirurgicale.

ANGER (Benjamin). **Traité iconographique des fractures et luxations**, précédé d'une introduction par M. le professeur Velpeau. 1 fort volume in-4, avec 100 planches hors texte, coloriées, contenant 254 figures, et 127 bois intercalés dans le texte. 2e tirage, 1886. Relié.          150 fr.

BILLROTH. **Traité de pathologie chirurgicale générale**, traduit de l'allemand, précédé d'une introd. par M. le prof. Verneuil. 1880, 3e tirage. 1 fort vol. gr. in-8, avec 100 fig. dans le texte..          14 fr.

**Congrès français de chirurgie.** Mémoires et discussions, publiés par M. Pozzi, secrétaire général.

    1re session : 1885, 1 fort vol. gr. in-8.          14 fr.
    2e session : 1886, 1 fort vol. gr. in-8, avec fig.          14 fr.
    3e session : 1887, 1 fort vol. gr. in-8.          14 fr.

DE ARLT. **Des blessures de l'œil**, considérées au point de vue pratique et médico-légal. 1 vol. in-18.          3 fr. 50

DELBET. **Du traitement des anévrysmes.** 1 vol. in-8. 1880.          5 fr.

DELORME. **Traité de chirurgie de guerre.** 2 vol. gr. in-8°, avec fig. dans le texte. Tome I.          16 fr.
    Tome II (*sous presse*).

GALEZOWSKI. **Des cataractes et de leur traitement.** 1er fascicule, 1 vol. in-8.          3 fr. 50

JAMAIN et TERRIER. **Manuel de petite chirurgie.** 6e édit., refondue. 1 vol. gr. in-18 de 1000 pages, avec 450 fig.          9 fr.

JAMAIN et TERRIER. **Manuel de pathologie et de clinique chirurgicales.** 3e édition. Tome I, 1 fort vol. in-18.          6 fr.
    Tome II, 1 vol. in-18.          8 fr.
    Tome III, 1 vol. in-18.          8 fr.
    Tome IV, 1er fascicule, 1 vol. in-18.          4 fr.

LE FORT. **La chirurgie militaire** et les Sociétés de secours en France et à l'étranger. 1 vol. gr. in-8, avec fig.          10 fr.

LIEBREICH. **Atlas d'ophtalmoscopie**, représentant l'état normal et les modifications pathologiques du fond de l'œil vues à l'ophtalmoscope. 3e édition, 1885, atlas in-f° de 12 planches, 59 figures en couleurs.          40 fr.

MAC CORMAC. **Manuel de chirurgie antiseptique**, traduit de l'anglais par M. le docteur Lutaud. 1 fort vol. in-8.          6 fr.

MALGAIGNE et LE FORT. **Manuel de médecine opératoire.** 9e édition. 2 vol. grand in-18, avec nombreuses figures dans le texte.          16 fr.

MAUNOURY et SALMON. **Manuel de l'art des accouchements**, à l'usage des élèves en médecine et des élèves sages-femmes. 3ᵉ édit. 1 vol. in-18, avec 115 grav. 7 fr.

NÉLATON. **Éléments de pathologie chirurgicale**, par M. A. NÉLATON, membre de l'Institut, professeur de clinique à la Faculté de médecine, etc. Ouvrage complet en 6 volumes.

*Seconde édition, complètement remaniée*, revue par les Drs JAMAIN, PÉAN, DESPRÈS, GILLETTE et HORTELOUP, chirurgiens des hôpitaux. 6 forts vol. gr. in-8, avec 795 figures dans le texte. 82 fr.

PAGET (sir James). **Leçons de clinique chirurgicale**, traduites de l'anglais par le docteur L.-H. PETIT, et précédées d'une introduction de M. le professeur VERNEUIL. 1 vol. grand in-8. 8 fr.

PÉAN. **Leçons de clinique chirurgicale, professées à l'hôpital Saint-Louis**, de 1875 à 1880. Tomes I à IV, 4 vol. in-8, avec fig. et pl. coloriées. Chaque vol. séparément. 20 fr.

Tomes V et VI, années 1881-82-83-84. 2 vol. in-8. chacun 25 fr.

PHILLIPS. **Traité des maladies des voies urinaires.** 1 fort vol. in-8, avec 97 fig. intercalées dans le texte. 10 fr.

RICHARD. **Pratique journalière de la chirurgie.** 1 vol. gr. in-8, avec 215 fig. dans le texte. 2ᵉ édit., augmentée de chapitres inédits de l'auteur, et revue par le Dr J. CHAUK. 16 fr.

ROTTENSTEIN. **Traité d'anesthésie chirurgicale**, contenant la description et les applications de la méthode anesthésique de M. PAUL BERT. 1 vol. in-8, avec figures. 10 fr.

SCHWEIGGER. **Leçons d'ophthalmoscopie**, avec 3 planches lith. et des figures dans le texte. In-8 de 144 pages. 3 fr. 50

SOELBERG-WELLS. **Traité pratique des maladies des yeux.** 1 fort vol. gr. in-8, avec figures. 15 fr.

TERRIER. **Éléments de pathologie chirurgicale générale.** 1ᵉʳ fascicule : *Lésions traumatiques et leurs complications.* 1 vol. in-8. 7 fr.

2ᵉ fascicule : *Complications des lésions traumatiques. Lésions inflammatoires.* 1 vol. in-8, 1886. 6 fr.

Le 3ᵉ et dernier fascicule paraîtra en 1890.

TRUC. **Du traitement chirurgical de la péritonite.** 1 vol. in-8. 4 fr.

VIRCHOW. **Pathologie des tumeurs**, cours professé à l'université de Berlin, traduit de l'allemand par le docteur ARONSSOHN.

Tome Iᵉʳ, 1 vol. gr. in-8, avec 106 fig. 12 fr.
Tome II, 1 vol. gr. in-8, avec 74 fig. 12 fr.
Tome III, 1 vol. gr. in-8, avec 49 fig. 12 fr.
Tome IV (1 fascicule), 1 vol. gr. in-8, avec figures. 4 fr. 50

YVERT. **Traité pratique et clinique des blessures du globe de l'œil**, 1 vol. gr. in-8. 12 fr.

## C. — Thérapeutique. Pharmacie. Hygiène.

**BINZ. Abrégé de matière médicale et de thérapeutique,** 1 vol. in-12, de 335 pages. 2 fr. 50

**BOUCHARDAT. Nouveau formulaire magistral,** précédé d'une Notice sur les hôpitaux de Paris, de généralités sur l'art de formuler, suivi d'un Précis sur les eaux minérales naturelles et artificielles, d'un Mémorial thérapeutique, de notions sur l'emploi des contrepoisons et sur les secours à donner aux empoisonnés et aux asphyxiés. 1889, 28e édition, revue, corrigée. 1 vol. in-18, broché, 3 fr. 50 ; cartonné, 4 fr. ; relié. 4 fr. 50

**BOUCHARDAT et VIGNARDOU. Formulaire vétérinaire,** contenant le mode d'action, l'emploi et les doses des médicaments simples et composés prescrits aux animaux domestiques par les médecins vétérinaires français et étrangers, et suivi d'un Mémorial thérapeutique. 3e édit. 1 vol. in-18, br. 3 fr. 50, cart. 4 fr., rel. 4 fr. 50.

**BOUCHARDAT. Manuel de matière médicale, de thérapeutique comparée et de pharmacie.** 5e édition. 2 vol. gr. in-18. 16 fr.

**BOUCHARDAT. De la glycosurie ou diabète sucré,** son traitement hygiénique. 1883, 2e édition. 1 vol. grand in-8, suivi de notes et documents sur la nature et le traitement de la goutte, la gravelle urique, sur l'oligurie, le diabète insipide avec excès d'urée, l'hippurie, la pimélorrhée, etc. 15 fr.

**BOUCHARDAT. Traité d'hygiène publique et privée,** basée sur l'étiologie. 1 fort vol. gr. in-8. 3e édition, 1887. 18 fr.

**CORNIL et MARTIN. Leçons élémentaires d'hygiène privée,** 1 vol. in-18, avec figures. (*Sous presse.*)

**DURAND-FARDEL. Les eaux minérales et les maladies chroniques.** 1 vol. in-18. 2e édition, 1885. 3 fr. 50

**FÉRÉ (Ch.). Du traitement des aliénés dans les familles.** 1 vol. in-18, 1889. 2 fr. 50

**MACARIO (M.). Manuel d'hydrothérapie suivi d'une instruction sur les bains de mer.** 1 vol. in-18, 4e édition, 1889. 2 fr. 50

**MAURIN. Formulaire des maladies des enfants.** 1 vol. in-18. 2e édition. 3 fr. 50

**WEBER. Climatothérapie,** traduit de l'allemand par les docteurs Doyon et Spillmann. 1 vol. in-8, 1886. 6 fr.

## D. — Anatomie. Physiologie. Histologie.

**ALAVOINE. Tableaux du système nerveux.** Deux grands tableaux, avec figures. 5 fr.

**BAIN (Al.). Les sens et l'intelligence,** traduit de l'anglais par M. Cazelles. 1 vol. in-8. 10 fr.

**BASTIAN (Charlton). Le cerveau, organe de la pensée,**

chez l'homme et chez les animaux. 2 vol. in-8, avec 184 figures dans le texte. 1882. 12 fr.

BELZUNG. **Anatomie et physiologie animales.** 1 fort vol. in-8 avec 522 gravures dans le texte. 6 fr.

BÉRAUD (B.-J.). **Atlas complet d'anatomie chirurgicale topographique,** pouvant servir de complément à tous les ouvrages d'anatomie chirurgicale, composé de 109 planches représentant plus de 200 gravures dessinées d'après nature par M. Bion, et avec texte explicatif. 1 fort vol. in-4.

Prix : fig. noires, relié, 60 fr. — Fig. coloriées, relié, 120 fr. Toutes les pièces, disséquées dans l'amphithéâtre des hôpitaux, ont été reproduites d'après nature par M. Bion, et ensuite gravées sur acier par les meilleurs artistes.

BERNARD (Claude). **Leçons sur les propriétés des tissus vivants,** avec 94 fig. dans le texte. 1 vol. in-8. 8 fr.

BERNSTEIN. **Les sens.** 1 vol. in-8, avec fig. 3e édit., cart. 6 fr.

BURDON-SANDERSON, FOSTER et BRUNTON. **Manuel du laboratoire de physiologie,** traduit de l'anglais par M. Moquin-Tandon. 1 vol. in-8, avec 184 figures dans le texte, 1883. 14 fr.

FAU. **Anatomie des formes du corps humain,** à l'usage des peintres et des sculpteurs. 1 atlas in-folio de 25 planches. Prix : fig. noires, 15 fr. — Fig. coloriées. 30 fr.

CORNIL et RANVIER. **Manuel d'histologie pathologique.** 2e édition. 2 vol. in-8, avec nombreuses figures dans le texte. 30 fr.

FERRIER. **Les fonctions du cerveau.** 1 vol. in-8, avec 68 figures. 10 fr.

DEBIERRE. **Traité d'anatomie descriptive.** 2 vol. in-8, avec figures coloriées dans le texte. (*Sous presse*).

LEYDIG. **Traité d'histologie comparée de l'homme et des animaux.** 1 fort vol. in-8, avec 200 figures. 15 fr.

LONGET. **Traité de physiologie.** 3e édition, 3 vol. gr. in-8, avec figures. 36 fr.

MAREY. **Du mouvement dans les fonctions de la vie.** 1 vol. in-8, avec 200 figures dans le texte. 10 fr.

PREYER. **Éléments de physiologie générale.** Traduit de l'allemand par M. J. Soury. 1 vol. in-8. 5 fr.

PREYER. **Physiologie spéciale de l'embryon.** Trad. de l'allemand par M. le Dr Wiet. 1 vol. in-8 avec fig. et 9 pl. hors texte. 16 fr.

RICHET (Charles). **Physiologie des muscles et des nerfs.** 1 fort vol. in-8. 1882. 15 fr.

VULPIAN. **Leçons sur l'appareil vaso-moteur** (physiologie et pathologie), recueillies par le Dr H. Carville. 2 vol. in-8. 18 fr.

## E. — Physique. Chimie. Histoire naturelle.

AGASSIZ. **De l'espèce et des classifications en zoologie.** 1 vol. in-8. 5 fr.

BERTHELOT. **La synthèse chimique.** 1 vol. in-8 de la *Bibliothèque scientifique internationale.* 4ᵉ édit., cart.　6 fr.

COOKE ET BERKELEY. **Les champignons**, avec 110 figures dans le texte. 1 vol. in-8. 3ᵉ édition.　6 fr.

DARWIN. **Les récifs de corall**, leur structure et leur distribution. 1 vol. in-8, avec 3 planches hors texte, traduit de l'anglais par M. Cosserat.　8 fr.

DAUBRÉE. **Les régions invisibles du globe et des espaces célestes.** 1 vol. in-8 avec gravures.　6 fr.

EVANS (John). **Les âges de la pierre.** 1 beau vol. gr. in-8, avec 467 figures dans le texte.　15 fr.

EVANS (John). **L'âge du bronze.** 1 fort vol. in-8, avec 540 figures dans le texte.　15 fr.

GRÉHANT. **Manuel de physique médicale.** 1 vol. in-18, avec 469 figures dans le texte.　7 fr.

GRIMAUX. **Chimie organique élémentaire.** 5ᵉ édit. 1 vol in-18, avec figures.　5 fr

GRIMAUX. **Chimie inorganique élémentaire.** 5ᵉ édit., 1889. 1 vol. in-18, avec figures.　5 fr.

HERBERT SPENCER. **Principes de biologie**, traduit de l'anglais par M. C. CAZELLES. 2 vol. in-8.　20 fr.

HUXLEY. **La physiographie**, introduction à l'étude de la nature. 1 vol. in-8 avec 128 figures dans le texte et 2 planches hors texte. 1882.　8 fr.

LUBBOCK. **Origines de la civilisation**, état primitif de l'homme et mœurs des sauvages modernes, traduit de l'anglais. 3ᵉ édition. 1 vol. in-8, avec fig. Broché, 15 fr. — Relié.　18 fr.

LUBBOCK. **L'homme préhistorique.** 2 vol. in-8 avec 228 gravures dans le texte.　12 fr.

PISANI (F.). **Traité pratique d'analyse chimique qualitative et quantitative**, à l'usage des laboratoires de chimie. 1 vol. in-12. 3ᵉ édit., augmentée d'un traité d'*analyse au chalumeau*, 1888.　3 fr. 50

PISANI ET DIRVELL. **La chimie du laboratoire.** 1 vol. in-12.　4 fr.

QUATREFAGES (DE). **Charles Darwin et ses précurseurs français.** Étude sur le transformisme. 1 vol. in-8.　5 fr.

THÉVENIN (E.). **Dictionnaire abrégé des sciences physiques et naturelles**, revu par H. DE VARIGNY. 1 volume in-18 de 630 pages, cartonné à l'anglaise. . . . . . . . . . . . 5 fr.

## III. — BIBLIOTHÈQUE D'HISTOIRE CONTEMPORAINE

Volumes in-18 à 3 fr. 50. — Volumes in-8 à 5, 7 et 12 francs. Cartonnage toile, 50 c. en plus par vol. in-18, 1 fr. par vol. in-8.

### EUROPE

HISTOIRE DE L'EUROPE PENDANT LA RÉVOLUTION FRANÇAISE, par *H. de Sybel*. Traduit de l'allemand par Mlle Dosquet. 6 vol. in-8 . . 42 fr.

### FRANCE

HISTOIRE DE LA RÉVOLUTION FRANÇAISE, par *Carlyle*. 3 vol. in-18. 10 50
LA RÉVOLUTION FRANÇAISE, par *H. Carnot*. 1 vol. in-12. Nouv. édit.. 3 50
HISTOIRE DE LA RESTAURATION, par *de Rochau*. 1 vol. in-18. . . . 3 50
HISTOIRE DE DIX ANS, par *Louis Blanc*. 5 vol. in-8. . . . . . . . 25 »
HISTOIRE DE HUIT ANS (1840-1848), par *Elias Regnault*. 3 vol. in-8. 15 »
HISTOIRE DU SECOND EMPIRE (1848-1870), par *Taxile Delord*. 6 volumes in-8 . . . . . . . . . . . . . . . . . . . . . . . . . . . 42 fr.
LA GUERRE DE 1870-1871, par *Boert*. 1 vol. in-18. . . . . . . . 3 50
LA FRANCE POLITIQUE ET SOCIALE, par *Aug. Laugel*. 1 volume in-8. 5 fr.
LES COLONIES FRANÇAISES, par *P. Gaffarel*. 1 vol. in-8, 4° éd. 5 fr.
L'EXPANSION COLONIALE DE LA FRANCE, étude économique, politique et géographique sur les établissements français d'outre-mer, par *J.-L. de Lanessan*. 1 vol. in-8 avec 19 cartes hors texte. . . . . . . 12 fr.
LA TUNISIE, par *J.-L. de Lanessan*. 1 vol. in-8 avec une carte en couleurs. 5 fr.
L'INDO-CHINE FRANÇAISE, étude économique, politique et administrative sur la *Cochinchine, le Cambodge, l'Annam et le Tonkin* (médaille Dupleix, de la Société de Géographie commerciale), par *J.-L. de Lanessan*, 1 vol. in-8, avec 5 cartes en couleurs. . . . . . . . . . . . 15 fr.
L'ALGÉRIE, par *M. Wahl*. 1 vol. in-8. 2° édition. Ouvrage couronné par l'Institut. . . . . . . . . . . . . . . . . . . . . . . . . 5 fr.
L'EMPIRE D'ANNAM ET LES ANNAMITES, par *J. Silvestre*. 1 vol. in-18 avec carte. . . . . . . . . . . . . . . . . . . . . . . . . . . 3 50

### ANGLETERRE

HISTOIRE GOUVERNEMENTALE DE L'ANGLETERRE, DEPUIS 1770 JUSQU'A 1830, par sir *G. Cornewal Lewis*. 1 vol. in-8, traduit de l'anglais . . . 7 fr.
HISTOIRE CONTEMPORAINE DE L'ANGLETERRE, depuis la mort de la reine Anne jusqu'à nos jours, par *H. Reynald*. 1 vol. in-18. 2° éd. . . 3 50
LES QUATRE GEORGE, par *Thackeray*. 1 vol. in-18 . . . . . . . . 3 50
LOMBART-STREET, le marché financier en Angleterre, par *W. Bagehot*. 1 vol. in-18. . . . . . . . . . . . . . . . . . . . . . . . . 3 50
LORD PALMERSTON ET LORD RUSSEL, par *Aug. Laugel*. 1 vol. in-18. 3 50
QUESTIONS CONSTITUTIONNELLES (1873-1878), par *E.-W. Gladstone*, précédées d'une introduction par *Albert Gigot*. 1 vol. in-8. . . . . 5 fr.

### ALLEMAGNE

HISTOIRE DE LA PRUSSE, depuis la mort de Frédéric II jusqu'à la bataille de Sadowa, par *Eug. Véron*. 1 vol. in-18. 4° éd. . . . . 3 50

HISTOIRE DE L'ALLEMAGNE, depuis la bataille de Sadowa jusqu'à nos jours, par *Eug. Véron*. 1 vol. in-18, 2e éd. . . . . . . . . . . . . . . . 3 50
L'ALLEMAGNE CONTEMPORAINE, par *Ed. Bourloton*. 1 vol. in-18. . . . 3 50

## AUTRICHE-HONGRIE

HISTOIRE DE L'AUTRICHE, depuis la mort de Marie-Thérèse jusqu'à nos jours, par *L. Asseline*. 1 vol. in-18, 2e éd. . . . . . . . . . . 3 50
HISTOIRE DES HONGROIS et de leur littérature politique, de 1790 à 1815, par *Ed. Sayous*. 1 vol. in-18 . . . . . . . . . . . . . . . . . 3 50

## ESPAGNE

HISTOIRE DE L'ESPAGNE, depuis la mort de Charles III jusqu'à nos jours, par *H. Reynald*. 1 vol. in-18 . . . . . . . . . . . . . . . . . . 3 50

## RUSSIE

LA RUSSIE CONTEMPORAINE, par *Herbert Barry*. 1 vol. in-18. . . . 3 50
HISTOIRE CONTEMPORAINE DE LA RUSSIE, par *M. Créhange*. 1 vol. in-18 . . . . . . . . . . . . . . . . . . . . . . . . . . . . . . . . . 3 50

## SUISSE

LA SUISSE CONTEMPORAINE, par *H. Dixon*. 1 vol. in-18. . . . . . 3 50
HISTOIRE DU PEUPLE SUISSE, par *Daendliker*, précédée d'une Introduction de M. *Jules Favre*. 1 vol. in-18. . . . . . . . . . . . . . . . 5 fr.

## AMÉRIQUE

HISTOIRE DE L'AMÉRIQUE DU SUD, par *Alf. Deberle*. 1 vol. in-18. 2e éd. 3 50
LES ÉTATS-UNIS PENDANT LA GUERRE, par *Aug. Laugel*. 1 vol. in-18. 3 50

## ITALIE

HISTOIRE DE L'ITALIE, depuis 1815 jusqu'à la mort de Victor-Emmanuel, par *E. Sorin*. 1 vol. in-18 . . . . . . . . . . . . . . . . . . . 3 50

----

**Jules Barni.** HISTOIRE DES IDÉES MORALES ET POLITIQUES EN FRANCE AU XVIIIe SIÈCLE. 2 vol. in-18, chaque volume . . . . . . . . 3 50
— LES MORALISTES FRANÇAIS AU XVIIIe SIÈCLE. 1 vol. in-18. . . . 3 50
**Émile Beaussire.** LA GUERRE ÉTRANGÈRE ET LA GUERRE CIVILE. 1 vol. in-18 . . . . . . . . . . . . . . . . . . . . . . . . . . . . . . . . 3 50
**E. de Laveleye.** LE SOCIALISME CONTEMPORAIN. 1 vol. in-18. 3e éd. 3 50
**E. Despois.** LE VANDALISME RÉVOLUTIONNAIRE. 1 vol. in-18. 2e éd. 3 50
**M. Pellet.** VARIÉTÉS RÉVOLUTIONNAIRES, avec une Préface de A. *Ranc.* 2 vol. in-18, chaque vol. . . . . . . . . . . . . . . . . . . . 3 50
**Eug. Spuller.** FIGURES DISPARUES, portraits contemporains, littéraires et politiques. 2e édit. 1 vol. in-18. . . . . . . . . . . . . . 3 fr. 50
**G. Guéroult.** LE CENTENAIRE DE 1789, Évolution politique, philosophique, artistique et scientifique de l'Europe depuis cent ans. 1 vol. in-18 . . . . . . . . . . . . . . . . . . . . . . . . . . . . . . . 3 fr. 50

# IV. — BIBLIOTHÈQUE DE PHILOSOPHIE CONTEMPORAINE

Volumes in-18. Br., 2 fr. 50; cart. à l'angl., 3 fr.; reliés, 4 fr.

**H. Taine.**
L'Idéalisme anglais, étude sur Carlyle.
Philosophie de l'art dans les Pays-Bas. 2ᵉ édition.
Philosophie de l'art en Grèce. 2ᵉ édit.

**Paul Janet.**
Le Matérialisme contemp. 4ᵉ édit.
La Crise philosophique. Taine, Renan, Vacherot, Littré.
Philosophie de la Révolution française.
Le Saint-Simonisme.
Origines du socialisme contemporain.

**Odysse Barrot.**
Philosophie de l'histoire.

**Alaux.**
Philosophie de M. Cousin.

**Ad. Franck.**
Philosophie du droit pénal. 2ᵉ édit.
Des rapports de la religion et de l'État. 2ᵉ édit.
La philosophie mystique en France au XVIIIᵉ siècle.

**Beaussire.**
Antécédents de l'hégélianisme dans la philosophie française.

**Bost.**
Le Protestantisme libéral.

**Ed. Auber.**
Philosophie de la médecine.

**Leblais.**
Matérialisme et spiritualisme.

**Charles de Rémusat.**
Philosophie religieuse.

**Charles Lévêque.**
Le Spiritualisme dans l'art.
La Science de l'invisible.

**Émile Saisset.**
L'âme et la vie, suivi d'une étude sur l'Esthétique française.

Critique et histoire de la philosophie (frag. et disc.).

**Auguste Laugel.**
L'Optique et les Arts.
Les problèmes de la nature.
Les problèmes de la vie.
Les problèmes de l'âme.

**Challemel-Lacour.**
La philosophie individualiste.

**Albert Lemoine.**
Le Vitalisme et l'Animisme.
De la Physionomie et de la Parole.

**Milsand.**
L'Esthétique anglaise.

**A. Véra.**
Philosophie hégélienne.

**Schœbel.**
Philosophie de la raison pure.

**Ath. Coquerel fils.**
Premières transformations historiques du christianisme.
La Conscience et la Foi.
Histoire du Credo.

**Jules Levallois.**
Déisme et Christianisme.

**Camille Selden.**
La Musique en Allemagne.

**Fontanès.**
Le Christianisme moderne.

**Stuart Mill.**
Auguste Comte et la philosophie positive. 3ᵉ édition.
L'Utilitarisme.

**Mariano.**
La Philosophie contemp. en Italie.

**Saigey.**
La Physique moderne. 2ᵉ tirage.

**E. Faivre.**
De la variabilité des espèces.

**Ernest Bersot.**
Libre philosophie.

**W. de Fonvielle.**
L'astronomie moderne.

**C. Coignet.**
La morale indépendante.

**Et. Vacherot.**
La Science et la Conscience.

**E. Boutmy.**
Philosophie de l'architecture en Grèce.

**Herbert Spencer.**
Classification des sciences. 4° édit.
L'individu contre l'Etat. 2° éd.

**Gauckler.**
Le Beau et son histoire.

**Bertauld.**
L'ordre social et l'ordre moral.
De la philosophie sociale.

**Th. Ribot.**
La philosophie de Schopenhauer, 3° édition.
Les maladies de la mémoire. 6° édit.
Les maladies de la volonté. 6° édit.
Les maladies de la personnalité. 3° éd.
La psychologie de l'attention.

**Hartmann.**
La Religion de l'avenir. 2° édition.
Le Darwinisme. 3° édition.

**Schopenhauer.**
Le libre arbitre. 3° édition.
Le fondement de la morale. 2° édit.
Pensées et fragments. 9° édition.

**Liard.**
Les Logiciens anglais contemporains. 2° édition.
Les définitions géométriques et les définitions empiriques. 2° édit.

**Marion.**
J. Locke, sa vie, son œuvre.

**O. Schmidt.**
Les sciences naturelles et la philosophie de l'inconscient.

**Hæckel.**
Les preuves du transformisme.
Psychologie cellulaire.

**Pi y Margall.**
Les nationalités.

**Barthélemy-Saint Hilaire.**
De la métaphysique.
La philos., la religion et les sciences.

**A. Espinas.**
Philosophie expérim. en Italie.

**P. Siciliani.**
Psychogénie moderne.

**Leopardi.**
Opuscules et Pensées.

**A. Lévy.**
Morceaux choisis des philosophes allemands.

**Roisel.**
De la substance.

**Zeller.**
Christian Baur et l'école de Tubingue.

**Stricker.**
Du langage et de la musique.

**Coste.**
Les conditions sociales du bonheur et de la force. 3° édition.

**Binet.**
La psychologie du raisonnement.

**G. Ballet.**
Le langage intérieur et l'aphasie.

**Mosso.**
La peur.

**Tarde.**
La criminalité comparée.

**Paulhan.**
Les phénomènes affectifs.

**Ch. Richet.**
Essai de psychologie générale.

**Ch. Féré.**
Sensation et mouvement.
Dégénérescence et criminalité.

**Vianna de Lima.**
L'homme selon le transformisme.

**L. Arréat.**
La morale dans le drame, l'épopée et le roman. 2° édition.

**de Roberty.**
L'Inconnaissable.

**Bertrand.**
La psychologie de l'effort.

Volumes in-8. Br. à 5, 7 50 et 10 fr.; cart. angl., 1 fr. de plus par vol.; rel., 2 fr.

### BARNI
La morale dans la démocratie. 1 vol. in-8, 2ᵉ édit. 5 fr.

### AGASSIZ
De l'espèce et des classifications. 1 vol. in-8. 5 fr.

### STUART MILL
La philosophie de Hamilton. 1 fort vol. in-8. 10 fr.
Mes mémoires. 1 vol. in-8. 5 fr.
Système de logique déductive et inductive. 2 vol. in-8. 20 fr.
Essais sur la Religion. 1 vol. in-8, 2ᵉ édit. 5 fr.

### DE QUATREFAGES
Ch. Darwin et ses précurseurs français. 1 vol. in-8. 5 fr.

### HERBERT SPENCER
Les premiers principes. 1 fort vol. in-8. 2ᵉ édit. 10 fr.
Principes de psychologie. 2 vol. in-8. 20 fr.
Principes de biologie. 2 vol. in-8. 20 fr.
Principes de sociologie. 4 vol. in-8. 36 fr. 25
Essais sur le progrès. 1 vol. in-8, 2ᵉ édit. 7 fr. 50
Essais de politique. 1 vol. in-8, 2ᵉ édit. 7 fr. 50
Essais scientifiques. 1 vol. in-8. 2ᵉ édit. 7 fr. 50
De l'éducation physique, intellectuelle et morale. 1 volume
  in-8, 5ᵉ édition. 5 fr.
Introduction à la science sociale. 1 vol. in-8, 9ᵉ édit. 6 fr.
Les bases de la morale évolutionniste. 1 vol. in-8, 4ᵉ éd. 6 fr.

### AUGUSTE LAUGEL
Les problèmes (les problèmes de la nature, problèmes de la
  vie, problèmes de l'âme). 1 fort vol. in-8. 7 fr. 50

### ÉMILE SAIGEY
Les sciences au XVIIIᵉ siècle. La physique de Voltaire.
  1 vol. in-8. 5 fr.

### PAUL JANET
Les causes finales. 1 vol. in-8, 2ᵉ édition. 10 fr.
Histoire de la science politique dans ses rapports avec la mo-
  rale, 3ᵉ édit., 2 vol. in-8. 20 fr.

### TH. RIBOT
L'hérédité psychologique. 1 vol. in-8, 3ᵉ édition. 7 fr. 50
La psychologie anglaise contemporaine. 1 vol., 3ᵉ éd. 7 fr. 50
La psychologie allemande contemporaine. 1 vol., 2ᵉ éd. 7 fr. 50

### ALF. FOUILLÉE
La liberté et le déterminisme. 1 vol. in-8, 2ᵉ édit. 7 fr. 50
Critique des systèmes de morale contemporaine. 1 vol. in-8.
  2ᵉ éd. 7 50
La morale, l'art et la religion d'après M. Guyau. 1 volume
  in-8. 3 fr. 75

### BAIN (ALEX.)
La logique inductive et déductive. 2 vol. in-8, 2ᵉ édit. 20 fr.
Les sens et l'intelligence. 1 vol. in-8. 2ᵉ édit. 10 fr.

L'esprit et le corps. 1 vol. in-8, 4e édit. 6 fr.

La science de l'éducation. 1 vol. in-8, 6e édit. 6 fr.

Les émotions et la volonté. 1 vol. in-8. 10 fr.

MATTHEW ARNOLD

La crise religieuse. 1 vol. in-8. 7 fr. 50

BARDOUX

Les légistes, leur influence sur la société française. 1 vol. 5 fr.

ESPINAS (ALF.)

Des sociétés animales. 1 vol. in-8, 2e édition. 7 fr. 50

FLINT

La philosophie de l'histoire en France. 1 vol. in-8. 7 fr. 50

La philosophie de l'histoire en Allemagne. 1 vol. in-8. 7 fr. 50

LIARD

La science positive et la métaphysique. 1 vol. in-8. 7 fr. 50

Descartes. 1 vol. in-8. 5 fr.

GUYAU

La morale anglaise contemporaine. 1 vol. in-8, 2e éd. 7 fr. 50

Les problèmes de l'esthétique contemporaine. 1 vol. in-8. 5 fr.

Esquisse d'une morale sans obligation ni sanction. In-8. 5 fr.

L'irréligion de l'avenir. 1 vol. in-8. 2e éd. 7 fr. 50

L'art au point de vue sociologique. 1 vol. in-8. 7 fr. 50

HUXLEY

Hume, sa vie, sa philosophie. 1 vol. in-8. 5 fr.

E. NAVILLE

La logique de l'hypothèse. 1 vol. in-8. 5 fr.

ÉT. VACHEROT

Essais de philosophie critique. 1 vol. in-8. 7 fr. 50

La religion. 1 vol. in-8. 7 fr. 50

MARION

La solidarité morale. 1 vol. in-8, 2e édit. 5 fr.

SCHOPENHAUER

Aphorismes sur la sagesse dans la vie. 1 vol. in-8. 3e édit. 5 fr.

De la quadruple racine du principe de la raison suffisante.
1 vol. in-8. 5 fr.

Le monde comme volonté et représentation. 3 vol. in-8.
Chaque volume. 7 fr. 50

JAMES SULLY

Le pessimisme. 1 vol. in-8. 7 fr. 50

BUCHNER

Science et nature. 1 vol. in-8, 2e édition. 7 fr. 50

EGGER (V.)

La parole intérieure. 1 vol. in-8. 5 fr.

LOUIS FERRI

La psychologie de l'association, depuis Hobbes jusqu'à nos
jours. 1 vol. in-8. 7 fr. 50

MAUDSLEY

La pathologie de l'esprit. 1 vol. in-8. 10 fr.

SÉAILLES

Essai sur le génie dans l'art. 1 vol. in-8. 5 fr

CH. RICHET

L'homme et l'intelligence. 2e édit. 1 vol. in-8.                    10 fr.

PREYER

Éléments de physiologie. 1 vol. in-8.                               5 fr.
L'âme de l'enfant. 1 vol. in-8.                                    10 fr.

WUNDT

Éléments de psychologie physiologique. 2 vol. in-8, avec fig. 20 fr.

E. BEAUSSIRE

Les principes de la morale. 1 vol. in-8.                           5 fr.
Les principes du droit. 1 vol. in-8.                            7 fr. 50

A. FRANCK

La philosophie du droit civil. 1 vol. in-8.                        5 fr.

CLAY

L'alternative. Contribution à la psychologie. 1 vol. in-8. 10 fr.

BERNARD PÉREZ

Les trois premières années de l'enfant. 1 vol. in-8, 4e édit. 5 fr.
L'enfant de trois à sept ans. 1 vol. in-8. 2e édit.                5 fr.
L'éducation morale dès le berceau. 1 vol. in-8. 2e édit. 5 fr.
L'art et la poésie chez l'enfant. 1 vol. in-8.                     5 fr.

LOMBROSO

L'homme criminel. 1 vol. in-8.                                    10 fr.
L'homme de génie. 1 vol. in-8.                                    10 fr.

SERGI

La psychologie physiologique. 1 vol. in-8 avec 40 fig. 7 fr. 50

LUDOV. CARRAU

La philosophie religieuse en Angleterre, depuis Locke jusqu'à
  nos jours. 1 vol. in-8.                                          5 fr.

FONSEGRIVES

Essai sur le libre arbitre, sa théorie, son histoire. 1 volume
  in-8.                                                           10 fr.

ROBERTY (E. DE)

L'ancienne et la nouvelle philosophie. 1 vol. in-8.            7 fr. 50

GAROFALO

La criminologie. 1 vol. in-8.                                  7 fr. 50

G. LYON

L'idéalisme en Angleterre au XVIIIe siècle. 1 vol. in-8. 7 fr. 50

SOURIAU

L'esthétique du mouvement. 1 vol. in-8.                            5 fr.

PAULHAN (FR.)

L'activité mentale et les éléments de l'Esprit. 1 vol. in-8.
                                                               7 fr. 50

BARTHÉLEMY SAINT-HILAIRE

La philosophie dans ses rapports avec les sciences et la religion. 1 vol. in-8.                                               5 fr.

PIERRE JANET

L'automatisme psychologique. 1 vol. in-8.                      7 fr. 50

Coulommiers. — Imp. P. BRODARD et GALLOIS